LE NEVEU de RABELAIS

EAN: 9782954581330

© Éditions Claudio Candido

Printed by CreateSpace, an Amazon.com Company

Available from Amazon.com, CreateSpace.com, and other retail outlets

Disponible aussi en Édition numérique.

Aide à l'achat et à l'impression sur demande (POD):

editionsclaudiocandido@gmail.com

Louis Boël

Quête et errance de Lama Vigotzé, le moine Bhoutanais qui aurait aimé être

Le Neveu de Rabelais

Pérégrinations romanesques d'un moine du XVIe siècle et sa quête de la Dignité, de la Liberté, de l'urgence de Spinoza, du Tantra du Sexe, de l'innocuité de la Mort, de l'Alchimie du quotidien, et de quelques autres choses qui nous intéressent encore aujourd'hui.

PROLOGUE

*Pour "Dieu", tout est beau et bon et juste;
ce sont les hommes qui tiennent
certaines choses pour justes
et d'autres pour injustes.*
Héraclite d'Ephèse - Ve siècle B.C.

Il était une fois, dans un petit pays des Himalaya, quelques personnes en recherche d'humanisme, même si le mot n'existait pas encore...

C'était environ mille neuf cents ans après le Bouddha et Tchouang-tseu, quelque mille cinq cent soixante-dix ans après la naissance présumée de Jésus de Nazareth et vers l'an 950 de l'hégire.

Bien sûr, la plupart des personnages de cette histoire n'en avaient cure: en Asie, traditionnellement, on ne se préoccupe pas beaucoup de compter les années. On n'y considère pas que la vie progresse vers un but quelconque, un pseudo paradis, un improbable au-delà.

D'ailleurs, au-delà de quoi?

On y voit plutôt la vie dans un mouvement cyclique, ou pendulaire. On dit que les vivants s'y occupent surtout à bien vivre l'instant, curieux de mieux comprendre ce qui leur arrive pour s'y adapter avec plus d'harmonie.

FRANÇOIS RABELAIS

"La moitié du monde ne sait comment l'autre vit."
François Rabelais (Touraine, 1483?-1553)

DRUKPA KUNLEY

"Amonceler l'instruction mais négliger la méditation sur
la nature même de notre pensée,
c'est aussi sot que se laisser mourir de faim
devant un garde-manger qui déborde."
Drukpa Kunley (Bhoutan, 1455-1570)

- I - DRUKPA KUNLEY, MOINE ERRANT DE LA "FOLLE SAGESSE"

Le sage se réfugie dans les livres des Anciens et n'y apprend que de froides abstractions ;
le fou, en abordant les réalités et les périls,
acquiert à mon avis le vrai bon sens.
Erasme (1469-1536)

Je prends le monde tel que je suis.
Louis Scutenaire (1905-1987)

Pour Vîgot, le plus important avait toujours été d'être prêt, le moment venu, à accueillir la mort à son chevet sans crainte, sans regrets et surtout sans trahir ses convictions, c'est à dire sans espérance.

Aujourd'hui, il repose, sur un châlit, dans la salle de méditation du petit monastère de Sanzu, à l'Ouest du Paro, quelque part dans la région frontalière entre le Bhutan, le Népal et le Tibet.

Son visage laisse encore deviner un sourire serein, un peu moqueur, qu'ignore complètement l'homme à la chemise blanche, ornée d'épaulettes, qui insiste:

- *... hajurko Lama le marnu bhanda agadi hajur lai ke bhannu bhayeko thiyo?*

Si l'on tenait compte des yeux bougons roulés par le policier, des quelques mots qu'il avait marmonnés juste avant, de manière presque inaudible, et de ses haussements d'épaules répétés, cette remarque en népalais, qu'il connaissait fort mal, pouvait s'entendre comme suit:

- Bon, j'en conviens, la situation est un peu plus complexe que je ne l'avais imaginé. Mais, ce Vîgot, votre "Maître" comme vous l'appelez, que vous a-t-il dit, exactement, avant de mourir?

Les quatre jeunes bonzes étaient assis sagement, sur des nattes aux couleurs vives, dans la petite pièce la mieux éclairée de l'ermitage, celle qui donnait sur la terrasse de pierres plates, du côté de la vallée.

L'étage supérieur du petit monastère était construit en madriers de bois, un peu comme une cabane de rondins, mais avec des imbrications très recherchées qui lui donnaient à la fois des allures de résistance et de sacré, de solidité et d'élan. Comme certains stupas qui font penser, suivant l'angle de vue, à de gros crapauds boudeurs ou à des moulins à prières, tendus vers le ciel.

Le ciel, ici, est pur comme il peut l'être à quatre mille mètres dans les plateaux de l'Himalaya. Quelques effilochages de stratus y faisaient comme ces chiffons esquintés que les bouviers transhumants accrochent aux cairns de pierres qui balisent leur longue route et la ponctuent, d'étape en étape, de prières aux esprits chamaniques. Prières ou juste octroi spirituel pour se protéger de leur possible malfaisance? Ici, tout est à la fois très pur et très dangereux. L'altitude c'est la clarté, mais aussi le froid et la peur. C'est du mercure, le bijou mortel, la fascination toxique.

Comme au plus profond du désert, on se retrouve en même temps dans la rencontre physique avec dieu et dans la conscience très claire qu'il n'existe pas. Est-ce pour cela que jamais le Bouddhisme n'évoque de divinité?

Et pourtant, dans son désert de sable et de pierres, Mahomet n'a qu'Allah à la bouche. Il y aurait donc une différence ...

Soutenu par cette architecture de bois massif, un toit de lauzes est si habilement agencé, avec ses ouïes de respiration à peine soulevées par de petites pierres bien choisies, qu'on peut y voir l'élégance juponnée d'une pagode.

Le balcon de pierres regarde la vallée qui, très loin là-bas, semble accueillante dans sa lointaine verdure, mais aussi un peu miasmatique, avec ses brumes sourdes.

A cette heure proche de midi, cette petite terrasse est trop chaude et les moinillons sont restés à l'intérieur où l'officier de police les interroge.

- Je répète: votre Maître ..., que vous a-t-il dit avant de mourir?

Les jeunes bonzes regardent l'officier avec des yeux écarquillés, surpris et incrédules. L'aîné tousse et répond, timide:

- Qu'a dit le Maître? Mais, ... nous pensions consacrer six ans à commencer à entendre sa voix. Le plus ancien d'entre nous ne l'a connu qu'à peine deux ans. Comment pourrions-nous vous rapporter ses paroles?

- Oh, de grâce! Pas de philosophie, maintenant! Je demande seulement quels furent ses derniers mots?

Les bonzes se regardèrent, hésitants. Comme tous semblaient acquiescer, le plus jeune répondit:

- Son dernier mot fut "Oui".

L'officier commençait à s'impatienter. Il dodelina de la tête:

- Oui. Oui. Oui. Soit! Et quelle avait été la question?

Ils se consultèrent encore et, avec d'imperceptibles mouvements des paupières, acquiescèrent à nouveau.

- La question était "Êtes-vous mort, Maître?"

L'officier se retint, conscient que s'il exprimait, un tant soit peu, sa nervosité, il arrêterait net les confidences.

- Bien, dit-il en contrôlant sa respiration, et qu'avait-il répondu juste avant?

Un cinquième jeune bonze entra dans la pièce, par la porte sombre du fond, et vint s'agenouiller avec eux sur les nattes, sans un mot.

Les cinq moinillons se regardèrent, tour à tour, en une concertation collégiale silencieuse. A nouveau, les regards furent unanimes, le dernier arrivé soulevant légèrement le sourcil pour exprimer qu'il ne pouvait que se ranger à l'opinion des autres.

- A la question précédente, notre Maître avait répondu "Non".

- Et quelle avait été la question?

- Je lui avais demandé, respectueusement: "Maître, est-il mieux de chercher la Vérité ou d'attendre qu'elle vous saisisse à la gorge?"

- Et qu'avez-vous compris à sa réponse?

Cette fois les jeunes bonzes restèrent muets, regardant longuement le sol avant de se consulter, toujours en silence.

Finalement, le dernier arrivé déclara, avec une claire autorité:

- Nous allons comprendre cela, Monsieur l'Officier, au cours des saisons qui viennent.

Le policier tibétain haussa les épaules, ferma son carnet, rangea dans un petit sac de toile son encrier, son bambou fendu et la lame fine pour l'affûter, et s'éloigna en maugréant.

*

Cinq ans plus tôt, Lama Vigotzé, Lam Vîgot comme ses proches l'appelaient, avait quitté la lamaserie de Chimi Lhakhang, non loin de Punakha, pour partir vers l'Ouest.

Le jour de son grand départ, il y avait passé tout juste trois ans, jour pour jour, à veiller sur les derniers temps de Drukpa Kunley, dont il était devenu le disciple le plus assidu et le plus attaché.

Avant d'atteindre Chimi Lhakhang, il avait déjà tout entendu des surprenants enseignements du Fou Divin. C'est d'ailleurs ce qui l'avait attiré.

Il savait qu'il tentait d'éveiller à la "Folle Sagesse" les yogis et d'ailleurs tous ceux qu'il rencontrait, les secouer pour les faire sortir du dogmatisme religieux et de la prison du Moi, leur faire comprendre que toute médaille a deux faces, que la vie est essentiellement mouvante, en transformation perpétuelle, et qu'il faut donc ne s'attacher à rien et surtout pas à une fausse perception de soi-même!

Il savait que Lam Drukpa avait été rejeté de toute part, tant par les villageois et leurs notables que par les grands lamas des principaux monastères de la chaîne himalayenne, du Bhutan aux portes du Khaybar et de Lhassa à la plaine du Teraï.

Seuls les aventuriers de grand chemin et les prostituées lui formaient une cour indéfectible, dans la gouaille qui leur sert de rhétorique, mais surtout dans le respect.

Le rire gras, bien sûr, à l'entendre retourner les préceptes les plus intangibles de la religion. Mais, aussi, une réelle vénération car sa conviction et sa sincérité leur faisaient pressentir que les acrobaties de ses paradoxes entrouvraient les portes d'une philosophie qui s'adressait aussi à eux, les parias, obligés de ne vivre que sur les franges d'un système où ils étaient indispensables mais à peine tolérés.

Lorsqu'un jour, Vîgot entendit un yogi raconter sur un marché comment Drukpa était rentré au village de sa mère après plusieurs années d'études, s'était déguisé en savetier, avait pris chambre chez elle sans se faire reconnaître et, finalement, était devenu son amant, puis lui avait volé ses dernières économies avant de repartir, il se rappela la réalité, beaucoup plus fine, de cet ancien épisode.

Poussé au mariage, Drukpa avait seulement piégé sa mère dans la contradiction des paradoxes créés par son manque d'enthousiasme pour sa vocation.

Vîgot réalisa soudain que les êtres changent et leur histoire aussi, indépendamment d'eux.

Il avait bien ri et décidé qu'il était temps de revoir Drukpa en chair et en os. Il avait bouclé son barda, s'était coupé un nouveau bâton de marche et était parti pour le retrouver, où qu'il fût.

Deux ans plus tard, il le retrouvait, vieilli déjà, dans ce monastère de Chimi Lhakhang.

Sans rien lui dire, sans question ni justification, il s'était mis à son service. D'abord en lui apportant simplement du thé, à moments choisis, puis, petit à petit, en devenant indispensable à son confort, à son hygiène, à son regard même.

*

Après quelques semaines de cette intimité silencieuse, Drukpa, qui se sentait de plus en plus faible, le regardait un matin à travers ses yeux mi-clos.

La chambre du maître était vaste. Les couvertures de sa couche avaient été bordées sur un haut châlit. Il fallait gravir deux marches pour pouvoir s'y étendre. Contre le mur du fond, un ensemble de tables basses de tailles diverses faisaient une pyramide d'estrades. Tout en haut, un petit Bouddha de jade, au ventre replet, ouvrait une mine franchement réjouie. Plus bas, des fleurs, des vases, des plateaux d'offrandes. A hauteur du lit de Drukpa, un premier niveau supportait de larges chaudrons de bronze, pleins de sable, dans lequel des baguettes d'encens étaient fichées et fumaient lentement.

La pièce servait aussi d'oratoire et les moines y venaient, le plus souvent à l'aube et au crépuscule, pour y prier et méditer en silence. Ils allumaient les baguettes d'encens et faisaient souvent un peu de nettoyage parmi les offrandes.

Une ou deux fois par semaine, des pèlerins, venus parfois de très loin, entraient dans la chambre et y déposaient du riz, des fruits, des épices et des requêtes calligraphiées sur des parchemins repliés en accordéon de douze à soixante pages, suivant l'urgence de la prière et les moyens mis à la disposition de l'enlumineur public.

Toute cette animation dans la chambre faisait de Drukpa lui-même une espèce d'idole. Immobile dans les fumées, il semblait un gisant momifié dont les quelques mouvements de sourcils, ou la mèche de fins cheveux de vieillard, soulevée par le courant d'air de la porte, étaient presque inquiétants.

Ce gisant un peu macabre était d'autant plus incongru qu'il représentait le vivant au pied de cet autel, sommé d'une statue minérale qui, elle, exultait de vie et de jouissance.

Aux poutres du plafond, peintes d'un enduit rouge orange, des livres anciens, eux aussi calligraphiés sur d'interminables parchemins repliés sur eux-mêmes, étaient pendus dans des sacs de chanvre.

Tous les jours, au milieu de l'après-midi, les quatorze moines de la petite communauté venaient y passer un moment de silence.

Lorsque le maître s'en sentait la force, il faisait un signe.

Un des bonzes allait alors dépendre un texte de la tradition, à l'aide d'une longue lame de bambou.

Après l'avoir sorti délicatement de son sac, le bonze l'époussetait respectueusement du coin de sa robe safran et entreprenait la lecture, au hasard des pages qui s'ouvrent, en une scansion scolastique monotone.

Par moments, le maître levait un doigt de ses mains croisées sur le ventre. Le lecteur reprenait alors la dernière phrase, comme pour la souligner, puis marquait une pause.

Parfois Drukpa reprenait un mot, un seul, lentement, à voix basse. Alors, les quatorze moines répétaient ce mot, à tour de rôle, en modifiant sa tonalité ou son accentuation, ou encore en lui adjoignant quelque épithète ou circonstance.

Et, de la tête, le maître faisait signe. Souvent c'était "Non". Mais parfois un grand sourire heureux allumait son visage et tous alors reprenaient, en chœur, la périphrase illuminée.

Ainsi, Vîgot se souvenait de ce jour d'automne... le soleil déjà quittait la vallée. Le lecteur scandait depuis un bon moment un texte d'Asanga. Drukpa semblait assoupi.

Soudain, il tressaillit à l'entente d'une phrase sur la souffrance. Le lecteur reprit les dernières lignes, une citation de Siddhartha:

"Tout comme la lumière du feu s'éteint faute de combustible, l'homme qui n'alimente plus les feux de ses passions éteindra sa souffrance. Nos souffrances sont les frustrations de nos désirs."

Le maître ouvrit de grands yeux insistants et articula, difficilement, le mot "frustration".

Les bonzes tentèrent quelques variations:

- Pas de désirs, pas de frustration...

- Pas de désirs, pas de souffrance...

- Ignorer le désir, c'est éteindre la souffrance...

- Eteindre le désir c'est ignorer la souffrance...

- Eviter le désir c'est arrêter toute souffrance...

- Le désir impur est une souffrance immédiate...

... ...

Il y eut plus de trois tours au cours desquels chacun put chercher la nuance idéale. Drukpa semblait rendormi. Il n'avait réagi à aucune suggestion.

Soudain Vîgot, qui écoutait toujours avec attention mais participait rarement aux suggestions, proposa:

- Désir sans frustration est vie sans souffrance...

Le maître ouvrit un œil et murmura:

- Cherche !

Le silence se fit lourd. L'encens rendait l'air un peu oppressant.

Personne ne trouvait à redire.

Finalement, la voix un peu tremblante, Vîgot hasarda:

- Désir, frustration, joie et souffrance sont la Vie!

Drukpa souleva le torse, et s'assit sur son lit. Ses cheveux hirsutes reflétaient le scintillement des bougies mais semblaient une auréole rayonnant de la lumière de sa face elle-même tant celle-ci resplendissait soudain de joie et de paix.

- Oui, mes enfants. Oui.

Et, chose unique, il se joignit au groupe pour répéter la phrase avec eux jusqu'à ce que d'involontaires canons s'installent et en fassent une litanie indistincte.

Depuis ce jour, Drukpa Kunley sentit comme une rémission de sa maladie. Ou devrait-on dire de sa fatigue de vivre? Chaque jour, il échangeait avec Vîgot, pendant plusieurs heures, des réflexions sur des idées et sur leurs contraires, cherchant à distinguer, prudemment mais inlassablement, les jeux d'esprit des paradoxes réellement illuminants.

Ils partaient souvent de l'enseignement d'un ancien sage, parfois Nâgârjuna ou, plus rarement, Asanga, mais ils ne finissaient jamais sans s'appuyer, beaucoup plus concrètement, sur des souvenirs d'expériences personnelles.

Petit à petit, ces échanges, tout en confortant leurs théories par des exemples vécus, construisaient entre eux une profonde amitié.

Bientôt Vîgot osa interroger le Maître sur ses expériences les plus fameuses et sur ses leçons les plus controversées.

Cela dura quatre saisons, sans que jamais aucune lassitude ni impatience ne vînt troubler leurs échanges.

Matin et soir, ils devisaient. Mais, en connaisseurs, ils prenaient bien soin de laisser libres de longues plages de temps pour que, de jour et de nuit, ils puissent assimiler lentement les concepts qu'ils avaient rappelés du passé ou même, parfois, hasardés comme une hypothèse nouvelle.

Les bonzes continuaient à venir chaque jour suivant leur règle. Ils écoutaient avec une attention studieuse, parfois avide, mais pour Drukpa et Vîgot c'était comme s'ils débattaient seuls

*

Un après-midi, où il faisait particulièrement chaud, la conversation était lente et semblait avoir des difficultés à s'élever. Le débat se simplifia en une question personnelle et très pratique: sommes-nous libres de faire ce que nous voulons?

- Toi tu peux?

- Oui!

- Moi, je peux?
- Oui, bien sûr!
- Et si je veux autre chose que ce que toi tu veux?
- On s'arrangera.
- Et tous les imbéciles qui pensent mal? Ils peuvent aussi?
- Bien sûr, ils peuvent.
- Même les étrangers du sud?
- Même eux!
- Même ceux qui mettent leur turban à l'envers?
- Oui. Là est le problème. Là est la réponse.

*

Une nuit d'automne, peu après, Lam Vîgot sentit confusément qu'il aurait pu continuer ainsi pendant des années sans voir faiblir son intérêt, mais que leur recherche serait, pour lui du moins, de plus en plus désincarnée. Il savait déjà que seule l'action permet de confirmer la connaissance, de la couler en soi comme dans un moule et de l'y voir prendre forme, adoptée à jamais.

Il se leva très tôt et fit une longue promenade avant l'aube.

Il descendit d'abord jusqu'au petit pont et franchit le torrent qui était presque sec. Puis il monta le sentier jusqu'au col du Yack blanc. Il s'assit un moment et regarda le jour se lever sur le monastère.

En redescendant, il se rappela que souvent la descente est plus douloureuse que la montée. Il en laissa la sensation s'inscrire dans ses chairs, bien décidé à se servir un jour de ce symbole qui lui semblait pertinent à toute recherche.

Lorsqu'il rentra au monastère, Drukpa l'attendait. Vîgot le rejoignit dans l'oratoire et lui demanda, sans préambule:

- Doit-on donc aller plus loin?

- On ne **doit** rien!

Drukpa semblait fâché, comme il aurait pu l'être sur un mauvais élève. Et il répéta:

- On ne **doit** rien. Il ne **faut** rien. Il n'est nul devoir, nul récompense, nul châtiment.

- Mais, on peut aller plus loin?

- **On** n'existe pas. Il y a toi, il y a moi, il y a chacun des autres. Toi, désires-tu aller plus loin que je ne l'ai été?

- Oui.

- Alors, tu peux.

- Et si je ne le désirais pas?

- Tu pourrais quand même, mais ce serait sûrement moins satisfaisant. Et donc moins utile.

Vîgot réfléchit quelques minutes, le regard perdu mais sans accablement, plutôt tendu, semblait-il, vers un nouveau projet.

Drukpa somnolait: il était clair que, pour lui, la question ne le concernait pas.

Soudain Vîgot conclut, comme pour lui-même:

- Je veux aller plus loin que toi. Tu as provoqué. Tu as scandalisé. Tu as fait réfléchir les meilleurs en montrant qu'il est possible de contredire le sens commun.

- Peut-être. J'ai peut-être pu faire, dans certains cas, une partie de ce que tu évoques.

- Mais tu n'as pas montré la vraie liberté...

- Parle, je t'écoute avec attention.

- Souviens-toi de la conversation de Nâgasena et de Ménandre, le roi grec de Bactriane. Le "Moi" n'est pas réel. Il se réduit à une combinaison passagère d'éléments formateurs. Quand apparaissent les cinq groupes d'éléments nous disons "c'est un être vivant". Naissance et mort ne sont que des réarrangements de ces éléments.

Ne penses-tu pas que chaque nouveau matin, chaque expérience même, au cours du jour, est un réarrangement?

- Si, bien sûr. A chaque moment significatif de notre vie le vieil homme est remplacé par un autre.

- Donc le "Moi" n'existe pas?

- Si, mais il est en continuelle transformation. C'est sa définition qui n'est pas possible.

- Donc Drukpa n'existe pas?

- Exactement! ce que j'imagine sous ce nom, ce que les autres en pensent, n'existe plus. C'est déjà passé, comme le torrent sous le petit pont. Mais où places-tu la liberté dans cette réflexion?

- Si "Moi" n'existe pas, je puis décider de faire des expériences qui me changeront d'ici à demain?

- Et?

- Demain je serai un autre. En quoi serai-je responsable de ce que j'ai fait hier?

Drukpa réfléchissait. Vîgot insista:

- Donc, je suis parfaitement libre de faire tout ce qui me passe par la tête.

- Mais nos actes nous suivent?

- Peut-être. On le dit, bien sûr. Mais quelle est la part d'autoprotection de la communauté sociale dans cet axiome? Et si moi je te disais que toutes mes folies peuvent être, pour les autres, des occasions de réflexion, de dépassement, d'initiation, de salut? Comme la séparation, le deuil, la guerre, sont des expériences qui construisent et peuvent, un jour, libérer?

- Si c'est cela que tu veux tester et comprendre, tu dois partir et vivre de très nombreuses expériences: jamais la *dialectique* ne donnera ces réponses.

- Je partirai donc.

- Ta quête sera longue. Tu chercheras en quoi tu n'es rien et en quoi tu es tout. Puis tu choisiras ce que tu veux continuer d'être.

Mais le plus difficile, je pense, sera de découvrir où se situe ta dignité, et celle des autres.

Si, après toute cette recherche, tu te sens encore en pleine adéquation avec les enseignements du

Bouddha, alors, et alors seulement, tu pourras te considérer comme un de ses disciples.

Après un moment de réflexion, il ajouta, en souriant :

- Dans le cas contraire, tu seras seulement un honnête libre-penseur, ce qui ne manque pas, non plus, de dignité.

- Maître, je comprends mais par quoi dois-je commencer ?

- Je te conseille de descendre d'abord vers le tout, le magma indifférencié, pour t'y plonger et t'y reconnaître.

- Jusqu'où puis-je descendre?

- Aussi loin que possible, jusqu'à la forêt impénétrable, jusqu'à la mer, même, si tu peux.

- Dans quelle direction partirais-tu?

- Les sages de l'Empire du Milieu disent que le pays de la vérité éternelle se trouve au-delà du couchant. Est-ce vrai? Je ne sais.

- Et me conseilles-tu de remonter, ensuite?

- Oui. Après avoir compris le tout, tu voudras découvrir le rien. Et comprendre ce qui te reste.

*

- II - MALÉ, LA SAUVAGEONNE UN PEU CHAMANE

> *Je crois que l'humanité a besoin de retourner au panthéisme. Il nous faut retrouver le respect et la considération que nous avions originellement envers la dignité du monde naturel et non seulement humain. Nous avons besoin pour nous y aider d'une religion vraie.*
> Arnold TOYNBEE (1889-1975)

Trois jours plus tard, à l'aube, Lam Vîgot quittait Chimi Lhakhang, avec son petit barda et son vieux bâton de marche.

Il ne dit au revoir à personne. Lorsque le jour se leva, il était déjà hors de vue du monastère, au-delà du pont, vers le couchant.

Il n'était pas de tempérament inquiet. Il avait vécu assez d'aventures pour savoir que tout s'arrange toujours. Et assez médité pour ne point douter que ses questions trouveraient réponses, même tardives ou surprenantes.

Et pourtant, à peine avait-il franchi le pont qui enjambe le torrent qu'il s'interrogeait déjà: quelle direction? Conscient d'entreprendre un voyage qui risquait d'être très long, il lui semblait, un peu naïvement, qu'il convenait de s'assurer d'un bon départ. Il s'assit sur une grosse pierre à l'ombre d'un arbre en fleur.

Il contempla la vallée le temps nécessaire à freiner l'urgence de sa quête.

Il réalisa rapidement que l'important était plus la qualité de son écoute que le choix d'une direction géographique.

Il se souvint qu'à trois jours de marche vers l'Ouest un vieil ermite au bonnet jaune s'était retiré dans une grotte depuis déjà plusieurs années. Ce serait donc sa première étape.

Le soleil était haut déjà lorsqu'il reprit sa marche. Le sentier était étroit et la descente abrupte. La saison sèche, bien avancée, rendait le sol poussiéreux. S'aidant de son bâton, Vîgot prenait soin de ne pas poser le pied sur des pierres déchaussées, mais sa marche restait fatigante et parfois incertaine.

En fin d'après-midi, notre pèlerin, un peu fatigué, commençait à rêver avec appétit à une galette de pain noir avec un thé brûlant au beurre rance. Etait-ce la distraction? Il posa le pied sur une racine nue et brillante qui traversait le sentier à fleur de sol, comme une grosse veine. La jambe se déroba, Vîgot cria de surprise et dévala quelque dix mètres dans le ravin avant d'avoir, par chance, les genoux comme happés par un buisson épineux. Son buste tournoya et sa tête alla frapper le roc. Il sombra dans l'inconscience.

*

Un long moment plus tard, le crépuscule rendait déjà la montagne un peu menaçante lorsque Vîgot fut réveillé par la douleur. La tête d'abord, lancinante. Puis, lorsqu'il tenta de s'asseoir, le bras gauche, bizarrement replié au-delà de l'angle normal du coude.

Il se laissa retomber. Après avoir senti le manque d'équilibre de sa posture, il changea un peu la position de ses jambes pour être plus stable sur le versant.

Qu'allait-il faire? Pour quelqu'un qui voulait "aller plus loin que Lam Drukpa", c'était assez mal parti!

Sans que cela puisse se lire sur son visage, il sentit comme un sourire d'ironie dérisoire. Etait-ce déjà la réponse finale à son questionnement?

Malgré la douleur, ou à cause d'elle, il se sentait bien vivant. Comment sortir de là? La nuit était tombée et nul bruit ne lui parvenait du sentier. Vîgot décida de passer la nuit là, sans tenter de se faire remarquer. Dans ces régions, les gens honnêtes circulent rarement la nuit. Et, pour des vagabonds peu recommandables, un homme au sol, blessé, appelle plus facilement la violence gratuite que la commisération.

Bien sûr, il n'avait pas grand-chose à voler. Mais pour un larron de grand chemin, son manteau et sa couverture n'étaient pas rien au regard du risque presque nul qu'aurait représenté de pousser le blessé, d'un pied presque distrait, encore vingt mètres plus bas, hors de vue de tout passant.

La nuit, sans lune, était fraîche mais pas froide. Seule la douleur de son bras l'empêchait de dormir. Il lui semblait qu'il était un peu fiévreux, ce qui aurait pu l'inquiéter. Mais il avait faim, ce qui le rassura.

L'étoile du berger était à peine passée derrière la montagne qu'il entendit des voix. Son pouls accéléra. Etaient-ce bien des bandits, ou devait-il appeler?

Il avait à peine décidé de s'en tenir à sa règle de prudence, qu'il entendit japper.

Un chien l'avait senti et le cherchait. Déjà il était là et fouinait son corps mais sans grogner. Vîgot ne bougea pas. Le chien se mit à lécher le filet de sang qui avait séché derrière son oreille et jappa de nouveau. C'était un drogkhyi, le chien de berger de tout l'Himalaya. Une voix grave appela:

- Oki ?

Le chien aboya deux fois, comme pour appeler son maître et lui signaler sa découverte. Dans la nuit, l'homme à la voix grave descendit de quelques mètres vers le blessé.

- Oki, qu'est ce que c'est? Cherche, cherche!

Le chien agitait la queue joyeusement, mais sur le sentier un autre homme s'impatienta:

-Allons, viens! on a encore deux heures de marche, à quoi joues-tu?

L'homme à la voix grave hésita puis remonta sur le sentier et siffla son chien avec autorité.

Convaincu d'avoir échappé à un danger, Vîgot respira profondément avec un tel soulagement qu'il finit par s'endormir, malgré la douleur, jusqu'au premier chant des oiseaux.

*

Après avoir écouté les appels des oiseaux, après que la lumière ait repris possession des moindres recoins, Vîgot commençait à s'inquiéter: allait-il mourir là?

Il tenta de se relever. En prenant bien garde de ne pas toucher son bras gauche, il était capable de se mettre à genoux, puis debout, au prix de quelques vacillements. Mais les efforts de tout le corps qui eussent été nécessaires pour grimper jusqu'au sentier étaient beaucoup trop douloureux. Il s'assit en appui sur le buisson qui avait arrêté sa chute et attendit, en regardant vers le haut, dans la direction du sentier.

Après une attente qui lui sembla désespérément interminable, il crut voir, finalement, comme un mouvement. Comme il n'entendait rien, il craignit que son attention et son désir lui aient joué un tour. Il cria cependant:

- Héého! Héééhoo!

Le mouvement imperceptible s'arrêta. Une tête apparut, penchée au-dessus du ravin. Vîgot n'en croyait pas sa chance. Une petite tête ahurie, sur un corps qu'il imaginait raide et engoncé. On eût dit un poussin de vautour malhabile. Peut-être un étudiant?

- Hého, pouvez-vous m'aider?

La tête fit mine de déglutir, comme une marionnette qui chercherait ses mots:

- Qu'est-ce qui vous arrive?

- Je suis blessé. J'ai glissé. Pouvez-vous m'aider?

L'étudiant semblait avoir compris: il cria, du haut du sentier:

- Pouvez-vous marcher?

- Non!

L'autre réfléchit un court moment et cria encore:

- Je me rends à Sathrap. C'est à près de deux heures de marche d'ici. Ne bougez pas. Je vous envoie quatre hommes et une civière.

Vîgot n'en revint pas de cette réflexion si rapide et si rationnelle en pleine nature, face à un accident. Il en restait bouche bée.

- Vous m'avez entendu? Surtout ne bougez pas, je laisse mon écharpe sur cette branche pour marquer l'endroit.

- Oui, oui. Merci. Dites-leur de faire vite.

L'étudiant ne jugea pas utile de répondre. Il attacha, en effet, son écharpe de laine rouge au bord du sentier et partit sans plus de commentaire.

Vîgot attacha lui aussi un grand mouchoir rouge à la plus haute branche de son buisson d'épines et se recoucha pour se reposer un peu.

Cinq heures plus tard, midi étant bien passé, deux hommes le réveillèrent.

- Pouvez-vous vous lever?
- Oui, je pense.

Ils l'aidèrent.

Dès qu'il fut redressé, les hommes lui passèrent un bâton de marche sous l'aisselle du bras valide.

- Il serait dangereux de vous porter en civière sur ce versant abrupt. Appuyez-vous sur le bâton et essayez de rester droit sur vos jambes. Nous allons tenter de remonter ensemble jusqu'au sentier.

C'est ce qu'ils firent, très doucement, en s'arrêtant tous les deux pas.

Vîgot transpirait de douleur, mais arriva en haut sans gémir.

Là, au bord du sentier, les deux autres avaient déplié une civière faite de deux forts bâtons et d'une peau de yack. Ils y allongèrent Vîgot et les quatre hommes le soulevèrent.

Maintenant qu'il était sauvé, Vîgot se montrait très mécontent de toute l'aventure.

- Stop! Mon sac! Mon bâton de marche!

Les quatre hommes se regardèrent et reposèrent la civière à terre. Trois d'entre eux se mirent à battre le maquis à la recherche du barda qu'ils trouvèrent rapidement. Mais ils eurent beau chercher, pas de bâton...

- Si, si, s'entêtait Vîgot, c'est un bon bâton de marche. Il est un peu recourbé au sommet, comme une houlette de berger. Il est très foncé et bien patiné. Brun!

Ils repartirent chercher une longue demi-heure. Finalement, l'un d'eux retrouva le bâton, plus de dix mètres en dessous de l'endroit où ils avaient relevé le pèlerin blessé.

Vîgot le remercia. Ils rechargèrent la civière sur leurs épaules et partirent, à pas cadencés, vers Sathrap. Ils se taisaient car l'effort était certain, et impérieuse la nécessité de rester en rythme pour ne pas accentuer la douleur du blessé. Ainsi Vîgot ne sut rien d'eux avant d'arriver au village.

Ils le conduisirent directement chez une femme, Malé, dont il apprit plus tard qu'elle était la veuve du rebouteux et, très vraisemblablement, un peu sorcière elle-même.

Ils l'allongèrent sur un lit, dont ils durent chasser un beau gros chat au poil long et argenté, dans une petite chambre qui donnait sur une cour arrière, vers l'Est. La pièce était fraîche et la cour était calme. Sur un petit fumier de deux porcs et trois chèvres seulement, quelques poules picoraient.

Sans un mot, Malé lui apporta la galette de pain noir et la tasse de thé brûlant au beurre rance dont il avait rêvé juste avant sa chute. Un peu surpris, il eut l'impression bizarre d'avoir glissé d'un seul mouvement de la racine nue jusqu'à cette chambre fort accueillante. Mais il se ressaisit en réalisant que la même galette et le même thé étaient servis à cette heure dans chaque foyer du pays.

*

Après qu'il eut bu son thé, la femme revint.

- Je m'appelle Malé. Je vais te faire mal car ton coude est déboîté. Il est déjà refroidi et les ligaments sont étirés ou déchirés. Ne fais pas de mouvements brusques et mords sur ceci.

Elle lui tendait un morceau de cuir, un peu semblable au mors qu'on utilise pour un cheval sensible. Il le mit en bouche.

Elle tâta le bras gauche, de l'épaule au poignet, à deux reprises. Elle alla chercher une planche de bois raboté et la posa sur le lit, sous le bras. Elle lui fit signe de mordre fort. Il ferma les yeux.

Elle mit une main sur le bras et l'autre sur l'avant-bras et, après avoir, une dernière fois, apprécié l'angle et le déplacement, elle appuya de tout son poids.

On n'entendit rien d'autre que le grognement de l'air brutalement expiré par Vîgot.

Le bras semblait avoir repris une forme presque normale.

La femme le mit en écharpe dans une toile de coton et commença à lui parler lentement pour l'aider à retrouver son souffle et oublier la douleur.

*

C'est alors qu'il apprit qu'elle était la veuve du rebouteux. Elle disait *"Chaman"*, mettant clairement l'accent sur ses dons de passeur avant ses talents de guérisseur.

Elle parlait de lui avec tant de calme certitude et une telle lumière dans le regard que Vîgot ne put retenir sa question:

- Il y a longtemps que votre mari est mort?

Elle répondit sans hésiter:

- Tass a été emporté par une mauvaise fièvre il y a sept ans et soixante deux jours.

Vîgot fut surpris. Non seulement elle en parlait comme si hier encore... mais surtout elle lui semblait n'avoir guère plus de vingt ou vingt-deux ans.

- Merci de vos soins, Malé. Je pense que grâce à vous mon bras est sauvé.

- On peut l'espérer. C'était un peu tard, mais je pense que cela peut se remettre si vous restez au repos. Je vous mettrai des cataplasmes et des onguents. Si dans trois semaines les noirceurs sont résorbées, cela ira.

- Et sinon?

- C'est que la gangrène y sera. Il faudra couper.

Malgré la perspective dramatique, la déclaration calme et factuelle rassurait Vîgot.

- Vous-même, vous soigniez avant de rencontrer Tass?

Elle éclata de rire.

- Non, j'avais quinze ans lorsque nous nous sommes mariés. Je jouais encore à la poupée. C'est lui qui m'a tout appris.

- Et... aussi le contact avec les esprits?

Tout en gardant le sourire aux yeux, elle eut l'air un peu effrayée:

- Non, non, pas du tout. Je n'ai aucun don dans ce sens. Les gens vous diront peut-être que je suis sorcière mais c'est par pur souvenir et respect pour Tass qui était un très grand chaman. Moi, je cueille des herbes et je parle aux vieilles pour recueillir leurs recettes de remèdes. Rien que de très pratique. De la cuisine. Tass, lui... était-il seulement passeur... ou était-il lui-même un des esprits de la montagne?

Tass, vivant, même sans entrer en transe, il était... il était...

- Grand?

Elle sursauta:

- Comment le sais-tu?

- N'est-ce pas cela même qui caractérise les esprits? Ils sont grands. Et nous sommes limités, tout petits.

- Comment te nommes-tu?

- Vigotzé, mais tout le monde m'appelle Vîgot...

- Lam Vîgot, cela me fait du bien de parler de Tass avec toi.

- Non, non, ne m'appelle pas Lama. Certains me nomment ainsi dans mon monastère mais toi et moi sommes de la même école. Presque collègues. Je pense que tu as probablement plus à m'apprendre que moi à toi.

- Ne comptons pas. Tass m'a appris que ces choses ne peuvent se mesurer.

On frappa à la porte. Malé alla ouvrir.

- Maître Tîla! Quel honneur!

Vîgot vit entrer l'étudiant à la petite tête ahurie, celui-là même qui l'avait sauvé.

- Comment va mon protégé?

- Très bien, j'espère, dit Malé, nous verrons cela demain.

Elle se tourna vers Vîgot:

- Vîgot, voici Maître Tîla, le nouveau représentant de la police civile du Grand Lama dans notre humble village.

Vîgot était tellement stupéfait qu'il en resta silencieux.

- Vîgot, on vous appelle Vîgot, mon cher protégé?

- Oui, oui, en effet. Oui, Maître... Tîla?

- Tîla, c'est bien ça. Vous n'avez pas trop mal?

- La douleur est là.

- Je reviendrai donc demain et vous pourrez, tout à loisir, me conter comment je vous ai retrouvé dans un buisson d'épines.

- Oh, c'est vite conté: je marchais sur le sentier et j'ai glissé.

- Oui, oui, bien sûr...

Tîla souriait de façon un peu énigmatique.

- ... mais pourquoi étiez-vous là? D'où veniez-vous? Où alliez-vous? Quel était le sens de votre marche?

- Ah, ça! on pourrait en débattre longuement, dit Vîgot avec son recul de sage.

- Eh bien, c'est donc ce que nous ferons. En attendant, je vous souhaite une bonne nuit de repos et un prompt rétablissement.

Maître Tîla se retira en saluant ses hôtes de la manière un peu obséquieuse des grands fonctionnaires.

*

- Qui est-ce, cet empoté? s'exclama Vîgot lorsqu'il fut sorti, un procureur?

- Un peu procureur, un peu receveur des impôts, un peu policier, un peu intendant, un peu préfet. Et, vous le savez, un peu sauveteur de moines perdus aussi. C'est le représentant du Roi. Uniquement pour les affaires civiles, bien sûr, le Grand Lama, qui vient de mettre le Roi sur le trône, garde tout pouvoir en matières religieuses!

- Et vous croyez qu'il va, comme il semble en avoir l'intention, m'interroger longtemps ?

- Vous interroger, peut-être pas... mais vous protéger, sans aucun doute. Il est très imbu de son importance et dès qu'il est arrivé au village, hier, il a tout organisé pour vous. Il est clair que dans son esprit votre vie désormais lui appartient.

- Ah diable! Nous verrons cela!

- Ne vous souciez pas. Ce n'est quand même qu'un fonctionnaire... Je vais vous préparer un cataplasme et un bon dîner. Aimez-vous les œufs de pintade?

- Enormément, mais...

- Mais quoi?

- Je ne suis qu'un pauvre moine. Comment vous payerai-je pour vos soins et pour la pension?

- Nous verrons cela plus tard, Vîgot. Entre Maître Tîla et Malé la veuve, vous avez, en un jour, perdu deux fois la liberté.

Vîgot prit le parti de sourire. S'il guérit, il pourra toujours courir. Et s'il ne guérit pas ...

*

Le lendemain, Malé ne vint le réveiller que tard dans la matinée. Le chat se faufila furtivement derrière elle et sauta sur le lit.

Elle apportait des galettes et du thé. Elle s'assit au bord du lit et y resta pendant qu'il croquait et buvait, bavardant de choses et d'autres, comme si elle avait été une intime de toujours.

- D'où veniez-vous, mon cher Vîgot, quand vous êtes si malencontreusement tombé sur le chemin de notre village?

- J'ai passé trente-six mois au monastère de Chimi Lhakhang avec Lam Drukpa Kunley et...

- C'est vrai? Vous le connaissez? Tass avait un énorme respect pour Lam Drukpa.

- Oui, c'est un grand homme. Mais il est faible maintenant.

- Et tu l'as laissé!

- C'est l'âge. On ne peut rien y faire. Et il a voulu que je parte.

- Pas pour venir ici quand même?

- Il s'agit d'une quête intérieure. Je ne sais pas où elle me mènera, physiquement, je veux dire, ni autrement d'ailleurs ...

- Ha, ha! Tu es donc un Naljorpa [1].. et tu arrives chez moi, sans crier gare, tout cela me semble bien mystérieux.

- Mais non, ne te moque pas. Tu sais ce que c'est. Drukpa et moi nous avions trop parlé. Trop de jours, trop de mois, trop d'années. Il fallait partir. Parler moins et vivre plus. D'autant plus qu'il désirait (ou était-ce moi?) que je continue, que j'aille plus loin encore.

- Plus loin encore que Lam Drukpa?

- Oui, peut-être.

- Tu n'as pas peur de te brûler les ailes au soleil mon beau papillon?

- Tu as l'air de bien connaître Drukpa Kunley?

- J'en sais assez pour te dire que si tu ne te brûles pas à ta propre folie, les gens probablement te pendront ou t'embrocheront. Je te conseille d'en dire très peu à ce sujet à maître Tîla... et de rester ici jusqu'à ce que tu puisses courir très vite.

- Je suis donc ton prisonnier?

---

[1] Naljorpa: Moine errant bouddhiste

- Non, pas du tout. Tu iras quand tu voudras. Mais il est vrai que j'aurai beaucoup d'intérêt à discuter avec toi car depuis le départ de Tass vers le monde des esprits, j'ai un peu l'impression d'être un poisson parmi les lapins.

- Soit, je serai donc ton invité. Mais souviens-toi que je suis parti pour me mesurer à l'action, pas aux pensées, ni aux joutes intellectuelles.

- Ne t'inquiète pas, de l'action il y en a partout. Même à Sathrap.

Elle sembla un peu absente, à réfléchir, tout en caressant distraitement le chat. Elle ramena son regard sur Vîgot:

- Où allais-tu quand tu glissas sur cette longue racine nue?

Vîgot se figea brusquement et la fixa du regard. Il lui dit, en détachant les mots:

- Comment sais-tu que j'ai glissé sur une racine?

Elle le fixa, elle aussi, intensément. Puis détourna le regard vers la fenêtre, scruta le ciel, y vit un épervier qui tournait très haut, prêt à plonger, et répondit:

- Tass savait des raccourcis entre des lieux et des moments distants.

- Et toi ... ?

Elle ne répondit pas. Le fixa à nouveau, presque durement, puis elle admit:

- Je t'attendais.

Ils restèrent silencieux jusqu'à ce que Vîgot, finalement, admit à la fois l'évidence et le fait qu'il ne comprendrait pas. En tout cas, pas tout de suite. Il décida de reprendre la conversation là où le mystère l'avait interrompue.

- En fait, pour te répondre, j'étais en route pour la grotte de l'ermite, à deux jours d'ici vers le couchant.

Malé ne cacha pas son soulagement de voir Vîgot admettre sa voyance sans s'en effrayer ni induire, comme la plupart des gens dans ces montagnes, qu'elle possédait nécessairement d'autres dons plus inquiétants.

Elle reprit elle aussi la conversation, presque joyeusement:

- La grotte de Gomchen [2] Mirepa? Tu ne sais donc pas qu'il est mort?

- Non, que lui est-il arrivé?

- Nul ne sait. Il y a deux hivers de cela. On a retrouvé son corps, au printemps, pris dans la glace, tout en haut du Pic du Vent.

- Mais c'est très loin de sa grotte!

- Oui, il a dû marcher trois jours, et n'était sûrement pas là par hasard ni par erreur. Il a fallu qu'il veuille grimper là! Surtout au début de l'hiver. Tass aurait dit qu'il avait certainement un rendez-vous là-haut.

- Tass aurait dit ou Tass *vous a* dit ?

---

[2] Gomchen: terme tibétain désignant un ermite

Elle haussa les épaules:

- C'est la même chose, non? De toute façon Mirepa a voulu, de toutes ses forces, monter là-haut et il devait savoir qu'en cette saison, il ne pourrait pas redescendre ...

Mais vous lui vouliez quoi, à l'ermite?

- Je ne sais pas. En fait, si: je cherchais un signe pour diriger mes pas. J'avais l'impression de partir pour un très long voyage et je craignais un peu de ne pas choisir la bonne direction.

Malé éclata de rire avec une grande fraîcheur. Aucune moquerie, pas d'ironie, mais un fou rire d'enfant.

D'abord surpris, Vîgot réalisa le comique de sa réponse et son rire grave éclata en duo avec celui, beaucoup plus clair, de Malé. Plusieurs minutes plus tard, ils s'essuyaient encore les yeux pleins de larmes.

- Sacré Vîgot, tu avais bien raison de dire que Drukpa et toi aviez trop longtemps devisé! J'entends qu'à force de commenter les textes anciens des sages vous aviez fini par oublier que la vie est en nous, pas dans les livres!

Ils rirent encore, s'essuyèrent de nouveau le visage avec leurs grands mouchoirs rouges.

Malé alla chercher la théière et versa deux bols de thé brûlant.

- Tu vois, Vîgot, tu aurais aimé connaître Tass. Lui était toujours à l'écoute du moindre signe.

Et sa force était de distinguer les signes quotidiens, ceux qui font la trame normale de la vie, sa musique de fond en quelque sorte, et, soudain, le signe qui, par son exception, sa couleur ou sa situation paradoxale, fait sens, apporte un message utile, au-delà du bourdonnement de rucher qui simplement nous rassure en nous disant que la vie continue...

- Oui, tu as raison: nous avons pris l'habitude de partir des idées des autres, et de leurs mots mêmes!

- Au point d'aller demander un signe à un ermite! C'est gros, non? Alors que, évidemment, toi seul peut voir, entendre, distinguer le signe qui est pour toi. C'est justement parce que ce signe est pour toi que tu le perçois. Car ta vie est en toi. Et si tu as besoin, un jour, de mettre des mots sur les choses, ce seront nécessairement *tes* mots sur les choses de *ta* vie.

Et si tu cherches un signe pour choisir ces mots, toi seul pourras le distinguer...

Vîgot hésita un moment, puis hasarda:

- Oui c'est bien cela... peut-être seras-tu mon signe?

Malé fit une grimace de dépit:

- Oh là là, Vîgot! Quel mélange de genres! Tu as vraiment besoin d'un très, très long voyage. Les signes, mon vieux, c'est entre toi et toi!

Entre toi et moi, il ne peut pas être question de signes. Juste deux peaux et dans la tête quelques souvenirs d'adolescence. Mais, si tu le veux, tu seras mon amant. Et si tu es aussi bon amant que compagnon de discussions, il n'est pas certain que je te laisse repartir...

Vîgot rougit car il venait justement de penser à son désir pour Malé. L'avait-elle entendu ?

- III - L'AMOUR. LA MORT. LA FUITE.

L'expérience est une lanterne que l'on porte sur le dos et qui n'éclaire jamais que le chemin parcouru.
Confucius (551-479 B.C.)

Vîgot se réveilla brusquement. On frappait à la porte alors que, perdu dans une sieste réparatrice, il était en train de rêver de galettes de sarrasin, de beurre et de thé brûlant, et des attributs les plus excitants d'une jeune sorcière qui ne lui voulait que du bien.

- Vîgot !

Malé ouvrit la porte et s'approcha pour pouvoir lui parler à voix basse:

- Maître Tîla est arrivé. Je te conseille de le recevoir, mais défie-toi! Pas de confidences, tout l'intéresse, mais il est capable de bâtir l'histoire d'une révolte avec deux brins d'herbe brisés.

- D'accord. Tu veux bien lui dire que je me lave et que je le rejoins ensuite dans le foyer?

- Non. Reste au lit. Ainsi, s'il devient pressant, tu pourras jouer le malade qui a besoin de repos.

- Femme que tu es!

- Non pas juste femme, mais ta soignante, inquiète de ton prompt rétablissement...

Il crut voir, ou voulut voir, une coquinerie dans son regard.

A cet instant, un bruit de vaisselle brisée retentit dans la pièce voisine. Malé se précipita et vit Tîla, consterné, devant les morceaux d'un bol en porcelaine, jonchant le sol à ses pieds.

- J'ai eu peur, dit-il, le chat vient de faire tomber ce bol de cette étagère là-haut!

- Ce n'est rien. Entrez, Maître Tîla!

Malé s'effaça puis le suivit dans la chambre. Avec un peu d'emphase bien calculée, elle haussa la voix:

- Lama Vîgotsé, c'est Maître Tîla qui vous rend visite.

Jouant le jeu, Vîgot fit mine de sortir, douloureusement, d'un assoupissement passager:

- Oui? Ah! Maître Tîla! Quel honneur! pourquoi vous déranger pour un pauvre moine blessé?

- Lama Vîgotsé? Un maître bouddhiste! Je n'ai pas le temps de vous saluer que vous m'inondez d'informations... Vous êtes donc un moine et un enseignant? Et d'où venez-vous?

- Ma foi, Maître Tîla, vous connaissez notre vie: pauvreté, simplicité et déplacements au gré du destin ou au hasard des demandes de la population, qui pour quelques mois d'instruction scolaire, qui pour des soins du corps...

- Oui, oui, j'entends bien. Mais, lorsque vous êtes tombé dans ce ravin, vous aviez bien quitté un refuge, le matin même?

- Oui, j'avais dormi à la chambre d'hôte du monastère de Chimi Lhakhang.

- Tiens, tiens ! Là où s'est retiré Lama Drukpa Kunley, ce vieil hérétique séditieux.

- J'ai en effet appris qu'il vivait là. Probablement ses dernières années... l'homme se fait vieux!

- On le dit. Espérons qu'il n'inspire personne, qu'il ne suscite aucun disciple, ... N'est-ce pas?

- Ce genre de chose est difficile à contrôler...

Maître Tîla le regarda comme s'il attendait un mot qui manquait. Finalement, il le suggéra, comme un instituteur donne, avec reproche, la bonne réponse à un élève dissipé:

- ... mal-heu-reu-se-ment !

Vîgot fit semblant de souffrir du bras en écharpe et changea de position.

- Et vous alliez où, Vîgot ?

- Je n'avais pas de but précis. Les baguettes de bambou, que j'avais tirées en priant Sakyamuni, m'avaient seulement conseillé d'aller vers le couchant.

- Vous tirez donc les bambous comme le dernier des naïfs élevés dans la superstition ? Ne savez-vous pas que le Grand Lama et notre nouveau Roi désirent tous deux que nous retournions vers le Vajrayana plus strict de Milarepa?

- Parfois les signes nous confortent dans nos intentions...

Malé, au titre d'hôtesse et maîtresse du lieu, était restée dans la chambre, avec les deux hommes. Elle sentit qu'il était temps d'intervenir.

- Maître Tîla, puis-je vous servir du thé?

- Non, merci, un verre d'eau seulement, avec plaisir.

Malé sortit. Ayant brisé la tension, elle jugea qu'il valait mieux laisser les deux hommes ensemble un instant pour qu'ils retrouvent un terrain de discussion moins délicat.

En effet, Maître Tîla saisit l'occasion pour changer de sujet:

- Lama Vîgot, votre autorité et votre sagesse seraient bien utiles au service du Roi et de son administration civile, pour confirmer la paix sociale à laquelle lui et ses représentants dédient tous leurs efforts. Pouvons-nous compter sur vous?

Vîgot était tellement surpris de cette proposition qu'il resta un long moment muet. Au point que Tîla s'impatienta:

- Vîgot? M'avez-vous entendu?

- Mmh? oui, oui. Je vous ai entendu Maître Tîla. Je crois que vous m'accordez beaucoup trop d'importance. Je ne suis qu'un pauvre moine. Je n'ai que très peu de sagesse, si j'en ai. Et pour ce qui est de l'autorité, vous m'avez vu, le bras cassé et le cul en l'air dans mon buisson d'épines... je ne suis qu'un pauvre imbécile.

Maître Tîla parut soudain très différent de l'étudiant ahuri. L'œil minéral, les lèvres pincées, il changea de ton et se fit à la fois pressant et très froid:

- Vîgot, oui ou non, vous ai-je sauvé la vie?

- Je vous demande pardon, Maître Tîla, mais sauf le respect que je vous dois, qu'est-ce que cela vient faire dans votre requête?

Tîla sembla s'étrangler, comme s'il avait entendu une incongruité quelque peu grossière, alors que, pour Vîgot, ce n'était qu'une évidence.

- Mais, Vîgot, sans moi vous ne vivriez plus, donc je considère, à juste titre me semble-t-il, que j'ai le droit de guider vos pas et vos choix, dans ces mois ou ces années de vie que je vous offre... ceci vous paraîtrait-il exagéré?

Ne sachant comment répondre sans provoquer un esclandre, mais ne voulant en aucune façon laisser croire qu'il pouvait, même pour une part minime, souscrire à ce raisonnement, notre moine se leva, réprima une grimace de douleur, rajusta l'écharpe qui soutenait son bras et se mit à arpenter la pièce avec, sur sa face, une expression de concentration concernée qui étonna tant Tîla qu'il en resta sans réaction.

- D'abord, nul ne sait ce qui me serait arrivé si vous n'étiez pas passé sur ce sentier ou si vous n'aviez pas répondu aussi efficacement à mes appels à l'aide. Je n'étais pas mort et j'aurais certainement pu attendre plus tard dans la journée et attirer l'attention d'un autre passant. Ensuite,...

- Mais Lama Vîgot, ...

- Je vous en prie ne m'interrompez pas! Votre raisonnement est d'une prétention politique qui ne peut que scandaliser toute personne habituée à rechercher la logique humaine autant que la rationalité sociale, pour nous rapprocher, autant que possible, d'un humanisme respectable.

- Vîgot, le Roi ...

- J'ai autant que vous le respect du Roi et de ses ministres, mais cela ne vous donne pas le droit de faire du chantage et de tenter de m'imposer un rôle pour lequel je ne suis ni préparé, ni payé, ni d'ailleurs convaincu que ce soit mon devoir.

Maître Tîla se leva, très décontenancé. Il était visible que cette réaction aussi scandalisée qu'argumentée l'avait fort surpris. Il se força à sourire, aussi aimablement que possible et adressa à son interlocuteur une formule de départ calculée pour n'engager en aucune façon leurs rapports à venir:

- Lama Vîgot, je respecte vos opinons, vos douleurs et votre évidente fatigue. Je vais vous laisser reposer. Je pense que nous pourrons reprendre cet intéressant échange dans quelque temps et je ne doute pas que nous pourrons rapprocher nos points de vue. Si vous avez besoin de quoi que ce soit, n'hésitez pas à me le faire savoir. Mon bureau est juste à côté de l'administration des douanes.

C'était au tour de Vîgot d'être pris à contre-pied. Malgré tout son désir, il ne put trouver la répartie à la fois acérée et suffisamment polie pour garder l'avantage. Furieux d'être, en quelque sorte, remis à sa place, il se contenta d'une courbette de respect accompagnée d'une formule impersonnelle:

- Je vous remercie de votre visite, Maître Tîla. Et je me réjouis de pouvoir continuer dès que possible cet échange fort intéressant.

Il ouvrit lui-même la porte et s'effaça pour laisser sortir son visiteur. Dans la pièce contiguë, Malé se leva du banc où elle était assise, à nettoyer quelques légumes. Elle raccompagna Maître Tîla jusqu'à la porte et le salua poliment.

A peine était-il distant de vingt pas, qu'elle se précipita dans la chambre de Vîgot et lui tomba dans les bras, tendrement, comme si c'était tout naturel:

- Mon ami, que s'est-il passé? j'ai entendu des éclats de voix, j'étais très inquiète, je ne savais pas si je devais intervenir ou vous laisser tous deux...

Lui, serrant la tête de Malé au creux de son épaule tout en lui caressant les cheveux avec beaucoup de douceur, profitait de la situation pour exprimer, physiquement, et sa sympathie, et son désir, mais aussi ce qu'il aurait voulu être une force, une protection.

- Il a voulu me contraindre à travailler pour ses services. Il me croit son obligé. J'ai refusé. Il a dit qu'il reviendrait.

Malé leva les yeux vers lui, comme si rien de tout cela n'avait, en cet instant, la moindre importance. Ses yeux devinrent bientôt aussi profonds et bleu gris qu'une source résurgente en haute montagne:

- Embrasse-moi.

Leurs lèvres se joignirent, tendrement.

- Mmm, Vîgot, tu as les lèvres salées comme si tu avais passé l'après-midi au bord de la mer...

Il se sentait si remué, déstabilisé presque, qu'il sauta sur ces quelques mots pour relancer une discussion:

- La mer? tu connais la mer, toi?

- Oui bien sûr, je suis fille de marin.

- Fille de marin? mais que fais-tu ici dans la montagne, à quelques jours de marche seulement du refuge d'Himavant, sur le toit du monde?

- C'est une longue histoire... Mon père et moi vivions à Jâsk, un très vieux port en pays Parsi. Bandare Jâsk est le pays de mon enfance. C'est un gros bourg de pêche, sur une petite péninsule, ce qui fait que de partout tu vois toujours la mer! Nous y avons le beau temple d'Anahita, un des tout premiers lieux du culte antique à Mithra.

Mon père est mort en mer, dans une tempête d'équinoxe, alors que je venais de fêter mes douze ans. Il était joueur et couvert de dettes. Son principal créancier m'a vendue à une caravane qui remontait la route de la soie vers Dunhuang, dans la province de Ganzu, de l'Empire Ming.

Arrivée à Peshawar, j'étais épuisée. Mon maître m'a revendue à un commerçant Tibétain qui voulait faire toute la route du sud des montagnes d'Himavant: Srinagar, Bhaktapur, Thimphu, puis, au printemps, passer vers le Tibet. Au marché de Thimphu, l'intendant du Grand Lama m'a remarquée et a payé ma liberté. J'ai été placée comme servante dans un petit monastère à l'Ouest de Paro, dans la région frontalière avec le Tibet. C'est un merveilleux endroit, j'espère y retourner un jour. Une petite combe en cuvette, bien exposée au soleil, avec, au fond, un grand étang. Sur une terrasse qui domine l'étang, le monastère et son école. A l'étage supérieur, la lamaserie. Autour de l'étang, un grand jardin de diverses cultures en parcelles séparées.

J'étais responsable de la propreté des chambres et de l'entretien du jardin potager.

Un jour, Tass est passé à cheval sur cette piste rarement fréquentée. Il a été frappé par cet endroit surprenant: un étang, quelques bâtiments modestes, ce jardin en damier et surtout le sentiment de paix que diffusait l'ensemble. Il a voulu visiter et dans ce jardin, il m'a vue. Voilà tout.

- Il t'a rachetée?

- Tass, acheter sa femme? Tu veux rire! Il est passé à ma hauteur, au petit trot, m'a saisie par la taille et m'a hissée sur son cheval avant de partir au galop par-dessus la crête des collines.

Tu sais, Tass était comme un personnage de légende. Parfois je rêve qu'il est avec Parvati elle-même, la montagnarde, la fille de Himavant, l'Himalaya.

Là-bas, au monastère, ils doivent encore se demander quel dragon m'a volatilisée.

Mais imaginer que Tass m'ait rachetée, que tu es sot!

Elle riait de bon cœur et se remit à l'embrasser en jouant, comme une colombe qui picore du grain.

Vîgot semblait surpris, après une courte hésitation il lui demanda:

- Tu me parlais de Parvati. Tu pratiques les rites de l'hindouisme?

- Mais non! Tout cela n'est que symboles, des façons rapides d'évoquer les idées, les principes qui nous aident à donner au monde une forme où nous puissions nous situer. Rien de plus que les masques que nous sortons chaque année pour la fête du renouveau.

- En général, les gens simples n'en font-ils pas des dieux de ces symboles, comme tu dis, Parvati, Shiva, Shakti,... Dans les temples, leurs images deviennent objets de vénération, de prières, d'adoration même! C'est bien du délire religieux, non?

- Tu sais, Vîgot, chez les Parsis, où j'ai été à l'école, on ne croit pas aux dieux, mais à un grand principe vital, des symboles qui nous guident, la pratique du détachement, et surtout aucune espérance de quoi que ce soit après la mort.

- Oui, j'ai entendu parler de leurs tours des morts, au sommet desquelles ils exposent leurs défunts en proie aux vautours: la fin absolue de l'individu et le recyclage des éléments. La plus grande sagesse!

As-tu déjà pensé que ce qui fait notre dignité, notre liberté, notre volonté de progrès, cela commence toujours par la désespérance en toute forme d'au-delà?

- Evidemment, grand fou, Tass me l'a souvent répété: "Ceux qui achètent notre soumission à crédit font de nous des esclaves car leurs promesses ne sont que monnaie de singe."

*

Toute la soirée, ils rirent et bavardèrent de choses et d'autres, comme tous les amoureux du monde, se contentant d'échanger des souvenirs d'enfance, de famille, d'école, s'arrêtant parfois pour se courir après, se faire peur, s'agacer, se bécoter.

Ensemble, ils préparèrent un repas de fête, avec les aliments simples des réserves disponibles, mais en y mettant tant de créativité, de jeu et de décorum que le résultat fut réellement exceptionnel.

Ce soir-là, ils n'évoquèrent pas un seul instant le représentant de la police du Roi. La vie leur appartenait. Lorsque les chandelles tirèrent à leur fin, et comme Vîgot lui demandait si elle en avait d'autres, Malé lui tendit la main et l'attira vers le châlit à tentures qui lui servait de chambrette.

*

Le lendemain, les amants se levèrent tard.

Après leur toilette et une petite collation matinale, Malé ausculta le bras de Vîgot et jugea la guérison en bonne voie.

Est-ce suite à l'enthousiasme des jeux de la nuit? Malé décida que son amant avait retrouvé toutes ses forces et qu'il était temps qu'il sorte de sa retraite et retourne se mêler à la vraie vie.

- Tu devrais aller visiter notre village. Cela te fera du bien de marcher un peu et de respirer l'air de la vallée. Nous avons tellement festoyé hier soir, il faut refaire nos réserves. Prends la bourse dans la cassette et va jusqu'au marché. Il nous faut des légumes frais mais surtout des œufs et de la viande. Et si tu trouves un peu de bière de riz, j'aimerais assez fêter tout ça avec toi!

Il lui sourit chaudement et alla mettre ses braies et son gilet sans manches, en peau de mouton, qui lui sembla convenir à la saison encore fraîche.

Une fois prêt, il vint lui demander la bourse, l'embrassa sur la tempe et sortit, presque guilleret.

Il prit le sentier qui descendait de la maisonnette vers la vallée: quelques centaines de mètres plus bas, une terrasse naturelle accueillait le marché populaire. Huit allées étroites, presque parallèles, permettaient l'accès à des petits étals très simples: des tables basses, faites de quelques branches, souvent abritées à l'ombre d'un paillage fragile qu'il fallait fréquemment remplacer. Les allées étaient spécialisées: légumes de saison, légumineuses sèches, pots de beurre clarifié ou de lait caillé, fromages secs, viandes fumées, volailles vivantes,...

Vîgot est heureux de se sentir vivre. Il observe la vie du village. Ce qui le frappe le plus dans ce marché c'est l'organisation sociale: chacun à son petit étal souvent identique à celui du voisin ou de la voisine. Il est évident que tous ces commerçants aimeraient, comme la félicité suprême, que les autres vendeurs soient malades aujourd'hui, voire morts. Et pourtant, ils se saluent, se congratulent, se donnent des nouvelles, rient ensemble et même, se renvoient les clients lorsqu'ils ne peuvent les servir! C'est là que Vîgot réalise que ce n'est pas l'effet d'une hypothétique nature sociale, mais bien un contrat mutuellement accepté car indispensable à la survie.

Soudain, il sursaute: un chien lui renifle les mollets et jappe amicalement. Il le reconnaît immédiatement: c'est bien le drogkhyi qui est venu lécher sa plaie à la tête, sur le versant du ravin où il était tombé. Avant de le caresser, il se souvient d'avoir eu peur de cette visite nocturne alors qu'il était blessé. Il cherche du regard, autour de lui, si le chien est accompagné. Et soudain, juste là, à trois pas à peine, il reconnaît la voix grave qu'il avait entendue ce soir-là. L'homme est grand, un peu massif et très musclé. Le chien le rejoint: c'est bien son maître. Le chien regarde Vîgot qui détourne les yeux, inquiet, sans savoir pourquoi.

Il s'approche d'une femme mûre qui vend quelques poules et deux pintades et s'apprête à lui demander qui est ce géant à la voix grave et aux épaules tombantes.

- Tu connais cet homme grand avec son drogkhyi?

- Qui?

- L'homme avec le chien de berger...

Il cherche autour de lui, pour lui montrer de qui il parle. Impossible de le retrouver. Le marché n'est pas grand, ... et pourtant, l'homme a disparu!

- De qui me parles-tu?

- Je ne le vois plus ... ce n'est rien.

Il allait partir, mais la femme le rappelle:

- N'es-tu pas le moine qui est soigné par la veuve?

- Si, c'est bien moi, pourquoi?

- Oh, rien, juste pour savoir... Bonne journée! tu ne veux pas acheter mes pintades?

- Non, pas aujourd'hui. Tu n'as pas d'œufs de tes pintades?

- Si, bien sûr.

Elle prit un petit panier d'herbes tressées, en écarta les rabats et souleva une grosse touffe d'herbes sèches: six gros œufs faisaient comme un nid.

- Tu en veux combien?

- Si ton prix est bon, je les prends tous les six.

- Pour la veuve, mon prix est toujours le meilleur.

- Alors d'accord, je les prends. Je te remercie pour elle.

Il continua son tour de marché. Il n'avait pas oublié le géant et son chien, mais il ne les voyait toujours pas.

Il tenta de se souvenir des achats demandés par Malé. Pendant qu'il refaisait un tour de marché pour ne rien oublier, il réalisa soudain que toutes les vendeuses le dévisageaient avec curiosité et faisaient des commentaires sous cape, regards fuyants.

Un peu mal à l'aise il se hâta de terminer ses achats et de rentrer chez Malé.

En prenant le chemin du retour, il commença à souffrir du bras: l'effort physique de la marche montante mobilisait tous ses muscles et cela finissait par tirer sur les tendons du coude.

Il ralentit un peu et s'arrêta sur un petit banc, face à la vallée.

La rivière, tout au fond, semblait fraîche et poissonneuse. Le village était assez bien construit. On pouvait aisément reconnaître les grandes règles du feng-shui dans de nombreux détails de l'architecture des maisons.

Quelles que soient les intentions de contrôle du Roi, il était clair que si le Tantrayana, avec ses composantes les plus populaires, souvent superstitieuses, faisaient le quotidien des villageois, par contre, les actes importants des familles étaient toujours gérés par les traditions les plus anciennes.

Vîgot commençait à se demander s'il était bien utile d'entreprendre un long voyage pour découvrir ce qu'il cherche... le soleil commençait à chauffer... il imagina qu'il restait à Sathrap... avec Malé... et qu'ils ouvraient une école pour les enfants du village...

Soudain, il se réveilla: il s'était assoupi!

Il s'étira, se leva et reprit le chemin du retour.

Arrivé chez Malé, il entra, posa toutes les emplettes près du foyer, et s'assit. Malé était dans la cour arrière à étendre du linge à sécher. Elle l'avait entendu et rentra rapidement, toute souriante.

- Alors, mon grand malade? ça t'a fait du bien cette promenade? As-tu trouvé tout ce que nous cherchions?

- Non, pas vraiment tout. Tu sais bien que c'est au hasard du marché du jour...

- Tu as rencontré des gens?

Il préféra ne pas parler du géant et son chien.

- Rien de spécial, les vendeuses... ... mais, quand même, il y a quelque chose: j'ai eu la très nette impression que les gens me regardent à la dérobée et se racontent des choses...

- Ha! tu t'en es déjà rendu compte?

- Qu'est-ce qu'ils ont à me regarder comme une bête un peu bizarre. Dans certains regards, je crois lire un respect craintif et même, chez quelques-uns, un genre de vénération. Qu'est-ce qui leur prend?

Malé éclata de son rire frais et joyeux:

- Tu sais, dans ces petits villages, il n'y a pas beaucoup de distraction. Alors, quand tu es arrivé, ils ont imaginé des choses. Ce n'est pas grave. De fil en aiguille, les gens brodent. Certains racontent que tu étais en lévitation dans la cour de ton monastère, à Chimi Lhakhang, lorsque, perdu dans tes grandes idées, tu es monté trop haut et qu'une rafale de vent t'a poussé sur le chemin de Sathrap où tu es tombé dans un buisson d'épineux.

Cette fois c'est Vîgot qui part d'un gros rire amusé:

- Eh bien! ils ne sont, en fin de compte, pas très loin de la vérité, hein?

- Les villageois adorent broder des histoires sur la magie des voyages instantanés, qui permettent aux grands lamas de se déplacer, croient-ils, à la vitesse de la foudre.

- Oui, c'est une vieille superstition, acquiesça Vîgot, une déformation populaire du principe de Nâgasena qui veut que nous ne soyons rien de plus qu'une organisation temporaire d'éléments divers. Les conteurs en font un principe de magie: déconstruction ici et reconstruction volontaire dans un endroit distant.

Il pensa un moment et, après avoir un peu hésité, lui confia:

- Ce principe de Nâgasena, qui entraîne que le "Moi" n'existe pas, est précisément une des choses qui m'encouragent à pousser mon voyage loin vers l'Ouest, même si la vérité se trouve en nous et que les longs pèlerinages sont donc souvent des efforts futiles. J'espère retrouver ce principe ailleurs, par-delà les montagnes, pour le confirmer, l'approfondir ou le modifier par la vision d'autres sages, car là est bien, je pense, le "cœur des choses".

- Je te l'ai dit: tu partiras quand tu voudras. Mais je veux que tu sois d'abord rétabli.

N'oublie pas que Maître Tîla veut te garder ici. C'est lié. Le respect des paysans croît pour toi et c'est justement cette vénération populaire, que Tîla veut utiliser pour mieux contrôler les foules de la région.

- Oui, il reviendra, avec de nouveaux arguments. Si je refuse de collaborer...

- Il trouvera à te contraindre, n'en doute pas.

- Oui. Il nous faudrait prévoir son prochain mouvement, pour garder l'avantage. Je me demande...

De la main, Malé lui fait signe de se taire:

- Attends, attends... il y a quelque chose qui ne colle pas...

Elle se lève, et avance vers le mur du fond, en regardant vers le haut, les étagères de rangement. Elle fixe l'endroit où se trouvait le bol de porcelaine et se concentre.

- Vîgot, même dérangés, les chats ne font pas tomber les bols de porcelaine lorsqu'ils ne peuvent passer derrière. Regarde: le bol bleu était tout là-haut, juste entre la cassette en cuir et les livres de Tass. Il n'y avait pas de passage pour le chat.

Vîgot a compris, il saisit un haut tabouret, l'approche du mur et grimpe dessus.

- Fais attention! Tu n'as pas mal au bras?

- Non, non, laisse, ça ira.

Déjà il tend le bras et passe la main derrière les livres. Il en tire un petit sac de jute et le tend à Malé.

- Non, non, cela est à moi.

Il tâtonne encore, mais c'est un peu trop haut. Il enlève deux livres, puis quatre et les passe à Malé qui les met sur le grand coffre de bois. Encore quatre autres livres, Malé se hisse sur la pointe des pieds et scrute derrière les livres.

- Le paquet brun avec le cordon autour, tu me le montres?

Il le lui tend.

- Ce n'est pas à moi... je n'ai jamais vu cette chose.

Vîgot descend et regarde l'objet avec curiosité. Délicatement, Malé déroule le cordon et déplie la toile rêche qui forme un paquet grand comme une main et épais comme le bras. A l'intérieur un autre rouleau de coton brun sale qui semble avoir été taché de sang. Elle veut le déplier à son tour, mais de grosses épines sont fichées dedans et empêchent de l'ouvrir. Elle hésite:

- C'est ça... Il n'est pas très utile d'aller plus loin. Nous sommes évidemment en face d'un maléfice, un objet de magie noire ou d'envoûtement. On va y trouver un œil ou des couilles de yack ou encore un embryon de rat. Avec d'autres épines qui le transpercent ou des poudres, des feuilles, ou tout cela ensemble, peu importe.

- Tu ne l'as jamais vu?

- Je te l'ai déjà dit.

- Alors c'est clair: il avait pressenti que je refuserais et il reviendra pour tenter un chantage à la sorcellerie.

- Oui. Et cela signifie qu'il a déjà deviné ...

- ...que je n'accepterai pas de te sacrifier. Écoute, s'il l'a caché là c'est qu'il a l'intention d'organiser une descente. Il faut ne pas perdre de temps et remplacer immédiatement cet objet par quelque chose d'anodin.

Elle arracha les épines et continua de déballer la toile. Au cœur de plusieurs épaisseurs de cotonnade, elle atteint, en effet, un œil de bœuf tout coagulé dans son sang, des poils, des fragments d'os et divers petits morceaux de racines et d'écorce.

Vîgot prit tout le cœur du paquet et alla dans la cour. Il s'approcha du fumier et y enfonça profondément un bois qu'il fit tourner en cercles de plus en plus larges pour y ouvrir un petit cratère, étroit mais profond. Il y enfouit les pièces à conviction et referma le fumier en pilonnant du bâton.

De retour à l'intérieur, il vit que Malé avait déjà trouvé ce qu'elle comptait remballer. Le couvercle du grand coffre était encore ouvert et elle en avait tiré un bonnet de laine. Elle était en train de le rouler très serré autour d'un bouquet de ces feuilles que tous utilisent traditionnellement pour empêcher les mites de manger la laine. Elle le maintint serré avec un lien végétal et le remballa dans la toile rude d'origine, après avoir bien vérifié qu'elle ne portait aucune trace de sang qui eut pu sembler suspecte.

A la hâte, Vîgot monta remettre le paquet exactement là où Tîla l'avait dissimulé.

- Voilà. Cela nous donne au moins un temps d'avance, mais il nous faut rapidement trouver ce que nous ferons ensuite.

- Oui, mais d'abord le plus pressé: nous avons besoin d'un bon repas et de repos. N'oublie pas que tu es convalescent.

- Soit! De toute façon, je suis sûr qu'avant de lancer sa perquisition, il viendra encore me proposer une collaboration, quitte à l'assortir d'une menace...

Ils préparèrent ensemble un panier de galettes, avec des œufs cuits dur, des fruits et de la viande fumée, et sortirent, bras dessus bras dessous, presque joyeusement, pour aller s'asseoir un peu plus bas, face à la vallée, à l'ombre du grand arbre aux fleurs rouges où les familles vont souvent goûter la fraîcheur du soir.

*

Contrairement aux certitudes de Vîgot, le lendemain à six heures du matin, les policiers frappaient à la porte avec une bruyante autorité.

Malé eut peur et le réveilla:

- On frappe! Ils sont là, que faisons-nous?

- Ne crains rien: ils ne peuvent rien trouver. Je vais leur ouvrir.

Il se lève, se drape dans une cotonnade, passe dans la pièce principale et va ouvrir la porte.

Quatre hommes, armés de sabres et de bâtons, s'engouffrent dans la pièce en le bousculant. Vîgot est très surpris et inquiet de cette violence.

Comment peuvent-ils se permettre? Ce Tîla est-il si puissant? Et à quel titre?

Les policiers font mine de fouiller, mais, comme par hasard, l'un deux se dirige assez rapidement vers l'étagère d'où tomba le bol de porcelaine bleue. Quelques cris gutturaux expriment la surprise de la découverte: un paquet leur semble être exactement ce qu'ils cherchent.

Sans commentaires, ils ressortent et laissent Vîgot à la fois stupéfait et plus effrayé qu'il ne voudrait l'admettre.

Il ouvre les rideaux de la chambrette.

- Malé, c'est aujourd'hui que cela va se passer. Notre avance sera très bientôt rattrapée. As-tu une arme?

- Non, pas vraiment, la seule chose qui y ressemble, je l'ai trouvée dans le plafond de la chambre, après la mort de Tass. C'est une lamelle de bambou durci au feu, enchâssée dans un manche métallique.

- Avec un anneau dans le manche, à la jointure avec le bambou?

- Oui, exactement, comment le sais-tu?

- C'est une arme ancienne des sectes mafieuses. Elle est redoutable pour qui sait s'en servir...

- Et... tu sais?

Il hésita, mais n'avait plus rien à lui cacher:

- Oui, j'ai eu des périodes un peu... disons ... parallèles.

Ce sera une sécurité. Mais je vais tout tenter pour le faire changer d'avis.

*

En fin d'après-midi, alors que l'attente commençait à devenir énervante, quelqu'un frappa discrètement à la porte.

Malé alla ouvrir.

- Maître Tîla! Quelle bonne surprise! Vous venez voir votre protégé? Je pense qu'il va un peu mieux.

- Bonsoir, Malé... puis-je m'entretenir avec lui,... en privé?

- Bien sûr, je vous laisse "entre hommes", n'est-ce pas? C'est normal pour parler de choses politiques.

Il ne releva pas l'ironie et se dirigea vers la chambre de Vîgot.

Il referma la porte derrière lui, s'assit immédiatement sans y avoir été invité et rentra sans hésitation dans le vif du sujet:

- Vîgot, ce matin vous avez essayé de me ridiculiser, mais dites-vous bien que je cherchais seulement à ménager certaines formes, par courtoisie envers vous et pour préserver la justice face à l'opinion publique. Je n'ai besoin d'aucune preuve pour faire pendre Malé comme sorcière: sa réputation la précède!

- Maître Tîla, pourquoi cette agressivité? Qu'avons-nous fait pour vous déplaire à ce point?

- Ne vous êtes-vous pas entendu répondre à ma requête? Je vous demandais de m'aider à maintenir la paix sociale du royaume et vous m'avez tout simplement insulté!

- Mais pas du tout, Tîla, je ne vous ai pas insulté, j'ai simplement fait valoir qu'un moine humaniste ne peut pas être complice de manoeuvres bassement politiques. Vous voulez que je manipule la superstition des plus simples pour confirmer votre pouvoir...

- Le pouvoir du Roi, Vîgot!

- Oui, oui, on dit ça, mais on attend encore de le voir à Sathrap, le Roi! Et le seul effet concret de la politique de ses ministres, que les habitants aient pu constater depuis seize ans, c'est l'augmentation des impôts.

C'était mal parti. Tîla ne savait pas comment rattraper une possibilité de collaboration et Vîgot s'en voulait d'avoir pourri ses chances de piéger son adversaire.

C'est Tîla, plus politique, qui fit le geste:

- Vîgot, nous sommes tous deux trop entiers et trop convaincus de nos bons principes. Calmons-nous et cherchons un moyen terme.

- Vous avez raison, Maître Tîla. Et si nous sortions nous promener un peu dans le soir qui tombe?

- Bonne idée, je vous suis!

Ils sortirent, après que Vîgot se fut habillé d'une longue cape pour protéger son bras contre la fraîcheur du soir.

Ils prirent le chemin qui descend vers le marché.

Le soleil est tout juste en train de passer derrière la chaîne de montagnes qui bloque la vallée vers l'Ouest. Ici, autour du village, les oiseaux se mettent à chanter et une très claire ambiance de paix se fait presque palpable. Tîla reprend l'initiative:

- Vîgot, je pense sincèrement qu'il faut que nous cessions, moi de vouloir faire preuve d'autorité, et vous de vouloir être à cheval sur vos principes.

- Mmmh, ... je vous écoute.

- En fait, il est vrai que le Roi n'accorde guère d'importance à cette province. Mais j'aimerais beaucoup en faire un fief d'ordre et de richesses. Sathrap n'est pas très développé, mais d'autres villages sont beaucoup plus riches et ne payent encore que peu d'impôt, à ce jour... Je me vois très bien en gouverneur dans quelques années ...

Vîgot préfère ne pas faire de commentaires et le laisse continuer ses confidences.

- ... mais vous savez combien ces paysans sont peu éduqués! Ce ne sont que des ignares superstitieux. Sans référence à la religion, aux esprits et aux discours *supposés* des immortels, il sera impossible de les convaincre.

Vîgot saute sur l'occasion de pouvoir abonder sans trop de difficulté et, ainsi, se faire percevoir comme moins agressif:

- Oui, vous avez parfaitement raison, Tîla, les discours des immortels et des sages de toutes cultures ne sont que des inventions. Notre ignorance de la réalité historique des images et des histoires qu'on nous rapporte est totale. Souvent nous ne sommes même pas sûrs de l'existence de ces personnes.

Quant à leurs personnalités, ... plus ou moins respectueuses de leurs prétendus principes... n'en parlons pas! Et pourtant, que vaut le discours d'un sage si sa vie n'est pas le reflet de sa pensée? pas même un conte de baladin!

Tîla appréciait le changement de ton de Vîgot, mais voulait surtout continuer son raisonnement.

- Oui, oui, c'est bien cela. Donc, mes plans supposent que je puisse m'appuyer sur votre soutien. Je ne vous demande pas d'être convaincu, ni même vaguement sincère. Mais je serais prêt à partager les revenus de l'opération. Un quart des impôts pour vous. Et je fermerais les yeux sur la sorcellerie criminelle de Malé.

Vîgot fit mine de réfléchir.

- La proposition est en effet fort alléchante.

Ils étaient arrivés sur le promontoire. Vîgot le prit par le bras et lui montra la vallée, d'un grand geste de la main:

- Regardez, Tîla, là à nos pieds, ce serait donc notre domaine, ces richesses, ces gens? Vous avez mille fois raison: seule l'union de la politique et de la religion peut réellement faire la paix du peuple.

Tîla était très excité de sentir le succès si proche. Il contemplait la vallée avec un regard à la fois avide et repu, comme si c'était déjà son domaine.

Vîgot l'entraîna dans un pas de danse. Passant derrière lui, il sortit prestement la lame de bambou de sa cape, lui cravata violemment le cou de son bras gauche et, suivant la pratique presque chirurgicale qu'il avait apprise des brigands de Peshawar, lui inséra la lame juste sous la dernière côte, d'un mouvement remontant, avec souplesse, presque avec douceur, jusqu'au cœur.

Il retira la lame vers le bas, tout en poussant Tîla vers le ravin d'un nouvel effort du bras gauche qui, cette fois, lui arracha un grognement de douleur.

La sueur au visage, il s'efforça de ne pas courir, mais retourna à grandes enjambées chez Malé.

Le crépuscule tombé, on n'y voyait pas à vingt pas. Il poussa la porte et Malé lui tomba dans les bras.

- J'ai eu peur!

- Tout est terminé. Ne crains rien.

- Il est...?

- C'est fini. Il ne nous nuira plus. Mais dès demain, on risque de le trouver dans le ravin et dès qu'on le trouvera, on verra qu'il a été crevé jusqu'au cœur.

- Mais alors...

- Oui, je dois partir. Maintenant. Plus vite je pars, plus loin je serai demain matin. Tu viens avec moi?

- Non. Ce serait un aveu. Et il serait beaucoup trop facile de nous remarquer. Un couple qui voyage... c'est rare dans ces contrées!

Seul, tu auras plus de chance de disparaître dans la masse. Je vais te couper les cheveux.

- Mais, tu risques...

- Non, je ne crains rien. Ici, ma réputation est faite et la population me protège. Je ne me connais pas d'ennemi. Même les policiers seront beaucoup moins zélés, maintenant que Tîla n'est plus là. Mais toi, où iras-tu?

- Je pensais prendre la route de Peshawar...

- Non, non! Pas vers Peshawar. J'ai fait un rêve cette nuit. Tu courrais dans les rochers et des chiens enragés te rattrapaient.

Ces gens sont des montagnards, des habitants de régions de cailloux arides. Ils ressemblent trop aux gens d'ici, tu serais trop facilement compris. Si l'on te cherche, tu risques de te trahir.

Va plutôt vers le Sud, vers la vallée du Téraï. Là-bas tu seras tellement étranger que les gens ne verront en toi que la différence, sans chercher plus loin.

Elle lui coupa les cheveux, lui donna un sac avec de la viande séchée, du sel, du beurre et des galettes d'orge.

- Va maintenant, tu as une nuit d'avance.

Ils s'embrassèrent avec cette tendresse un peu fébrile des amants qui savent que leur désir est là mais, cette fois, restera inassouvi.

Sur le pas de la porte, Malé lui dit avec solennité et conviction:

- Vîgot, je suis la femme d'un seul homme à la fois. Alors, je t'en prie, meurs ou reviens, mais fais vite!

N'attends pas que j'aie soixante ans et toi soixante-dix! Je vieillirai volontiers dans tes bras avec, entre nous, la tendresse des souvenirs de la passion, mais pas si c'est pour partager la valse triste et frustrée de n'avoir pas pu nous aimer dans la force de nos jeunesses.

Il partit dans la nuit, sans se retourner car il n'aimait pas montrer ses larmes.

- IV - SOUVENIRS DE MÉNANDRE, NÂGASÉNA ET EMPÉDOCLE

Je te dirai encore autre chose: il n'y a de naissance pour aucune chose mortelle; il n'y a pas de fin par mort funeste; il y seulement mélange et dissociation des composants du mélange. (...) Quand les éléments mélangés viennent à la lumière du jour sous la forme d'un homme, ou d'une bête sauvage, ou d'une plante, ou d'un oiseau, alors on dit qu'il y a naissance; quand ils se séparent, on emploie le mot de mort douloureuse. Mais ce nom ne se justifie pas (...).
Empédocle d'Agrigente (484-424 B.C.)

...jusqu'à ce que tu retournes au sol car c'est de lui que tu as été pris. Oui, tu es poussière et à la poussière tu retourneras.
La Bible - Genèse 3/10

Vîgot marcha à grandes enjambées, aussi vite que possible, pendant tout ce qui restait de la nuit. La lune, sans être pleine, était claire et cela l'aida beaucoup à dévaler les sentiers pentus qui le menaient vers le sud. En montagne, il est rare que l'on voyage la nuit. Il ne craignait pas réellement de rencontrer quelqu'un, mais il ressentait une oppression, presque une peur, qui le poussait à s'éloigner au plus vite. Pourtant, il dut s'habituer d'abord à marcher sous la lune sans se fouler les chevilles.

La lune est menteuse au marcheur attardé: elle présente les dépressions comme des buttes et déguise les bosses en cuvettes.

Dès qu'il atteint le premier fond de vallée et commence à remonter le versant opposé, son rythme se calme. Il commence à revivre cette fin de journée dramatique. L'offre de Tîla et l'aveu de ses intentions de chantage à l'encontre de Malé. Sa propre décision, vite prise, de le détruire, de l'écraser comme un poux de yack malfaisant qui continue de vous nuire en ne cessant de vous empuantir après avoir éclaté.

Tuer. Avait-il réellement tué ? Drukpa avait raison : il n'est pas certain qu'il puisse un jour devenir un vrai disciple du Bouddha.

Puis, les derniers moments avec Malé. Son rêve prémonitoire. Son choix de ne pas fuir avec lui ... Trop d'émotions en si peu de temps.

La montée, dans la nuit, devient plus raide. Vîgot ralentit encore et ses idées s'éclaircissent. Assez vite, son cœur s'attendrit au souvenir de Malé et de l'idylle naissante qui leur donnait l'espoir d'un avenir calme et radieux. Il se reproche d'être parti sans elle. Ils auraient pu rester ensemble à Sathrap et se cacher. Il aurait dû la convaincre de le suivre. Quel risque auraient-ils pu courir qui soit pire que d'être séparés ?

Il atteignit le dessus d'une crête, un petit col entre deux chaînes de collines. Une grosse pierre le tenta:

le sentier faisait comme un petit détour pour y mener: les marcheurs aiment faire une pause au passage d'un col.

Il s'assit sur la pierre pour se reposer un peu.

La même pensée lui revint, de plus en plus lancinante: pourquoi était-il parti sans elle? Pourquoi avait-il accepté le raisonnement de Malé alors qu'il y avait tant de façons d'imaginer leur fuite à deux?

Il ne se sentit pas capable de regarder en face cette question. Comme il trouvait sur sa pierre plus d'angoisse que de repos, il se leva et reprit sa fuite. Plus il se reprochait d'être parti seul et plus il lui semblait qu'il courait vite vers sa quête, comme s'il espérait justifier son départ par sa course ou hâter le dénouement de son voyage et se retrouver, ainsi, plus rapidement "chez eux".

Quand le jour commença à éclairer le paysage, il décida de se cacher et de dormir un peu. Il était encore très près de Sathrap et craignait que quelqu'un le reconnût.

Il quitta le sentier, s'écarta d'une cinquantaine de pas, choisit un creux plein de broussailles pas trop ligneuses, à peine plus grand qu'un gîte de marcassin, et s'y coucha, en chien de fusil, enveloppé aussi soigneusement que possible dans son long manteau, la tête sur son sac. Il était trop fatigué pour avoir faim, mais regretta de ne pas avoir bu alors qu'il franchissait le dernier ruisseau.

Il s'endormit rapidement, d'un sommeil rempli de rêves.

*

Lorsqu'il se réveille, le soleil a déjà largement passé le zénith. Vîgot ne veut courir aucun risque et reste caché. Il fait chaud. Il a faim maintenant, mais décide d'attendre la nuit avant de sortir de son gîte. Il tente de se rendormir, vainement. Inquiet, il tend l'oreille au moindre bruit. Tout semble assez naturel et il finit par s'assoupir, l'esprit plein d'images, de bribes de phrases, de rêves à moitié éveillés.

Soudain il tressaille: un chien lui lèche la face. Dans un effort très conscient et presque inhumain, il s'interdit de se lever et même de redresser le buste. Il reste immobile et le chien continue de le lécher. En ouvrant furtivement un œil, il reconnaît un grand Drogkhyi. C'est donc la fin? on l'a suivi et retrouvé?

Il entend siffler. Un appel bref et ferme, par quelqu'un qui siffle dans les doigts. Un ordre, auquel le chien obéit immédiatement, sans japper, sans aboyer. L'image d'un homme grand, aux épaules un peu voûtées, lui vient à l'esprit, mais il n'ose pas se soulever pour regarder au-dessus des broussailles. Pris?

Non... plus aucun bruit. Le chien et l'homme (ou les hommes?) sont partis. Le cœur de Vîgot bat trop fort. Il cherche à approfondir sa respiration et, petit à petit, retrouve son calme. Il reste encore immobile dans sa tanière plus d'une heure, ne se retournant, sans bruit, que pour soulager les crampes qui le saisissent de plus en plus fréquemment. Enfin, la promesse du crépuscule lui annonce un sentier probablement désert.

Il s'assied et étire plusieurs fois chacun de ses membres pour les faire revivre. Lorsqu'il sent le réconfort de la circulation, il ouvre son sac et se coupe un beau morceau de viande de bœuf séché qu'il se met à mâcher, presque religieusement, avec de petites bouchées de galette sûre.

Rapidement, la viande lui donne soif. Il se lève, secoue son manteau, le jette sur ses épaules, saisit son bâton et son sac et part lentement, tout en mangeant encore.

L'heure est sereine. Les oiseaux chantent dans les broussailles. La lune n'est pas encore levée, mais la lumière du soir est encore suffisante pour lui montrer le cirque glorieux des collines qui l'attendent. Il ne peut s'empêcher de sourire à la beauté du monde. Il continue de descendre calmement, comme s'il était en promenade, jusqu'au ruisseau suivant. Là, il s'éloigne à nouveau du sentier et s'arrête, à l'abri d'une épaule de la rive, pour boire longuement l'eau fraîche qui dévale en babillant. C'est un tel réconfort, un si profond renouveau, qu'il se déshabille entièrement et se met à se laver, soigneusement, dans cette eau très froide mais si douce.

Détendu, il se laissa sécher en regardant s'allumer les premières étoiles, puis se rhabilla calmement et repartit d'un pas décidé et rapide sur le sentier qui devait le mener dans la plaine du Teraï. Il ne savait pas combien de jours cela allait lui prendre: huit? quinze? Mais il n'avait plus ni peur ni angoisse: demain matin, il serait loin de Sathrap. Il pensa brièvement à Malé, mais chassa cette image pour ne pas s'attendrir. Il s'efforça de se concentrer sur la régularité de sa marche et la profondeur de sa respiration.

La nuit était encore plus claire et plus froide que la précédente. Il pensa qu'il n'avait pas encore commencé à perdre de l'altitude.

*

Ce n'est qu'après seize jours de marche, sur des sentiers étroits et rocailleux, qu'il franchit enfin la dernière ligne de crête du plateau.

Passé le col, il s'arrête, médusé, face à l'énorme versant pentu qui descend devant lui et, tout là-bas, la plaine qui se gonfle de frondaisons vertes mêlées de gros bouillons de brumes.

Sur fond des brouillards de l'horizon, c'est comme un vague magma dont il devine déjà la chaleur, dont il croit sentir l'air irrespirable et où il voit clairement l'attrait des mille dangers de ses curiosités.

Devant lui, une forêt, très différente des buissons de montagne, forme un massif qui, lorsqu'il se met à descendre, lui coupe la vue. Ce sont des arbres d'espèces variées, arrangés en étages, en un mur de jungle à l'allure impénétrable.

Un large sentier, presque une allée, couverte de feuilles mortes et de pieds de fougères, s'enfonce sous les premières voûtes végétales.

Il s'y lance comme dans un tunnel et très vite s'étonne de la douceur du sol dont les mousses assourdissent les sons et surprennent ses chevilles accoutumées au dur roulis des caillasses.

En familier des pratiques chamaniques, il est bien conscient de la symbolique de cette descente dans les profondeurs végétales inquiétantes. Mais c'est précisément pour cela qu'il est venu.

Il veut explorer plus avant la moelle de son âme, tenter de dépasser la connaissance livresque en relisant ses peurs et ses désirs aux reflets de la nature, si présente dans ce couvert forestier. Il est prêt à s'y enfoncer, à risquer de s'y perdre, à y lire tous les signes qu'il pourra distinguer.

D'abord il cherche à adapter sa marche au nouveau sol. Vite ses mollets se fatiguent dans les profondeurs molles de l'humus.

Est-ce un premier signe? La vie, la vraie, serait-elle plus difficile à parcourir que l'ascétisme des montagnes?

Vîgot s'interdit ces interprétations hâtives, trop évidentes projections de ses raisonnements intellectuels. Il veut regarder d'abord, et écouter, observer attentivement ce nouveau monde qu'il ne connaît pas.

Sa première impression est celle de gigantisme. Habitué à des formes végétales rabougries, il se sent tout petit, fragile presque, face aux tentacules et aux centaines de mains des philodendrons géants qui grimpent sur les contreforts des souches d'énormes fromagers, des sansevières aux feuilles coupantes comme des rasoirs, des fougères urticantes et des centaines d'orchidées qui se sont enracinées dans chaque trou où l'humus et la poussière du vent ont pu former une petite poignée de sol. Leurs fleurs sont comme les yeux de cette hydre forestière: faussement attirantes, colorées, maquillées presque, comme pour séduire.

Heureusement, le chemin continue et reste un territoire moins inquiétant. Dans la masse végétale, on devine les insectes, les grandes araignées, les lézards, les serpents.

Dans l'allée que Vîgot suit d'un bon pas, il peut voir où il met les pieds.

De temps en temps, il entend le cri d'un toucan ou le trille d'un bulbul, mais rarement il devine l'éclair d'un de ces oiseaux qui passe de branche en branche.

Après plusieurs heures, il s'habitue à peine à ce nouveau décor lorsqu'il entre dans une clairière. Les arbres semblent s'écarter, s'excuser presque de leur familiarité envahissante. En prenant de la distance, ils changent de couleur: sous la lumière plongeante de la grande échancrure bleue dans la voûte végétale, ils prennent des reflets vert tendre, voire des éclats jaunes et rouilles.

Dans cette clairière, il lève les yeux, scrute le ciel, et voit soudain, tout là-haut, un bel épervier, le rapace chamanique de Malé . Il veut lui parler:

- C'est toi? Malé? Qui que tu sois, proche ou lointaine, vivante ou morte, je t'interpelle. Réponds-moi!

Soudain, il réalise qu'il vient de prononcer cette formule rituelle du chamanisme, très obsolète pourtant. Il n'est pas superstitieux, il ne se connaît aucun pouvoir magique. Pourquoi a-t-il instinctivement choisi cette incantation? Il en ressent un certain malaise, mais déjà il entend la réponse, à l'intérieur de sa tête:

- Oui, mon aimé, je suis là, quel que soit le nom que tu me donnes, je serai toujours là. Que puis-je faire pour toi?

- Je suis enfin arrivé dans un premier territoire de recherche: la forêt et ses fermentations. Je me suis mis à l'écoute. J'aimerais rester en contact avec toi. Je regrette que tu sois si loin. Tu es bien?

- Mais bien sûr, grand fou, et je suis toujours près de toi.

- Tu n'as pas de conseil? tu n'as plus eu de rêve ou de vision?

- Je crois que tu connais mon conseil: suis ton instinct, ne crains aucune question, ne t'interdis aucun cri, aucune expérience. Sois vrai.

A l'écoute de cette voix aimante, Vîgot ressent à la fois une grande tendresse, un vrai réconfort, et une forte confiance en la suite de sa quête.

*

Le lendemain, alors qu'il commençait à trouver oppressantes la proximité et la pénombre du couvert végétal, il se sentit descendre dans une petite vallée très différente.

Les arbres y sont plus petits, moins denses et moins variés. Ils sont entièrement colonisés par des petits oiseaux: des bengalis de toutes les teintes, depuis le bordeaux sanguin jusqu'à l'orange vif, en passant pas le vert et le prune. Le sol est plus sableux, plus pauvre sûrement.

Et soudain, il se voit entouré de papillons. Sa première réaction est de les écarter du revers de la main, mais il réalise le miracle auquel il est convié: il y a là des dizaines de milliers de petits papillons jaune clair qui lui font la fête, qui volètent autour de sa tête et lui forment comme une atmosphère de petits baisers magiques.

Il avance encore un peu et arrive sur la berge d'un ruisseau. L'eau est cristalline, sur un fond de sable blanc, presque tendre. Sans qu'on puisse voir le ciel, on sent la lumière toute proche et les couleurs sont si fraîches qu'on se croirait dans le patio d'un palais Moghol.

Vîgot devine une poche d'eau plus profonde, juste au-delà d'un seuil rocheux où l'eau roucoule à peine.

Il se déshabille sans hâte, dispose son sac et ses vêtements sur une fourche d'arbrisseau, et va s'allonger dans cette piscine naturelle, avec un grognement jouissif.

Le sable est doux. L'eau est juste assez profonde pour s'y sentir au frais mais sans risque. Les petits oiseaux et les papillons font un scintillement magique, un ciel étoilé en plein jour.

Comme un poulain échauffé d'un long galop, il se tourne et se retourne dans l'eau claire, il se relève, crée de grands jets d'éclaboussures en giflant la surface du ruisseau, plonge la tête dans la petite cascade, y boit la fraîcheur puis s'étire en flottant sur le dos, les bras et les jambes en croix.

Dans cette position, il se calme, médite presque, flottant comme un bois mort, les yeux fixés sur un point de la voûte végétale.

Il se redresse et s'assied sur le bord du ruisseau. Il tente de distinguer quelques-uns des papillons dans le nuage jaune qui lui cache le sous-bois.

Il scrute et soudain distingue, derrière les papillons, comme un gerbe blonde, d'une couleur paille encore plus claire. Très vite il réalise que c'est une chevelure. A moins de dix mètres de lui, quelqu'un est assis et le regarde.

Une telle rencontre est plus qu'un signe. C'est la vie qui continue. La vie qui s'offre à lui. Il tend les deux bras ouverts et salue cette apparition:

- Bienvenue! voulez-vous vous baigner?

La silhouette se lève et s'approche, avec nonchalance et lenteur, c'est un homme jeune:

- Non, merci, je l'ai fait, il y a un petit moment, un peu en amont.

- Approchez-vous... voulez-vous partager le peu de pain qui me reste? Il serait temps d'arriver à un village car la musette est presque vide!

- Le village n'est plus loin, nous y serons avant la nuit.

Il vient s'asseoir près de Vîgot et, d'un sourire, accepte un croûton. C'est une apparition étonnante:

un jeune homme, avec des allures d'adolescent attardé. Sa tête est tout entourée de boucles blondes. Le bleu intense de son regard et la maturité de ses sourcils nient son allure enfantine.

- Je m'appelle Vîgot. Je suis content de rencontrer quelqu'un d'humain dans ce magma végétal.

- Salut à toi, Vîgot! Ma mère m'a nommé Petros.

Vîgot a déjà rencontré des hommes comme lui:

- Tu viens du Nord du Pendjab?

- Oui, ... à l'origine du moins, de Lahore plus exactement. Mais, là, je viens directement de Bhaktapur. Comment savez-vous que je suis originaire du Pendjab?

- Sans aller à l'autre bout du monde, c'est l'endroit le plus proche où l'on puisse encore trouver des descendants des Grecs de Bactriane, l'ancien royaume de Milinda.

- C'est vrai! nous l'appelons Ménandre, le roi grec.

- Et tu connais son histoire?

- Un peu! je suis membre de la fraternité des "isk'nder". C'est le nom que nous donnons aux descendants présumés d'Alexandre!

- Voilà donc pourquoi tu es beau comme un Grec, ou du moins l'image que nous nous en faisons!

- Peut-être, mais ne rêvons pas: Alexandre n'est pas venu seul!

- Je reconnais là ton instruction et ton bon jugement, mais, dis-moi, que fait-on, que dit-on dans ta secte passéiste?

- Tu es très injuste, ami Vîgot. Nous ne sommes qu'une fraternité de rencontres épisodiques, beaucoup plus culturelle que politique! Et certainement pas religieuse!

- Excuse-moi, je ne voulais pas être agressif: pour moi toute association d'hommes qui se rassurent en discutant ensemble est un peu une secte. Je voulais simplement demander: de quoi parliez-vous? Par exemple, puisque vous êtes directement concernés, quelle est votre analyse du fameux dialogue entre le moine Nâgasena et le roi Ménandre?

- Ha! vaste débat! Si nous commençons, nous n'avons pas fini d'en parler...

- Je comprends bien, mais quelle est ton opinion?

- Je ne pense pas que nous puissions avoir une opinion sur des faits qui se sont passés il y a quelque seize cents ans. Une intuition peut-être?

- Oui, oui, j'écoute ton intuition...

- Nos légendes veulent que le roi Ménandre ait été fort impressionné par la leçon de Nâgasena et qu'il se soit alors converti au bouddhisme. Or le moine lui aurait seulement expliqué la réduction du concept du "Moi" à une construction fortuite au départ des divers éléments physiques et moraux qui peuvent composer l'être humain.

- Et alors?

- Alors, il lui expliquait que le "Moi" n'est qu'une désignation commode d'une idée qui ne représente aucunement une réalité permanente. Que le "Moi" est labile, en continuelle transformation. En bref:

par facilité, on me donne un nom, mais "Je" n'existe pas, puisque chaque matin me voit différent.

- Oui, tu résumes bien le principe bouddhiste, mais ton intuition?

- Je suis persuadé que cela ne s'est pas passé comme ça. Dans nos traditions, chez les isk'nders, nous racontons que, près de quatre siècles plus tôt, Empédocle, un philosophe grec précurseur de Socrate, décrivait la nature humaine dans les mêmes termes. Empédocle, à la fois ingénieur, philosophe et poète, fut un étrange et acharné défenseur de la démocratie. Il avait souvent expliqué que les mortels n'ont ni naissance ni mort funeste: il y a seulement mélange puis dissociation des composants qui les forment.

Ménandre était instruit, il ne pouvait pas l'ignorer.

Je pense qu'en bon stratège, il a prétendu être séduit par la philosophie bouddhiste afin de pouvoir ensuite déclarer publiquement sa conversion, qui n'était, bien sûr, qu'un geste de fine politique.

- Penses-tu qu'Empédocle, comme tu le nommes, aurait pu influencer Bouddha lui-même?

- Peut-être... Il y a toujours eu des grands voyageurs entre la Méditerranée, la Perse, le Pendjab, l'Inde,... la Chine même! certains étaient cultivés.

- Cela n'a rien de sûr. C'était quatre siècles avant Ménandre, ton Empédocle?

- Oui, à peu de choses près.

- C'est donc l'époque de Sakyamuni, le Bouddha. Qui a influencé qui? J'ai un doute: ne serait-ce pas un peu simpliste de vouloir à tout prix établir des antécédences? Pourquoi ne pas admettre, plutôt, que l'humanité évolue, sur des voies parallèles, en diverses parties du monde?

- Par hasard?

- Peut-être pas. Je ne pense pas qu'il y ait des grands prophètes, des sages supérieurs. Il y a des idées dans l'air qui semblent attendre d'avoir recueilli suffisamment d'adhésions pour éclore soudain en public. Il y a aussi des intellectuels, ou des artistes plutôt, de grandes oreilles très sensibles, qui entendent ces idées et ont le don de les bien mettre en forme.

- Un mouvement naturel de progrès, c'est ça?

- J'en ai souvent le sentiment, bien que nos grands textes décrivent plutôt une nature cyclique.

Ils restèrent un moment à réfléchir. Petros jouait avec ses pieds dans l'eau. Il pelletait le sable blanc puis le laissait glisser entre ses orteils. Leurs regards se croisèrent, fixes pendant un long instant, puis ils partirent soudain en un long fou rire qui ne se calma que plusieurs minutes plus tard. Vîgot le premier, reprit son souffle:

- Tu imagines le tableau, si on nous voyait, assis dans la boue au milieu d'un nuage de papillons, débattre de Nâgasena, d'Alexandre, de Bouddha lui-même et de ton philosophe grec?

- Oui, sûrement nous devons tous deux être très fatigués! ou alors, sevrés de conversation!

Vîgot se leva, secoua de ses fesses le sable humide de la rive, s'habilla, reprit son sac et sa cape:

- Bon, le jour avance. Nous pourrons débattre de ces choses. Reprenons la route! Maintenant que je suis propre et rafraîchi, et que je viens d'apprendre qu'un bourg nous attend, je me réjouis de pouvoir envisager un vrai repas et, qui sait, une couche propre... et plus douce que les broussailles!

Petros acquiesça et ils reprirent le sentier.

Comme annoncé, le village n'était plus qu'à une grosse heure de marche.

Bihori est accroché au flanc de la vallée, au bord d'un torrent de montagne qui fait à cet endroit un bief en faux plat, entre deux cascades successives. Jadis, il n'y avait sûrement ici que quelques cases de cueilleurs de fruits sauvages, chasseurs d'occasion, en saison.

Mais un nombre croissant de pèlerins qui pratiquent l'ascèse et la méditation en remontant, à pied et demi-nu, vers les sources du Gange, ont eu pour effet de multiplier les petits commerces, les abris de fortune, les auberges et les ermitages. Quelques pèlerins sont restés ici et y ont créé de petits monastères, avec leurs écoles ou leurs centres de soins.

Lorsque Vîgot et Petros y arrivent, ils sont assez désarçonnés de voir l'animation qui contraste tant avec le silence et la solitude des longues routes qui les ont menés ici.

Partout des yogis hindous, la plupart entièrement nus, barbus et le front décoré de peintures rituelles. Certains méditent, assis en lotus sur une grande pierre plate ou dressés en une pose plus hiératique, sur une jambe, mains jointes, un pied derrière la nuque.

D'autres se préparent du thé et d'autres encore devisent à deux ou quatre. Certains se lavent dans le bief de la rivière en psalmodiant des formules rituelles entre les bûchers funéraires qui semblent trop nombreux pour ce petit bourg de montagne: vraisemblablement des yogis viennent ici intentionnellement pour y passer leurs derniers jours afin de laisser leurs cendres partir au fil de l'eau et se mêler à celles des croyants jusqu'aux eaux saintes de Bénarès.

Vîgot n'a pas d'argent mais Petros décide de payer l'auberge. Le jour s'éteint et il sera bien temps, demain, d'aviser.

Ils se renseignent et optent rapidement pour "Le Tigre affectueux", une petite auberge entièrement disposée autour d'un patio long et étroit, balisé de trois pamplemoussiers.

Sur les deux longs côtés, les chambrettes se suivent, meublées chacune de deux larges bancs fraîchement garnis d'un épais matelas de fougères.

A une extrémité de la cour intérieure, les latrines et une salle d'eau équipée de six énormes urnes, remplies, chaque matin, d'eau fraîche du torrent. A l'autre bout, vers la rivière que l'on voit scintiller au soleil couchant à quelques pas de la petite terrasse, la salle commune où l'on sert à boire et à manger.

Le patron est un Gujarâtî qui a déjà commercé dans plusieurs régions du pays. Il sait satisfaire tous les goûts et est passé maître à disposer ses clients pour qu'ils puissent suivre leurs coutumes sans déranger les autres. A l'intérieur, discrets, les végétariens, les plus nombreux, pour la plupart adeptes des Védas. Plus loin les commerçants musulmans venus du Pendjab, mangeurs de viande et de riz. Enfin, dans un petit coin de la terrasse, les chinois et les parsis qui aiment finir la journée à grignoter un peu de tout, mais surtout à boire du vin de riz ou de l'alcool de canne.

Petros a pris une chambrette pour deux et ils sont allés s'asseoir sur la terrasse. Ils boivent du vin et attendent leur repas: viande de chasse et galettes de froment.

- Que faisais-tu à Bhaktapur ?

- J'apprenais la langue. J'aimerais enseigner dans cette ville...

- Qu'est-ce qui t'attire là? N'est-ce pas un peu... provincial par rapport à Lahore?

- Non, je ne trouve pas. Tu sais, Lahore c'est très traditionnel comme milieu. Et puis, il n'y a pas de recherche, peu d'émulation de la réflexion. L'enseignement est surtout musulman et strictement magistral.

- Et à Bhaktapur ?

- J'aime beaucoup les maisons en bois, les temples et les pagodes. J'aime la vue sur les montagnes, j'aime les saisons, si différentes l'une de l'autre. Mais surtout j'aime le bouddhisme tantrique de type tibétain et cette fermentation intellectuelle dans chaque temple, où tous suivent la même voie, mais chacun selon son rythme, ses codes, son entendement.

- Et pourquoi pas Lhassa?

- J'y ai passé quelques semaines... j'y ai trouvé le Vajrayana plus figé, moins libre, moins bon enfant qu'à Bhaktapur. Et puis, franchement, à Lhassa, il n'y a pas de grandes saisons hors l'hiver !

Tous deux étaient heureux de pouvoir bavarder, comme des enfants gardés trop longtemps dans une salle de classe. Ils prolongèrent le repas tard dans la nuit, en commandant plusieurs fois des suppléments de pain, de sauce de viande, et moult cruchons de vin. Ils continuèrent à discuter des finesses des tantras et autres arguties de lettrés. Ils furent les derniers à quitter la terrasse, passablement éméchés, pour aller dormir.

*

Rentrés dans la chambre qu'ils partagent, Petros se couche tandis que Vîgot va se laver à la salle d'eau. Lorsqu'il revient, il s'assied au bord de la paillasse de Petros et le secoue:

- Tu dors?

- Presque! ... Quoi encore? Tu devrais dormir, toi aussi...

- En me lavant, je me disais que ma sympathie pour toi n'est pas dépourvue de désir charnel. Cela te dérange?

Petros, leva la tête sur son coude, pour montrer le sérieux de sa réponse:

- Non, si tu m'aimes pour ce que je suis. Oui, si je te rappelle une femme que tu n'as pas eue ou que tu as perdue.

- C'est toi que je désire, toi que j'aimerais mieux connaître. Veux-tu me prendre?

- Non, pas du tout, j'ai grand sommeil!

- Veux-tu que je te prenne?

- Non, encore moins!

- Je ne comprends pas. As-tu peur de ton désir?

- ... Non, je n'ai pas cette envie, c'est tout.

- Les autres, qui te regardent, qui disent le bien et le mal pour te soumettre, ont-ils tant de pouvoir sur toi, bien-aimé?

- Oh, Vîgot, tu me fatigues! Oui, bien sûr... parfois.

- Tu n'existes donc que par eux, comme une de leurs marionnettes qui danse sur la petite musique qu'ils sifflotent.

Il se releva en maugréant, avec de grands effets de manche:

- Alors, adieu! je ne puis aimer une poupée de chiffon, tu comprends cela, sûrement?

- Oui, oui. Va ta route. Je n'ai pas honte.

- N'aie surtout pas honte. Tu es un conquérant. Et tu veux surtout conquérir ta révolte. Pourquoi pas? Si le monde entier était peuplé d'hommes libres et de femmes libres, serait-il vivable?

- Dors Vîgot! demain matin tu auras oublié tout cela et c'est très bien ainsi!

Vîgot grogne, titube un peu jusqu'à son banc et s'y affale lourdement. Quelques instants plus tard il ronfle puissamment mais cela ne dérange personne: Petros aussi dort, lourdement.

*

Le lendemain, en effet, Vîgot ne se souvenait que très vaguement des derniers sujets de leurs discussions. Par contre il était très conscient des aspects concrets de leur situation: il leur fallait trouver des ressources et un logement.

Ils se renseignèrent sur les monastères des environs. Deux d'entre eux enseignaient le Vajrayana, mais un seul suivait les leçons de Milarepa.

Petros, taquin, fit mine de s'étonner:

- Tu es un peu sectaire?

- Non, pas du tout, mais je connais beaucoup mieux cette école de pensée et l'enseigner me sera donc bien plus aisé.

- Ah! c'est de la paresse, alors!

- Bien sûr! n'est-ce pas une des vertus les plus intelligentes de la condition humaine?

Ce petit monastère était un peu à l'écart, à trois mille pas leur avait-on dit. Ils s'y rendirent sans se hâter, tout en continuant de bavarder.

- Et toi, sais-tu ce que tu comptes leur enseigner, à Bhaktapur, si tu arrives à parler leur langue, un jour?

- Bien sûr! je n'en ai jamais douté: la statuaire grecque.

- La.... quoi?

- La statuaire: l'art grec ancien de la sculpture des statues.

- Et tu crois intéresser quelqu'un parmi les himalayens?

- Certainement. Je n'escompte pas qu'ils soient nombreux, mais qu'importe. N'aurais-je que trois élèves, je préfère cela. Je ne me vois pas participer au rabâchage de la culture en place. Faire retomber, une fois de plus, le maillet sur le piquet des traditions, déjà totalement enfoncé dans le sol, c'est un peu, à mon goût, écraser tous ceux qui risqueraient de montrer une velléité créative. Je vois cela comme une régression.

- Et ton enseignement, tu le vois comment?

- Je vais te dire une chose qui m'est chère. Je pense que si l'on peut toucher une personne sur mille, que ce soit dans l'Himalaya à propos de statuaire grecque ou, par exemple, dans les plaines de l'Inde au sujet de calligraphie chinoise, on ouvre une brèche de curiosité dans la lourdeur de la culture en place. Et, cela, je pense que c'est un pas vers plus d'humanisme! Un progrès, donc.

Vîgot s'essoufflait un peu en grimpant. Le repas de la veille au soir lui restait un peu en digestion. Il s'appuya un moment sur son bâton de marche et fit mine de réfléchir:

- C'est très honorable ta démarche. Mais comment vivras-tu si tu n'as que trois ou quatre élèves?

- Oh, Lam Vîgot, est-ce là toute ta sagesse? Qu'est-ce que l'argent pour toi?

- Je m'interroge... On dit que c'est peu de chose, mais regarde aujourd'hui: le manque d'argent ne limite-t-il pas notre liberté?

- Pas du tout! Sauf si tu penses que ta liberté serait de vouloir aller à contre-courant de ta vie? Cela serait peu compatible avec le Tao que tu connais aussi et que les disciples du Vajrayana respectent, je pense?

Viens, reprenons notre marche. Je vais te raconter une histoire.

Vîgot, encore un peu à court de souffle, reprit sa marche, assez lentement.

- Dans notre fraternité des isk'nders, nous nous réunissons régulièrement pour des séances de réflexion. Nous nous voulons disciples de Socrate, ce vieux philosophe grec qui scrutait le visage de ses concitoyens, en plein jour, à la lumière de sa lanterne, en marmonnant "Je cherche un être humain..." pour se détourner bien vite, avec un grimace de dépit.

C'est pourquoi notre règle veut que nous évitions les discours stériles pour nous efforcer de partager le plus intime de nos convictions, au risque de faire souvent aveu de faiblesse. D'ailleurs la règle de confidentialité veut que ce qu'on entend en ces forums ne soit pas répété.

Un jour, il y a quelques années, nous avions décidé de parler d'argent, justement.

Parmi nous, il y avait un bel échantillon des citoyens de Lahore. Seul point commun, notre désir de progresser en questionnant nos habitudes, nos préjugés, nos fausses certitudes.

Ce soir-là, je me souviens, parmi les plus aisés, nous avions un magistrat, un conseiller du gouvernement, un grand propriétaire terrien. A l'autre bout de l'échelle sociale, je connaissais un sabotier et un écrivain public. Entre ces deux extrêmes, des enseignants comme moi, un étudiant, un architecte... Sans exagérer, les revenus des participants variaient de un à cent.

Lorsque chacun eut tenté d'analyser le fond de son cœur à propos de sa perception du sens de l'argent, il fut facile d'en tirer la conclusion, aussi stupéfiante fut-elle: nous étions tous convaincus que si nous avions, chacun, disposé de dix pourcents de plus, nous n'aurions aucun problème d'argent!

Vîgot acquiesça:

- Oui, j'ai déjà réfléchi à ce genre de mystère... Je suppose que nous nous adaptons à nos moyens?

- Pour une part, sûrement. Mais je crois que ce doit

être plus complexe. Tout comme le fauve, qui digérait paresseusement depuis quatre jours, met soudain en branle ses instincts de chasseur et mobilise toutes ses forces lorsqu'il sent la faim se faire impérieuse, je pense que nous organisons nos ressources et nos priorités en fonctions des moyens auxquels nous sommes habitués ...

Ils arrivaient en vue du monastère qu'ils reconnurent à un petit stupa, dressé dans la cour d'accueil, entouré de quelques moulins à prière et de rubans de couleurs qui flottaient au vent.

Le monastère était un petit bâtiment allongé, en bordure du bois. Plus que de l'austérité de l'étude et de la méditation, il s'en dégageait plutôt un sentiment familial de chaleur et de sympathie.

Vîgot demanda à rencontrer le supérieur.

Ils furent introduits tous les deux dans une petite pièce sombre. Le lama s'en servait chaque matin pour faire ses comptes et y serrer tous les documents relatifs à la gestion de l'intendance.

- Salut à vous, étrangers! On me nomme Nakoni. Bienvenue au monastère du Lotus bleu. Cherchez-vous logement ou lieu de retraite? Ou peut-être les deux? Comment vous appelle-t-on et d'où venez-vous?

- On me nomme Vîgot. Et voici Petros. Je viens de Punakha. Petros, lui, vient de Bhaktapur.

- J'ai étudié quelque temps près de Punakha. Il y a vingt ans de cela! Comment les choses vont-elles là-bas?

- Calmement, comme il sied à la montagne...

Vîgot regrettait d'être tombé sur quelqu'un qui connaissait personnellement Punakha. Il se savait recherché et craignait de mettre Malé en difficulté.

- Et que faisiez-vous là-bas?

Vîgot hésita très brièvement, mais il réalisa qu'il ne pouvait que faire confiance: toute réticence ne ferait qu'éveiller des soupçons.

- J'étais moine à Chimi Lhakhang...

Le Lama s'éveilla soudain, roulant des yeux gourmands et presque rigolards:

- Chimi Lhakhang! Le monastère de Drukpa Kunley, ce vieil hérétique adorable!

Vîgot était rassuré par la sincérité évidente de cette sympathie.

- Oui, bien sûr, c'est mon Maître vénéré.

- C'était le mien aussi. Qu'il repose en paix.

Vîgot fut tellement surpris que nul ne put ignorer qu'il venait d'apprendre la nouvelle. Le Lama en était confus:

- Je suis désolé, Lam Vîgot. Je croyais que vous étiez informé.

On pense que Lam Drupka Kunley mourut il y a un mois environ, mais son esprit, et plus encore peut-être, hante encore les lieux et, pour longtemps je pense, nul ne saura la date exacte de sa mort.

Vîgot s'était assis sur un coffre en bois et reprenait ses esprits. Il n'avait pas pensé que Lama Drukpa pût décéder si rapidement. Cela ajoutait quelques regrets à son sentiment d'être parti trop tôt et peut-être pour des raisons plus égoïstes qu'il n'avait voulu se l'admettre.

Nakoni s'inquiéta:

- Ça ira, Vîgot?

- Oui, oui, Tulku [3] Nakoni. Juste un peu de surprise...

- Non, non, appelez-moi simplement Nakoni, ceci n'est qu'un très petit monastère et, que je sache, je ne suis la réincarnation d'aucun grand sage! Nous pourrons reparler de Lama Drukpa, sûrement, mais revenons à votre visite: que puis-je faire pour vous?

- Je suis parti sur les routes comme moine errant, à la recherche de certains approfondissements que les livres et la dialectique ne pouvaient m'apporter. J'aurais aimé m'arrêter quelque temps à Bihori. L'endroit me semble propice à l'échange d'idées et peut-être pourrais-je y enseigner et faire ainsi quelques économies qui me permettraient de ne plus vivre de charité?

Nakoni réfléchit un peu, consulta deux registres, se leva, regarda longuement par la fenêtre puis se tourna vers Vîgot:

- Je puis vous offrir le gîte et le couvert à tous deux, pour autant que vous vous engagiez à compléter la formation de nos élèves par un programme dont nous conviendrons.

---

[3] Tulku: "incarnation", le prieur d'un monastère

Malheureusement, je n'ai pas les moyens de vous payer en espèces.

Vîgot se leva, joignit les mains et salua d'une profonde courbette, signe de sincère gratitude:

- Merci de cette offre généreuse, Lam Nakoni. Je l'accepte sans réserve et Petros me joindra dans l'accompagnement des élèves aussi longtemps qu'il décidera de loger ici.

Auriez-vous une suggestion, hors ce monastère, d'un endroit où je pourrais trouver à travailler un peu contre salaire?

Nakoni réfléchit. Il alla à la porte, l'ouvrit et appela. Un jeune écolier approcha. Une conversation rapide s'ensuivit, à voix basse, puis Nakoni referma la porte:

- Je viens d'avoir confirmation du départ de l'aide du palefrenier qui s'occupe des chevaux d'étape. C'était un gamin rieur, mais pas très malin, qui nettoyait surtout les bottes des cavaliers, avec des bouchons de paille comme ceux qu'on utilise pour panser les chevaux. Ce n'est pas un métier de haut lignage, mais il a l'avantage d'être immédiatement disponible.

- Nous y allons de ce pas! Ce serait parfait: l'enseignement pour le plaisir des idées et le décrottage pour rester proche du réel. Je ne pourrais rêver mieux!

Ils remercièrent Lama Nakoni et échangèrent encore quelques mots pour préciser les éléments pratiques de leur accord: ils s'installeraient au monastère trois jours plus tard et commenceraient l'enseignement dès le lendemain de leur installation en ces murs. Nakoni les salua comme de vieux amis, très content de ces nouvelles recrues pour le corps enseignant du monastère du Lotus Bleu, même pour un temps limité.

*

- Alors, Petros? je ne t'ai pas beaucoup entendu...

- Tu parles pour deux, mon cher Vîgot! Et d'ailleurs, aussi longtemps que tes discours ne m'engagent pas pour des périodes à la longueur excessive ou indéfinie, je serai toujours d'accord. Crois-tu que ces jeunes élèves s'intéresseront à la statuaire grecque?

Vîgot éclata d'un gros rire de satisfaction:

- Ce sera à toi de te montrer suffisamment captivant! Après tout, les enfants sont toujours curieux.

- Oui, mais que ferai-je lorsque tu joueras au larbin décrotteur de bottes?

- A toi de choisir: soit nous décrotterons de concert, soit tu me chanteras des sérénades pacifiantes, soit encore tu me parleras de ta science...

Le soir même, l'affaire était conclue avec le palefrenier. Vîgot devenait le nouveau responsable du nettoyage des harnais, des bottes et des sacs.

Il s'engage à un nettoyage quotidien: tout ce petit matériel doit être prêt pour le départ du matin suivant, propre, graissé et pendu à sa cheville de bois, dans un ordre impeccable. Il sera payé à la pièce. Il reste libre d'engager des aides, pour autant qu'il les paye.

- V - VÎGOT ET PETROS ENSEIGNENT. DE LA DIGNITÉ.

> *La main est l'esprit.*
> Anaximandre (610-546 BC)

> *Si vous voulez que la vie vous sourie, apportez-lui d'abord votre bonne humeur.*
> Baruch Spinoza (1632-1677)

Dès le lendemain, on les retrouve tous deux, après les chaleurs méridiennes, sur une roche plate au bord du bief du torrent, juste devant le relais des chevaux.

Ils disposent de trois grosses brassées de pailles et se sont assis sur l'une d'elles. Ils s'essayent aux gestes que le palefrenier leur a expliqués, mais restent encore malhabiles.

Prendre une poignée de paille, la plier, la lier grossièrement de quelques brins; saisir ce bouchon fermement, le mouiller et décrotter les bottes, une à une, enfilées sur le bras gauche. Sans laisser le cuir sécher au soleil, saisir un autre bouchon de paille, bien sec, et frotter le cuir vigoureusement pour le sécher. Ranger les objets à l'ombre, sous une couverture. En fin de travail, graisser les cuirs, à la main, avec la graisse de buffalo qu'ils prélèvent dans un petit panier.

Ils savent ce qu'il faut faire, mais leurs gestes ne sont pas encore assez coulés. Ils doivent souvent revenir sur les mêmes endroits pour les nettoyer ou les sécher à nouveau. Leurs mouvements, trop heurtés, deviennent vite fatigants.

Petros s'arrête un moment.

- Te voilà loin de la philosophie, Vîgot!

- Continue! je ne te payerai pas ta part si tu te reposes tout le temps... Tu taquines, mais je suis au contraire très heureux dans ces tâches de nettoyage. J'ai toujours trouvé que, tant mon corps que mes pensées sentent mieux la vie et le monde dans des tâches manuelles qu'à travers la seule réflexion.

- Il faut un peu des deux, non?

- Oui, bien sûr, mais on peut consacrer beaucoup plus de temps à l'activité: c'est là que nous comprenons, lentement, à force de répétitions, les forces et les contraintes de la vie, et surtout notre rapport au monde que nous touchons. Ensuite, il suffit souvent de quelques moments pour mettre tout cela en mots et en mémoire.

Lam Drukpa disait souvent qu'il nous faut éviter la vanité des lectures dites "sérieuses". Je ne sais plus si c'est lui ou moi qui concluait une conversation sur ce thème, mais je me souviens encore des mots:

"Si on le fait avec soin et attention, en pensant réellement à ce que l'on fait, on apprend plus de choses à construire une chaise qu'à lire trois fois le Zuozhuan".

- C'est quoi? un traité?

- Pas exactement: ce sont les chroniques de Zuo, des commentaires critiques fort fouillés de *"Printemps et Automnes"*, le Chunqiu, un des cinq classiques du Confucianisme. C'est le premier livre de critique historique de la Chine. Drukpa et moi avions l'habitude de l'évoquer, avec humour, comme un exemple de lecture ardue et parfois un peu fastidieuse.

- Donc vous étiez parfois saturés d'étude de textes?

- Bien sûr! Qui ne le deviendrait? Par ailleurs, c'est Drukpa lui-même qui m'a conseillé de partir en quête, physiquement, de par le monde. Il pensait que ma recherche ne pouvait pas se faire exclusivement par dialectique intellectuelle...

- Et c'est quoi ta recherche?

Vîgot réfléchit un instant. Un court instant d'hésitation, comme s'il n'était pas encore certain d'avoir entièrement confiance en Petros. Vite, il écarte cette pensée absurde.

- Je veux savoir s'il est possible d'aller plus loin que Lama Drukpa Kunley...

- Plus loin dans quel sens?

- Drukpa est d'abord connu pour avoir toujours cherché à montrer que les deux faces de la médaille ne forment qu'un. Mais aussi, avec ses disciples ou les gens de rencontre qui lui demandaient de l'aide, pour avoir voulu enseigner le Vajrayana à travers les Tantras les mieux susceptibles de représenter une transgression des règles usuelles. Il croyait que la transgression peut nous libérer des fausses contraintes sociales, celles qui ne sont pas le fruit d'un contrat, mais seulement le carcan inventé par nos parents et nos aînés pour se rassurer en nous imposant leur pouvoir et les idées qu'ils ont trouvé bonnes à adopter.

- *La transgression...* c'est donc ça ta recherche... Et c'est pour cela que tu as tenté de me séduire? Juste pour tenter une expérience? ...Tu m'as lâchement utilisé!

- Pas du tout! Tu te trompes, Petros! c'était toi que je désirais, il ne s'agissait pas d'un exercice!

- C'est facile à dire, après! A mon avis, tu étais ivre et, dans cet état, tes instincts animaux devenaient incontrôlables! Non seulement tu m'as utilisé, mais je dirais même que si je n'avais pas été là à te présenter mes boucles blondes pour inspirer ton désir, tu aurais trouvé n'importe quel support à ton inspiration. Même une chèvre, tu l'aurais trouvée adorablement excitante!

J'ai eu bien raison de te renvoyer dans ton lit! Quelle dignité ta conduite me laissait-elle?

- Je te crois plus intelligent. J'étais un peu ivre, c'est vrai, et tu as été dérangé par l'expression de mon désir, c'était ton droit le plus strict. Mais ton approche fait trop peu de cas de la complexité de la vie et de la nature humaine en particulier. Et ta simplification me semble avant tout égocentrique: "*ta* dignité, *ton* utilisation, ..."

Ils continuaient à nettoyer les bottes et les harnais, mais, de plus en plus engagés dans leur conversation, progressivement ils parlaient plus et nettoyaient moins.

Après avoir réfléchi un long moment, Petros relança le débat:

- Je te suis dans ton raisonnement. Je suis prêt à admettre ma tendance à une simplification. Cela aussi fait partie de notre nature, je pense: pour comprendre et agir dans un monde complexe, il nous faut laisser notre cerveau simplifier et classer. Nous travaillons donc à partir d'idées simplifiées.

- Oui, j'en conviens, mais notre liberté n'est-elle pas aussi celle de changer ces images simplistes, après avoir tout fait pour prendre conscience de leur pauvreté?

- Admettons! Mais utiliser d'autres humains comme objets d'expérience pour une meilleure connaissance, comment peux-tu justifier cela?

- D'abord, nous utilisons constamment tous les autres, proches familiers ou lointains inconnus, à peine aperçus dans le village. Nous réagissons à leur présence, à leurs actions, à leurs énergies, comme nous réagissons à la matière de nos travaux: le cuir ici même, la graisse, la paille, le soleil...

Nos parents, nos frères et sœurs, nos amis, nous les utilisons à tout moment de notre enfance, pour comprendre ce qu'est un être humain, pour tester nos outils de communication, notre séduction, en un mot: notre pouvoir!

Et les personnes, à peine croisées, tout juste entrevues, nous les utilisons aussi, sans aucun droit privilégié, pour élaborer notre idée du monde humain, pour construire nos goûts vestimentaires, nos attractions et nos répulsions. Alors, c'est quoi "utiliser" quelqu'un? Est-ce répréhensible? ou bien est-ce seulement la règle, la nature des choses?

- Tu ne trouves pas que cela induit une façon de traiter l'autre en objet, et donc de lui refuser la dignité à laquelle il a droit?

- Mais où as-tu donc été éduqué, Petros? Est-ce là l'influence de vos origines occidentales? La dignité n'a rien à voir avec cela. Ta dignité, la mienne, celle que devrait revendiquer tout être humain, c'est notre liberté! Notre aptitude à penser et à questionner nos propres perceptions et même nos propres idées, nous rend libres! Libres de choisir nos pensées, nos dires, nos amis, nos activités, nos plaisirs, ...

Les Ming aussi, dans les pays du Nord, partagent cette fausse conception de la dignité, celle qui entraîne l'idée ridicule qu'on puisse "perdre la face"...

Perdre la face n'est concevable que si on est arrivé à te faire croire en ton importance, en ton autorité, en ta prétendue supériorité! Accepte que tu ne possèdes rien de tout cela et il te sera impossible de "perdre la face" !

- Tu philosophes encore une fois. Tu m'égares dans ton raisonnement. Tu étais bien ivre, n'est-ce pas? Quelle valeur cela donne-t-il à tes réactions? Quel sens à tes explications *a posteriori* ?

- Je crains que ce ne soit toi qui théorises: en quoi l'animal et ses instincts m'est-il étranger? Nous sommes tous des animaux, totalement, même s'il nous semble, parfois, avoir un petit quelque chose en plus. Cette conscience peut-être qui, justement, nous permet de nous questionner et donc de nous libérer? Nos meilleures écoles en débattent beaucoup, n'est-ce pas?

Quant à l'ivresse, c'est pareil: elle fait partie de notre vie. Drukpa en a souvent exploré les effets. Avec une saine jouissance et une fréquente lubricité.

- Oui, cela, je l'avais entendu dire avant de te rencontrer: on l'appelait le moine fou n'est-ce pas?

Vîgot rigola de plaisir:

- Oui, nous pourrons en reparler. Ce n'est pas pour rien qu'on le nomme l'apôtre de la *"Folle sagesse"* ! Approcher la sagesse de tout près, dans son dos, pour la surprendre et la saisir à pleines mains, comme une femme aux appâts trop tentants! De bons moments! L'ivresse nous révèle des choses en nous que nous ignorions, ou même que nous cherchions à cacher.

- Ce ne serait donc pas vulgaire?

- Réfléchis, s'il te plaît! Pense aux derviches tourneurs, chez les musulmans soufis, qui suivent les principes de Rûmî, le sage poète afghan, "Mevlana", *notre maître*, comme disent ses disciples et admirateurs ottomans.

Au son du tambourin, ils se soûlent de mouvements tournants, entraînés comme des toupies par leurs lourdes robes aux bords plombés. Sous leurs très hauts fez en poils de chameau, ils mettent leurs cerveaux à côté de leurs crânes, et ils voient Dieu, disent-ils. N'est-ce pas une ivresse mystique?

De la même manière, les buveurs aussi cherchent un état second. Ils ne cherchent pas directement un dieu, ils tentent plutôt de se mieux comprendre ou de mieux s'exprimer malgré les complexes ou les blocages qui les ligotent. Pour l'analyse de soi, n'est-ce pas une ivresse philosophique? Quand nous buvons, on pourrait nous appeler des derviches buveurs!

Par ailleurs, puisque tu m'interrogeais sur la transgression: en fin de compte, la transgression n'est importante que comme indice de liberté, justement. Ce n'est pas la transgression pour elle-même qui compte mais la liberté de nos choix. En fait, nous ne devrions pas chercher la transgression, mais seulement réfléchir à nos propres choix et les mettre en œuvre, au mépris de tout règlement imposé soit par des parents bêlants soit par des ancêtres calculateurs à la recherche du pouvoir, comme je te le disais...

La transgression n'est pas un jeu. C'est un acte important, lié étroitement à l'exercice de la liberté. Je ne parle pas ici d'une liberté infantile, mais d'une liberté responsable vis-à-vis à la fois des règles de la vie et de nos engagements sociaux. Ma liberté *décide* de transgresser pour une raison supérieure.

- Tu me soûles, Vîgot! N'en rajoute pas, je n'arrive plus à te suivre. Peut-être devrais-je encore pratiquer un peu le vin de riz, ce soir?

- Bonne idée! je t'accompagnerai. En attendant, le soleil se couchera bientôt et il nous reste beaucoup de harnais à terminer si nous ne voulons pas perdre notre gagne-pain!

Ils se mirent plus sérieusement à la tâche et eurent juste terminé au moment où le soleil disparaissait derrière le sommet des arbres.

*

Cette nuit-là, Vîgot se leva pour aller pisser, en pleine obscurité. Il dormait à moitié, mais trouva la salle d'eau au jugé. Comme il poussa la porte, il entendit deux coups brefs, près du chambranle, comme le ferait discrètement quelqu'un de poli qui aurait voulu demander la permission d'entrer. Vîgot se souvint d'avoir entendu le même toc-toc la veille, dans les mêmes circonstances.

Ayant fini de pisser, il se lave les mains, se passe de l'eau sur le visage, et va pour ressortir. Arrivé à la porte, il fait mine de saisir la clenche, mais s'arrête au dernier moment. Il entend nettement le "toc-toc" alors que la porte n'a pas bougé. Il ne sera pas dit que Vîgot ignore les signes.

Un peu anxieux quand même, il demande à voix basse:

- Il y a quelqu'un?

La porte ne s'ouvre pas, il ne voit personne, mais il entend une voix connue qui semble sortir du chambranle, celui qui porte les charnières:

- Tu en as mis du temps! A qui se fier?

- Lama Drukpa?! ce serait vous, Maître?

- Là où je suis, il n'est ni Lama ni Maître, crois-moi! Juste Drukpa, "l'homme dragon", et encore ce n'est pas, à vrai dire, un titre de gloire! Mais je n'ai qu'un instant: il faut que tu me promettes d'aller entretenir la tombe de ma mère à Tongsa. Son âme est très dérangée des blagues que je lui ai faites. Elle ne trouve pas la paix et j'en suis tenu pour responsable.

- Oh... ? oui, bien, mais... quand?

Déjà le charme est rompu: la voix se fait presque inaudible:

- Quand tu pourras, ou alors ..mande ...à .... ..elqu'un ...onfiance...

- Drukpa? ...

C'était fini. Comme si la passerelle temporaire entre les deux mondes avait été retirée.

Vîgot ouvrit la porte précipitamment et courut jusqu'à la chambre où il secoua vivement Petros:

- Petros, Petros!

- Quoi? Quoi encore? Tu vas te remettre à me faire des déclarations stupides, en tremblant de tous tes membres comme un coq de bruyère en rut?

- Non, Non, ce n'est pas cela. Je viens de rencontrer Drupka Kunley!

Il lui raconte l'apparition auditive et ce qu'il en a compris.

- ... comme si la passerelle entre les deux mondes avait été retirée!

Petros tenta de le calmer:

- Doucement Vîgot! Doucement. Pas de grandes théories s'il te plaît... il fait noir, tu étais à moitié endormi, tu es choqué d'avoir appris la mort de Drukpa et ... tu penses... avoir "entendu" sa voix. Le reste n'est que fantaisie.

Vîgot bougonnait:

- Peut-être, peut-être, mais quand même, je ne puis pas rester sans rien faire! Il m'a prié...

- Oui, j'ai bien entendu. Essaye de dormir maintenant. Demain nous tenterons de comprendre si tout cela a un sens. Il devrait, pour le moins, en avoir un pour toi!

Vîgot insista encore, préférant parler et discuter tout de suite. Petros fut ferme et refusa de se laisser entraîner, à chaud, dans des supputations philosophiques en pleine nuit, après un repas bien arrosé. Finalement, énervé, Vîgot sortit pour marcher dans la nuit. Petros s'endormit et ne l'entendit pas rentrer.

*

Le lendemain, la journée commençait par le travail manuel. Satisfait de leurs premiers nettoyages, le palefrenier leur avait proposé de remettre un peu d'ordre et de propreté dans ses installations.

En marchant vers le relais de poste, Vîgot scrute le ciel et distingue un épervier. C'est ce qu'il cherchait, car la réaction de Petros, au milieu de la nuit, ne l'a pas convaincu.

Il se laisse un peu distancer, se concentre quelques instants, et appelle:

- Tu es là, Malé? j'ai vu Drukpa, la nuit passée... Enfin, je ne l'ai pas vu, mais je l'ai très clairement entendu. Il n'a pu me dire que quelques mots. Il m'a demandé d'aller sur la tombe de sa mère! Qu'en tires-tu?

- C'est sûrement un message pour toi. Lui, il est trépassé, il n'a besoin de rien. C'est un message pour toi, un signe. A toi de le lire et de décider ce que tu fais...

- Oui, je comprends! Merci, je vais réfléchir. Tu vas bien?

…

- Mais oui, grand sot, qu'est-ce qui pourrait m'arriver? Prends soin de toi. Mange bien et ne bois pas tant!

Vîgot est vexé: même réponse que Petros! Et, en sus, ce genre de remarque un peu trop... maternante, à son goût. Mâlé a changé...

*

Il continue jusqu'à la grande pierre qui leur sert d'atelier de nettoyage. Petros s'est déjà installé sur la paille. Le palefrenier apporte un premier lot d'objets à récurer. Vîgot les salue, s'assied et se met, lui aussi, au travail.

Saturés encore des débats de la veille, ils restent muets et se concentrent sur les bouchons de paille, les cuirs et la graisse.

Le chien du palefrenier, familier, vient les voir. C'est un petit chien chinois, au poil soyeux, vif et fureteur. Il renifle les objets de cuir et reconnaît les odeurs du hangar de son maître. Il vient donc sentir de plus près ces deux personnes qui sont certainement des amis.

Petros observe le chien qui maintenant se montre clairement amical. Malgré son désir d'éviter les discussions oiseuses, une question spontanée lui vient aux lèvres:

- Pourquoi sommes-nous sensibles à ce que j'appellerais "l'amitié" animale? Je veux dire au contact oculaire, à la partie de l'attachement de notre chien ou de notre chat qui ne semble pas strictement de nature alimentaire?

Ou encore, pourquoi sommes-nous si nombreux à être touchés par la démarche d'apprivoisement: attirer un moineau ou une tourterelle avec une miette de pâte ou un éclat d'arachide...

Vîgot sourit. Lui aussi pensait, ce matin, éviter les grands débats, mais il aime cette question un peu enfantine, loin des grandes angoisses théoriques.

- Ne serait-ce pas le sentiment d'appartenir à un même monde? De nous reconnaître dans ces pulsions simples: le désir et la crainte?

- Oui, c'est possible, mais est-ce réel? Ou bien, n'est-ce qu'une projection dans laquelle nous imaginons que l'animal partage nos pensées et nos émotions? Devrions-nous mépriser ce leurre pour atteindre un autre niveau de vérité, une dignité plus juste pour l'homme et pour l'animal?

- Petros, maintenant c'est toi qui prends trop goût à la dialectique et qui nous entraînes à côté de la vraie vie! S'il est agréable d'apprécier l'amitié du chien, apprécions-la! Pourquoi séparer les choses: toi et moi, toi et le chien, toi et le monde... je pense que le leurre est plutôt là, non?

Petros se tait et travaille en silence quelques minutes. Il sait que tout cela est vrai, mais il se sent bien avec son nouvel ami.

Il s'arrête de frotter les harnais et rêve un peu.

Sur la rive opposée, un homme du grand sud, noir de peau, grand et souple dans sa démarche, remonte la rivière.

- Regarde, Vîgot, comme cet homme est beau!

Son ami s'étonne de ce soudain changement de sujet:

- Ce vieux sauvage? tu veux rire!

- Mais non, regarde sa face, son teint, son port de tête...

- Mais c'est un rustre primitif, comment peux-tu le trouver beau?

- Tu me surprends, ce que tu dis là n'a rien à voir avec la beauté. Tu devras venir à mes cours! Réfléchis. Ce que tu viens juste d'exprimer c'est quelque chose en toi entre la crainte et l'aversion pour un être humain au physique différent du tien. Mais n'est-ce pas surtout que tu lui imagines des valeurs qui te sont inconnues et donc incompréhensibles, des traditions et des principes qui lui ont été confiés par des parents, pour toi impensables. A cause de tout cela, tu vois un homme à la fois bizarre, inquiétant, inacceptable et, donc, tu le trouves laid, affreux même, comme une grosse araignée de taille humaine.

- Continue, tu m'intéresses, je viendrai peut-être à tes cours... Mais sans payer, hein!

Petros hausse les épaules:

- En fait, la beauté n'a rien à voir avec tout cela. C'est cela qu'on peut apprendre de la statuaire. Pense au cheval. Quelle noble allure, quel port de tête, quel poil luisant, quelle couleur de robe, quel mouvement lorsqu'il marche, lorsqu'il s'arrête, lorsqu'il repart, lorsqu'il court. Quelle beauté!

Et le lévrier? Et la gazelle dans le désert?

C'est ainsi que je vois la beauté de cet homme.

Vîgot s'impatiente et l'interrompt:

- Je comprends ton reproche de rejet instinctif de l'inconnu. Tu as probablement raison. Mais je ne puis pas accepter cette assimilation entre l'homme et l'animal. Quand un de mes amis est beau, cela n'a rien à voir avec la longueur de ses muscles ou sa démarche élégante, ni avec ses yeux de biche, si c'est le cas. Quand je pense à toi, je n'ai aucune relation à tes boucles blondes ni à ta peau d'adolescent. Ta beauté, pour moi, c'est ton regard, ta spontanéité, ton intelligence, et mille choses encore qui font ce que tu es. Faut-il l'appeler ton humanité? ton esprit? ton âme? Peu importe les mots. Ta beauté c'est toi, pas ton corps, ni la façon dont tu l'utilises, comme ce serait le cas pour un alezan, un lévrier ou un pélican.

- Je ne suis pas sûr que tu aies raison... justement cette beauté, que tu viens de décrire, les gens du Sud l'ont, avec évidence: leur regard est vif et spontané, leur voix est chaude et chantante, tout leur corps exprime la chaleur et les vibrations viscérales de la vie. Toi qui me reproches de confondre dignité et prétention, je ne vois pas très bien, après tes explications, qui de l'humain ou de l'animal jouit le mieux de l'une ou souffre le plus de l'autre...

Après un silence pensif, le regard perdu, Vîgot hausse les épaules et marmonne:

- Arrêtons-là nos bavardages! Pour quelques jours... ou, au moins, pour aujourd'hui!

Ils finirent leur travail du jour puis retournèrent au bourg, pour un léger repas. Ensuite ils se rendirent vers le marché et s'arrêtèrent au comptoir commercial, pour acheter les quelques fournitures nécessaires aux élèves qu'ils devaient rencontrer dès le lendemain. Ils firent livrer au monastère du Lotus Bleu puis allèrent payer leur dû à l'auberge, prirent leurs sacs et partirent en flânant, vers le monastère.

Le jeune portier leur montra leurs chambres et leur précisa, en levant l'index en avertissement, que le repas commun serait servi au son du gong, juste après le coucher de soleil. Tout retardataire risque de voir sa place offerte à un pèlerin.

*

Le lendemain matin tôt, ils rejoignirent Lama Nakoni pour convenir des programmes et de l'esprit de l'enseignement.

Nakoni, qui connaissait bien ses moines et ses étudiants, avait choisi de faire trois groupes: les jeunes élèves, les grands étudiants et, enfin, les adultes, moines résidents ou visiteurs temporaires en retraite spirituelle.

Nakoni et Vîgot se comprirent très vite.

Aux plus jeunes, Vîgot raconterait l'histoire de Çakyamuni. Sa naissance princière au parc de Lumbinî, sa jeunesse surdouée et son mariage avec Yashodarâ, ses quatre sorties dans la ville et le choc qu'il ressent en y voyant, de près, la condition humaine: la vieillesse, la maladie et la mort, mais aussi la sérénité du moine mendiant. Puis sa longue pratique de l'ascétisme, suivi de son refus de ce qu'il finit par considérer comme un excès: dans son discours de Bénarès, il choisit, entre les plaisirs débridés et les macérations d'ascètes, la voie moyenne, le chemin du milieu qui le mènera au détachement et à l'extinction des désirs frustrés. Puis, son illumination au pied du figuier, sa prédication et les premiers convertis, puis sa mort.

Ensuite, l'histoire de ses illustres disciples, Rahula son fils, Bibisâra, le roi du Bihar, et Ananda le fidèle. Enfin, comment leur douceur et leur sérénité conquirent rapidement les foules et comment les principes de Çakyamuni s'étendirent sur tout lecontinent asiatique. A cette occasion, il ne faudra pas oublier le lama indien Padmasambhava, "Fils de Lotus", qui apporta le message tantrique au Bhoutan et au Tibet.

Ils envisagèrent ensuite le programme des aînés, les étudiants de dix à seize ans. Il s'agira, à ce stade, de leur apprendre à réfléchir, à prendre une distance critique par rapport à l'histoire.

Pour cela il s'indique de leur montrer la progression du Bouddhisme dans les premiers siècles après la mort de Gautama. Dans chaque direction, les disciples se multiplient, mais les pays et leurs cultures influencent la lecture de son message. Vers le Sud et l'Est, le petit Véhicule: dans toute la péninsule de l'Annam, et dans les sept mille îles du Levant, les disciples ont respecté les conseils du Bouddha presque à la lettre. Cinq siècles plus tard, vers le Nord, la Chine et, un peu plus tard encore, le Japon, ce fut plus prétentieux peut-être, plus élitiste sûrement: le Grand Véhicule, comme ils l'appelèrent eux-mêmes. La culture y était plus littéraire et la tradition plus dialectique: le message a été décortiqué, extrapolé vers un système de morale complexe, avec un clair développement vers la solidarité. De l'ermite un peu égocentrique on est passé au guru et aux écoles.

Et puis, leur expliquer comment, petit à petit, le Grand Véhicule a donné une petite pousse latérale qui, six siècles plus tard, dans les hautes vallées du Tibet, a fleuri en un joyau d'exception: le Vajrayana, le Véhicule du Diamant, la voie de la verge divine. Il réincorpore les bases antiques du chamanisme himalayen et même l'hindouisme antique avec ses mythes extravagants et ses pratiques magiques ouvertes à toutes les recherches.

Enfin, pour les moines et tous les adultes, Nakoni voulait que Vîgot passe franchement à la critique objective, la mise en question du Dharma et de nos perceptions.

Introduire le débat sans tabou. Dépasser le Grand Véhicule, explorer le Vajrayana dans toutes ses possibilités, tous ses paradoxes. Qu'ils apprennent à chercher, dans les textes, mais aussi en leur âme la plus secrète, le sens de leurs désirs, de leurs craintes, de leurs doutes. Réfléchir à la signification de la transgression.

Le Zen, retour à la méditation et au détachement, est-il une sortie vers l'avant ou une autre façon de tourner le dos à la vie?

Nakoni insistait, avec chaleur et un grain d'ironie:

- Auprès de ces élèves, lorsqu'ils auront bien assimilé le sens du questionnement systématique de soi et de tout ce qu'on essaye de nous faire croire, vous pourrez aussi introduire le message de Drukpa. Il faut arriver à choquer vos élèves, mais, je vous en prie, Vîgot, pas de travaux pratiques! pas de passage à l'acte en groupe! je ne tiens pas à ce que le scandale fasse fermer notre monastère...

Lorsqu'ils se furent mis d'accord, il fallut parler des cours de Petros. Ce fut d'abord moins évident.

Il expliqua à Nakoni les grands principes qu'il aime enseigner. La nature de l'image, de la forme créée, le leurre qu'elle représente, les modes de représentation du vivant, les rôles de la texture, des ombres et de l'éclairage, l'erreur volontaire qui rapproche du réel, l'image du mouvement dans une structure immobile...

Puis leur montrer les formes variables que prennent les images culturelles, à travers la comparaison entre la statuaire de Grèce antique et celle, plus proche, dans le temps et dans l'espace, de l'art du Gandhâra, ce syncrétisme gréco-bouddhique qui maria si bien les influences indiennes et hellénistiques au cours des siècles qui suivirent l'expédition d'Alexandre en Asie.

Et enfin, si les élèves suivent jusque-là, leur indiquer la perspective ouverte par le beau, l'esthétique, le rêvé...

La réflexion sur le réel et le faux, le concret et le poétique, le vrai et le beau. Le faux qui peut être plus vrai que le concret, le poétique qui peut devenir plus beau que le réel...

Vaut-il mieux vivre l'animalité humaine dans sa violence, avec, en sus, ce que l'homme y a ajouté de barbare? Ou bien choisir de signer un contrat avec les autres pour créer ensemble une cité pacifiée où chacun participe à construire un monde civilisé, artificiel, bien sûr, mais esthétique, équitable et serein?

Nakoni l'avait écouté avec attention:

- Je n'avais jamais pensé à la sculpture, et à l'art en général, en ces termes. C'est passionnant, mais je ne suis pas sûr de trouver des élèves qui s'intéressent à cette approche. Il faudra peut-être qu'ils soient déjà un peu artistes...

Petros était heureux d'avoir pu profiter d'une oreille attentive. Avec un peu de malice, il avait saisi cette occasion pour développer certains des aspects les plus ésotériques de ses connaissances, tout en observant discrètement les réactions de Vîgot.

Son ami, souvent si prompt à exposer ses propres idées, à se laisser entraîner par ses propres mots sur des voies hasardeuses sans trop craindre de déborder parfois des cadres d'une dialectique rigoureuse, n'avait pas pu dissimuler son intérêt et son étonnement.

Petros remercia Nakoni, en le rassurant: pour autant qu'il puisse rester quelque temps au monastère, il ne s'inquiète pas trop de trouver des élèves.

*

Dès le milieu de l'après-midi, ils firent connaissance avec les élèves de Vîgot. Petros se joignit à eux pour observer leurs réactions.

Il s'agissait des moines. Lam Nakoni n'avait pas encore pu former des classes d'élèves plus jeunes. Il avait fait annoncer les nouveaux cours dans le bourg mais devait encore recevoir les candidats sérieux, les sélectionner et former des classes.

Après en avoir longuement parlé avec Petros, Vîgot tenta de les surprendre dès le premier cours.

D'entrée, il se compose un profil de professeur routinier, autoritaire et entièrement directif.

Ainsi, il arrive volontairement plusieurs minutes en retard et entre dans la salle de cours par une porte dans le dos des moines. Il ne dit pas bonjour et, durant son trajet pour rejoindre son pupitre, il leur dit, avec une froide autorité:

- Je suis votre nouveau maître. Préparez un raisonnement de cinq à sept phrases sur le sens de l'apprentissage de la religion et la différence que vous établissez entre religion et philosophie.

Il fait tout pour paraître froid, sévère, antipathique. Il marche d'un pas décidé. Il ne sourit pas.

Certains hésitent ou questionnent leurs voisins du regard. D'autres répondent directement à la consigne, se plongent dans leur réflexion et se mettent des phrases en mémoire, en les répétant plusieurs fois à voix basse. D'autres, enfin, restent immobiles et fixent Vîgot avec un peu d'agressivité dans les yeux.

Il répète sa consigne mot pour mot et sur le même ton, glacial et sévère. L'ambiance devient pesante, presque tendue.

Soudain, il leur demande d'interrompre l'exercice en cours et de construire, en leur mémoire, une phrase qui exprime leur ressenti, leur émotion, leurs pensées, ici et maintenant.

C'est un instant difficile pour eux car ils n'ont pas terminé leur premier exercice. Certains tentent donc de continuer d'abord ce qu'ils ont commencé... D'autres restent stupéfaits: on ne leur demande jamais de dire leurs émotions.

Vîgot les laisse fermenter quelques moments avant de préciser, sur un ton beaucoup plus chaleureux, qu'il ne demandera aucun exposé, que l'exercice est exclusivement pour eux et que ce moment leur appartient.

C'est une première soupape pour les moines. Certains se redressent, d'autres se regardent en souriant, d'autres regardent Petros, avec un air complice, certains se lèvent et s'étirent. L'atmosphère commence à s'alléger...

Vîgot demande alors, sur un ton très amical, en cherchant cette fois à croiser les regards:

- D'après vous, qu'est-ce qui était bancal dans ce début de cours que nous venons de vivre ensemble?

Ce n'est qu'à cet instant qu'ils se sentent enfin libres de parler. Les commentaires et analyses commencent à fuser.

Un aimable brouhaha s'installe tout doucement, les barrières s'ouvrent et l'atmosphère est enfin respirable.

Vîgot leur explique alors que l'ensemble de l'exercice veut leur montrer l'importance des premières minutes d'une rencontre et tout ce qui, autour des mots, peut troubler et même éteindre la communication.

Leur montrer aussi l'importance du ressenti par rapport aux réflexions intellectuelles et, surtout, la difficulté de mettre en mots la signification de nos propres perceptions pour pouvoir les comparer avec des approches plus théoriques.

Ensuite, après ces moments de drame pédagogique, il tente, patiemment, de combler le gouffre qu'il a creusé entre eux et d'instaurer les prémices de la relation d'échange et de confiance, d'adulte à adulte, qu'il espère établir en quelques semaines.

Pour cela, avec le jeu complice de Petros, il laisse chacun s'exprimer, en les encourageant, par quelques questions anodines, à parler d'eux-mêmes ou, au moins, de sujets qui les questionnent, personnellement.

En les voyant maintenant débattre avec chaleur, sans plus s'occuper de lui et de Petros, il espère qu'il est bien arrivé à les choquer, dès le début de la session, afin de poser en leur esprit les fondations de quelques piliers de la connaissance vraie: la remise en question personnelle, la connaissance de soi, le sens critique...

*

Lorsque Petros et lui quittent la classe, ils laissent les élèves à leurs débats, par petits groupes, certains dans des coins de salles, d'autres entrain de sortir. Ils rient sous cape, complices et heureux d'avoir réussi à provoquer, dès le premier cours, une réflexion critique sur l'enseignement et sur eux-mêmes.

Vîgot s'esclaffe:

- As-tu entendu le vieux Narayanan?

- Lequel?

- Shankar Narayanan, le brahmane à la riche chevelure.

- Oui, oui! C'était fort! Il a bien compris le questionnement:

"Notre maître, le sage de Çakya, n'a-t-il pas été effrayé par les réalités du mariage? Elevé dans le luxe et protégé de la vraie vie par l'enceinte du palais de son père, ne peut-on pas penser qu'il s'est peut-être senti incapable d'assumer ses désirs et ceux de sa jeune épouse? ou encore ses responsabilités de père? Ce pourrait-il que nous trouvions là une part du sens de son rejet de la condition humaine? Et de sa conclusion: la nécessité d'éteindre nos désirs?"

Et ton contre-pied! Alors que tous commençaient à bien mordre à cette hypothèse, introduire le doute historique:

"Mais ne nous avançons pas trop loin. Restons sceptiques. J'ai lu des textes qui affirment que Yashodarâ est morte très jeune, probablement avant même les quatre sorties de Gautama, qui aurait donc été veuf à ce moment."

- Oui, je pense que c'était pertinent. Mais quelle que soit la source de son inspiration, la critique de nos désirs reste libératrice, n'est-ce pas?

- Ce n'est pas sûr. Si Lam Drukpa a la réputation de lubricité, c'est peut-être, simplement, parce qu'il a voulu, lui, assumer toute la nature humaine? N'est-ce pas trop facile de dire "J'ai peur de voler, je me coupe les ailes" ?

- Remarque, quand même, que Bouddha n'a pas dicté de règles dogmatiques. Son message a ouvert des réflexions très diverses: du Petit au Grand Véhicule, du Zen mystique aux Tantras du sexe!

- Oui, mais sans être officiellement dogmatique il exprimait nettement un rejet des femmes. Il n'en voulait pas dans son ordre. Que penser d'un sage qui, spontanément, exclut la moitié de l'humanité de la recherche de la sagesse?

- Tu marques un point, mais je répète: quelles qu'aient été les sources de son inspiration, sa philosophie de notre libération vis-à-vis des désirs reste intéressante.

Les derniers groupes d'élèves sortaient à présent, mais les deux compères étaient tout à leur discussion:

- Je ne t'apprendrai pas que, en philosophie, on peut partir de n'importe quelle prémisse. Et si, dans ce cas, le plus intéressant était de la rejeter? Drukpa, au contraire de Gautama, a voulu assumer ses désirs. Si, comme tu l'as dit à tes élèves, nous sommes presque entièrement animal et un tout petit peu d'autre chose, n'est-il pas abusif, voire totalement immoral, de mettre ce bel animal sous la coupe du petit peu d'intellect qui nous ouvre les portes des fuites mystiques?

Vîgot allait encore répondre, mais un petit jeune homme les avait rattrapés et tentait, très poliment, d'attirer leur attention.

Petros se moqua:

- Vîgot, je pense que voilà un de tes futurs élèves qui veut déjà des explications de texte...

Vîgot se pencha et lui répondit à l'oreille:

- Il n'a pas l'air d'un vrai étudiant, ne serait-ce pas pour toi, plutôt?

Il croyait se moquer, mais, à leur surprise à tous deux, c'est en effet à Petros que le jeune homme s'adressa, timidement:

- Maître Petros? Lama Nakoni m'a parlé de vous. Mes deux amis et moi aimerions suivre votre atelier.

Les deux compères éclatèrent de rire et semirent à danser en rond, en frappant lourdement le sol de leurs bottes, comme des clowns ivres, en se retenant par les coudes croisés et en faisant tourner, de leurs bras libres, leurs mouchoirs au-dessus de leurs têtes. Ils chantaient à tue-tête une ronde enfantine du Gandhâra, virevoltant alternativement dans un sens puis dans l'autre.

Le jeune homme, stupéfait, restait ébahi à les regarder.

Finalement, les larmes aux yeux, leurs rires s'étranglèrent. Petros prit les mains du jeune homme dans les siennes et le regarda droit dans les yeux:

- D'où viens-tu?

- De très loin dans le Sud, le pays des grandes lagunes et de la mer.

- Comment t'appelles-tu?

- Sasi Kumar.

- Qu'est-ce que cela signifie chez toi?

- L'enfant de la lune...

- C'est merveilleux! Regarde-moi bien dans les yeux.

Le jeune homme, un peu inquiet, lui serrait toujours les mains et le fixa encore plus intensément. Petros ouvrit si grand des yeux si sérieux qu'ils en paraissaient un peu sévères et lui dit, lentement:

- Demain matin, venez tous les trois, ici même, juste avant le lever du soleil. Je commencerai mes leçons en vous montrant la lumière rasante sur les pierres.

- Oui, Maître!

- "Petros"! je m'appelle Petros! Ni maître, ni lama! "Petros Isk'nder", d'accord?

- D'accord Maître Petros Isk'nder!

Derechef, ils éclatèrent de rire et partirent bras dessus, bras dessous, vers l'auberge du Tigre.

*

Autant ils avaient, depuis leur arrivée à Bihori, passé des soirées à boire et manger ensemble sur la terrasse, dans un mouvement de fuite d'une réalité trop imprécise, un peu angoissante même, autant, ce soir, ils mangent, boivent et bavardent toute la soirée avec une vraie jouissance sans arrière-pensée. Ils ne cherchent pas à s'abrutir, ils vivent, ils sont ensemble, ils sont contents, ils font des projets.

On frise l'exaltation partagée. Jusque tard dans la nuit, ils feront des projets.

Avec un logement, une cantine de moines, un travail en ville pour l'argent de poche et les sorties, avec des élèves dans leurs domaines de prédilection, tout semble possible s'ils s'organisent bien.

- Le moment venu, tu m'envoies tes élèves et je te recommande aux miens. Ça marchera! Toi, tu les mènes sur les sentiers de la philosophie et, quand tu sentiras qu'ils commencent à prendre tes spéculations pour du réel, tu leur conseilles de venir quelques semaines chez moi.

- Oui, et là tu les confrontes aux éléments les plus concrets de la vie: les perceptions du toucher, de la vision, de la lumière...

- Mais les perceptions mentent aussi, et je leur montre que les illusions de leurs sens les renvoient à la philosophie.

- Là, je les reprends et ils sont mûrs pour accepter de tout questionner: leurs sensations, leurs pensées, les miennes, et finalement eux-mêmes, les leçons de leurs parents, le fait d'exister même!

- Tu les mènes presque à la désespérance, et puis, quand ils pensent que c'est la fin des cours, qu'ils ont tout appris, tu me les confies à nouveau. Et je les prends à contre-pied. Je leur montre l'art d'une façon différente: la composition, autour de nous, d'un monde esthétique qui remplace la vérité inaccessible. Un monde fiable car ce sont eux qui en choisiront les éléments, tout en sachant que cette réalité est fragile car subjective, mais pas plus subjective que leur entendement des petits mondes de Bouddha, de Zeus, de Lao-tseu, ou des autres hommes et femmes autour de nous.

Ils s'y croyaient déjà. A chaque nouvelle idée, ils riaient sans retenue car c'était leur meilleure façon de l'approuver, de l'adopter comme juste et réalisable. Tout à leurs projets, ils parlaient trop pour avoir le temps de manger et ils buvaient peu car ils se sentaient déjà ivres de plaisir.

- Tu verras, dans deux ans nous serons devenus les plus grands maîtres du pays pour l'art et la philosophie!

- Et alors, nous passerons à l'enseignement populaire: nous créerons des spectacles: un peu cérémonies religieuses, un peu fêtes populaires, beaucoup théâtre, pour faire comprendre les tantras, non au travers des réflexions de lettrés mais par des expériences de catharsis accessibles à tous.

*

Ils enseignèrent plus de six mois, et, en effet, devinrent presque célèbres, tant leurs cours avaient du succès. Très vite, Lama Nakoni leur demanda s'ils pouvaient dédoubler leurs classes pour répondre aux nombreuses demandes d'inscription, dans toutes les classes d'âge. Vu la pression de la demande, il leur proposa même une petite prime par élève, contraire à leur première convention, mais rendue possible par la volonté des parents de payer pour placer leurs enfants dans ces cours.

Paradoxalement, ce succès eut pour effet de retarder leur projet d'enseignement populaire festif: trop occupés à refaire leurs cours pour les nouveaux inscrits, ils n'avaient que très peu de temps libre et se plaignirent rapidement de ne plus pouvoir consacrer à leurs élèves le temps nécessaire à s'investir dans l'écoute et dans le suivi de chacun.

Ils proposèrent de garder tous les élèves mais d'espacer les cours.

Nakoni ne voulut rien entendre. Le monastère du Lotus bleu avait rapidement acquis une belle réputation: le nombre de moines et moinillons allait bientôt doubler. Et puis, il avait commencé des travaux importants: deux nouveaux bâtiments avec quinze chambres chacun, deux salles d'eau, une nouvelle cantine avec sa cuisine et, enfin, son rêve: une bibliothèque, avec des coffres pour bien ranger les manuscrits et des nattes bien propres et bien séparées pour les lecteurs.

Et de plus, sans jamais en parler à quiconque, il avait imaginé son projet fétiche. Devant les bâtiments, sur une esplanade, il voit un grand stupa entouré d'un trottoir de pierres plates permettant aux moines et aux pèlerins de passer à hauteur d'une couronne de moulins à prière qui entourent sa base.

Confiant en leur avenir, les deux compères acceptèrent de remettre leurs beaux projets à plus tard et de faire un effort pour prendre tous les élèves et continuer néanmoins à dispenser des enseignements de qualité.

- VI - LA FETE DU PRINTEMPS. FIN D'UNE AMITIE.

*Aussi longtemps que l'homme réclamera le Moi et le Mien,
ses oeuvres seront comme zéro.*
Kabîr (1398-1440)

*La tête perdue, ne périt que la personne;
les couilles perdues, périrait toute nature humaine.*
François Rabelais (1483-1553)

Cette belle amitié virile, cette attachante dérive homosexuelle, cette brillante intimité intellectuelle, tout cela s'arrêta net.

Le jour du printemps.

Vîgot et Petros partirent ensemble pour la fête traditionnelle qui réunissait musiciens, danseurs, dîneurs et buveurs sur l'esplanade entre l'auberge du Tigre Affectueux et le bief de la rivière.

Une légère averse était tombée, comme parfois en cette saison, si fugace qu'elle n'avait pas eu le temps de détremper la terre argileuse, laissant derrière elle une odeur légèrement écoeurante de poussière mouillée au lieu de la riche senteur de terre des vrais orages tropicaux qui éveille l'appétit comme le parfum du pain chaud.

Plusieurs feux de bois illuminaient l'esplanade, les bords du torrent et la lisière du boqueteau. Des groupes d'amis s'installaient sur des nattes ou sur quelques bancs de fortune, avec des pichets de vins de palme ou d'alcool de riz.

D'autorité, des garçons avaient occupé les nattes proches de la taverne, en riant bruyamment.

Les jeunes filles, gloussant d'excitation et se tenant par la main, s'installaient, plus discrètes, ou plus finaudes, en bordure du petit bois. Après l'averse, le ciel était clair et les amies se montraient les étoiles et les constellations qui devaient leur promettre, en ce soir magique, les rencontres les plus séduisantes.

Un nouveau feu crépita bientôt au milieu de l'esplanade et deux cercles de danseurs se formèrent autour de ce foyer: à l'intérieur quelques jeunes filles enhardies, des fleurs dans les cheveux et un léger foulard de couleur pastel autour du cou, lancèrent une ronde, tandis que les jeunes gens, beaucoup plus nombreux, joignaient leurs mains pour former un cercle extérieur, un peu voyeur, dont la ronde féminine, avec des petits frémissements, ne pouvait que se sentir captive.

Les airs champêtres des flûtes et le rythme des tambourins accéléraient les deux rondes qui tournaient en sens inverses.

La règle voulait que les filles seulement puissent choisir leurs cavaliers.

Il fallait voir les coqs se pavaner, jouant de leurs muscles et de poses avantageuses, montrant bien, dans leur innocence, qu'ils n'avaient aucune idée de ce que les filles cherchaient.

Une des jeunes filles s'enhardit, détacha son foulard et vint, en dansant, provoquer, en feintes et esquives tournantes, les garçons du cercle extérieur. Finalement, elle attrapa avec son foulard le cou d'un grand jeune homme brun qui semblait à la fois doux et décidé. Ils se firent face, mains sur les hanches, et dansèrent une variante de la bourrée commune.

Très vite, d'autres couples se formèrent et les deux cercles n'étaient plus qu'un grand carrousel de couples dansants.

La nuit était sans lune.

Un pichet de vin à ses pieds et un gobelet à la main, Vîgot se laissait aller à la douceur du spectacle avec un sourire un peu nostalgique. Tout cela le touchait, mais il préférait savourer son excitation que de faire l'effort de plonger dans le mouvement de la danse.

Il vit une jeune fille très brune, de type tsigane, passer par-dessus les cheveux très blonds de Petros un fichu bleu roi dont la couleur, à la lumière du feu, lui rappela, de manière saisissante, la couleur des yeux de son jeune ami.

Buvant une petite gorgée de vin de palme, il se sentit mollir. Il pensait à Malé. Il réalisa soudain que tous les tracas et les enthousiasmes de leur nouveau travail l'avaient distrait. Pendant ces journées exaltées, il l'avait presque oubliée. Il chercha dans le ciel un oiseau de proie, mais ne put même pas voir le vol d'une chouette. Finalement, il se tourna vers l'étoile du berger, si brillante, et l'appela:

- Malé, tu es là?

De bruyants éclats de rires troublèrent son attention: un groupe de garçons, jeunes pour la plupart, venaient de déboucher en courant de derrière l'auberge, avec des seaux et des gobelets, et tentaient de mouiller copieusement tous les danseurs, avec une prédilection certaine pour les jeunes filles.

Cette tradition séculaire rappelait à tous, si besoin était, que le printemps est la saison des amours, et que, le plus souvent, les amours ne s'arrêtent pas à de coquines taquineries ou à de tendres œillades.

La plupart des danseuses étaient maintenant vêtues de robes mouillées qui leur collaient au corps et, sans surprise, les rondes ralentirent et les couples se mirent à danser un peu plus près, tout en respectant la décence qui seyait à la coutume.

Vîgot se sentait un peu solitaire et taiseux. Il chercha des yeux Petros et la petite tsigane. Après avoir été plusieurs fois distrait par le spectacle de couples très romantiques, il finit par les distinguer, dans l'ombre de la lisière, sur un banc. Ils semblaient se chuchoter des confidences et Vîgot s'interdit de les déranger.

Il commanda encore un pichet, mais lorsque le serveur le lui apporta, il n'avait plus envie de rester. Il prit le pichet et se retira discrètement vers le Lotus Bleu, en titubant très légèrement. Ah, pensait-il, si je n'étais pas seul je me conduirais plus dignement...

*

Vîgot rentra seul et, trois jours durant, il ne revit pas Petros.

Le deuxième soir, alors qu'il boit seul à la terrasse de l'auberge dans la lumière trouble du crépuscule, il se sent lassé de chercher à distinguer son ami parmi les ombres furtives qui passent sur le grand chemin au long de la lisière du bois.

Soudain, il se rétracte sur son banc et s'appuie au mur sombre, comme s'il voulait se fondre dans le décor: parmi ces passants du soir, il jurerait avoir reconnu la silhouette d'un homme grand, les épaules voûtées, suivi, au talon, par un grand drogkhyi.

Il voudrait chasser cette image de sa mémoire. Il s'est peut-être trompé. Sûrement, même, avec cette mauvaise lumière!

Le jour suivant, Vîgot décida que c'était son dernier jour de patience. Sans nouvelle le lendemain, il en référerait à la garde pour savoir, au moins, si on avait signalé un accident.

Mais ce lendemain matin, Petros l'attend au réfectoire du monastère pour la collation du matin.

Il est souriant et volubile. Il n'a que le nom de Sara à la bouche. Vîgot a beau lui parler de ses cours en retard, lui rappeler leurs projets, rien n'y fait. Il se rend vite compte qu'il n'a d'autre choix que de l'écouter. D'ailleurs, Petros est déjà lancé.

- C'est formidable, Vîgot! Quelle rencontre imprévue et extraordinaire! C'est elle qui m'a choisi, mais au départ c'était juste pour danser!

- Oui, j'ai vu cela.

- Tu l'as vu? Et tu n'es pas venu l'admirer de plus près? À quoi me sert de t'expliquer le rôle de l'esthétique et la transcendance de la beauté? Tu n'as pas vu son visage, tu étais trop loin! Sa nuque au duvet angélique, presque enfantin, sa bouche succulente comme un fruit d'été, ses cheveux fous, piqués de fleurs des champs! Le mouvement de ses épaules lorsqu'elle danse, sa respiration qui soulève ses seins dans sa petite robe de coton lorsqu'elle s'étend dans l'herbe fraîche pour se reposer. Vîgot, mon ami, que n'es-tu venu faire sa connaissance et comprendre mon engouement?

- Hem..., et ... cela explique ton absence pendant trois jours?

- Mais, ne comprends-tu pas? J'ai été frappé par la foudre, atteint par la flèche de Himéros.

- Tu as été blessé? Pourquoi ne m'as-tu pas fait appeler? Qui est cet archer?

- Ah, tu ne connais pas! C'est notre petit dieu de l'amour passionnel, celui que les Romains de l'Antiquité appelaient Cupidon.

Vîgot est un peu vexé. Il hausse les épaules. Petros en profite pour continuer:

- Bien sûr qu'il nous a fallu trois jours et trois nuits pour faire connaissance! Ce corps parfait n'est que l'écorce qui habille un être exceptionnel et, en toute chose, séduisant. Quelle finesse d'esprit, quelle compréhension spontanée des choses les plus complexes, quelle sensibilité pour le beau et l'intelligence! Je n'ai rien pu aborder qui n'éveille chez elle une réaction des plus pertinentes. Entre l'exultation partagée des esprits et des corps, nous ne nous sommes interrompus que quelques instants pour prendre soin de la petite: la laver, la nourrir, jouer avec elle.

- Parce qu'il y a un enfant?

- Oui, une fillette de trois ans. Luludja, c'est mignon, non? ça veut dire "fleur". Elle ressemble déjà à sa mère!

- Et son père?

- Parti depuis longtemps! Un beau guerrier Gurkha de passage. Rien d'important.

- Ah? une autre fête du printemps peut-être?

- Vî-got! quelle importance? Sara est là, Luludja aussi, l'amour aussi, et le passé est loin derrière. Nous avons tellement de projets!

Je lui ai expliqué ce que toi et moi avons entrepris et elle a tout de suite été partante. Elle suivra tes cours et m'aidera à rester toujours en phase avec toi, pour que les élèves communs comprennent clairement les répons entre la philosophie et l'art. Elle assurera les inscriptions et les comptes de tous nos élèves, tant les tiens que les miens. Et lorsque nous entreprendrons nos mises en scène théâtrales populaires, elle participera directement au travail du groupe, comme costumière, comme critique, comme actrice peut-être. Elle est douée, tu sais, tu verrais ses mimiques!

Vîgot n'en croit pas ses oreilles, mais il sait qu'il est inutile, pour l'instant, de vouloir raisonner son ami.

- Bon, nous verrons cela... tu donnes tes cours du matin et nous nous retrouvons à midi?

- Heu... non. Pas aujourd'hui: je suis juste venu prendre mes affaires: ce matin je m'installe chez Sara et puis nous irons au marché pour acheter un peu de vaisselle, équiper la cuisine et garnir le garde-manger. Et plus tard dans la journée, nous irons ensemble chez le menuisier pour lui commander un grand lit.

- Mais..., Petros, tu as expliqué tout cela à Lama Nakoni?

- Non, pas encore. En fait, je suis venu te demander si tu pouvais le lui expliquer, toi? Tu sais bien qu'il ne me comprend pas toujours très facilement. Je reste un peu un étranger pour lui, tu ne penses pas?

- A vrai dire, non. Je pense que nous étions devenus très proches tous les trois et qu'il désire sincèrement travailler sérieusement avec nous. Mais j'ai un peu peur qu'il ne commence, maintenant, à te trouver un peu étrange... surtout si tu continues à ne pas honorer ta part du contrat...

- Vîgot, s'il te plaît! C'est juste un très grand moment dans ma vie. Dis-lui que j'ai quelques urgences personnelles à régler et que je reprendrai tous les ateliers dans trois jours.

- Bien, si c'est ce que tu veux, je lui dirai. Quand te reverrai-je?

- Eh bien, dans trois jours donc.

- A la collation du matin comme aujourd'hui?

- Nn...non, plutôt après nos cours: tu sais, je prendrai sûrement ma collation chez nous, avant de quitter Sara et la petite.

- Comme tu voudras.

Avec un petit signe de la main, Petros partit d'un pas si rapide qu'il semblait se retenir pour ne pas courir.

*

Vîgot alla rejoindre ses élèves.

A peine lancé dans son exposé, il se sent porté vers l'aspect le plus profond de ce qu'il désire partager avec eux.

- Bon! Aujourd'hui nous allons parler des illusions de nos sens abusés.

Partons, si vous le voulez bien, de la signification du "Moi". Quelle peut-être la définition de l'individu, ce qui le distingue des autres? Et quelle est la relation essentielle entre cette définition et notre perception, chacun de nous, de ce que nous sommes?

Nous avons vu ensemble que le Bouddha, l'éveillé, était hostile à la notion d'une âme individuelle aussi bien que d'une âme universelle. Il avait réduit le Moi à une combinaison passagère de dharmas, ses éléments formateurs. Mais Nâgârjuna, plus de six siècles plus tard, ne désire plus se contenter de cet agnosticisme de principe qu'il jugeait trop timide, trop vague tant dans ses justifications que dans ses conséquences.

Çakyamuni avait voulu s'appuyer sur nos perceptions, mais Nâgârjuna montre, dans ses *Stances de la Voie Médiane,* que, si le Moi n'est qu'illusion, les perceptions de nos sens, qui seraient la cause de cette illusion sont donc de la même nature. Il doit donc conclure en une vacuité essentielle des choses et du monde. Il n'y aurait pour Nâgârjuna ni naissance ni mort.

Petros pourra vous dire qu'à l'époque du Bouddha lui-même, Empédocle, un sage de la Grèce, un lointain pays de l'ouest, au bord de la mer fermée, pensait déjà la même chose.

Vîgot s'emballe. Il leur fait un cours magistral, comme s'il ne devait plus les revoir. Il leur explique que ce raisonnement n'avait pas mené Nâgârjuna au nihilisme car il avait voulu maintenir ce qu'il a nommé "La Voie moyenne" où des règles d'éthique restent utiles et nécessaires.

- De plus en plus je pense, à la lumière de l'enseignement de Lama Drukpa et de mes propres recherches, que Nâgârjuna était sur la bonne voie. Entre l'être et le non-être, se situe une réalité qui n'a d'incertain que notre inaptitude à la percevoir et même à la concevoir. Il y a près de mille ans, Asanga avait déjà cherché dans ce sens, mais il me semble que l'observation critique, dans nos expériences quotidiennes, de nos propres modes de perceptions et de nos processus de pensée qui s'appuient toujours sur un vocabulaire et des schémas logiques préexistants, nous montrent clairement que l'irréalité du monde extérieur est simplement un produit de notre conscience.

En fait notre pensée est très limitée et fort versatile sous les multiples influences que nous rencontrons.

Cela crée une conception dualiste qui nous place en divorce d'avec le monde dont, en fait, nous faisons partie intégrante.

Suivant la structure habituelle de ses cours, il posa alors quelques questions pour favoriser une discussion dialectique, en veillant bien à ce que chacun puisse exprimer son ressenti et critiquer, qui la méthode, qui les prémisses, qui les apparentes conséquences.

La discussion fut longue et les points de vue, parfois fort contraires, s'échangèrent avec chaleur.

Vîgot termina par une exhortation très personnelle:

- Si vous devez ne retenir qu'une seule chose de ces leçons que nous avons partagées, que ce soit cette maxime du poète Çântideva:

"Toutes les catastrophes, toutes les douleurs, tous les périls du monde viennent de l'attachement au "moi": pourquoi m'y tenir?"

Ou encore, comme j'ai pris l'habitude de vous le dire, de manière plus terre-à-terre: "La réalité extérieure existe, mais elle nous est difficile à concevoir dans sa complexité. Dans les limites de mon entendement, mon monde est surtout fait de mes perceptions."

Il est ému et se détourne un moment, faisant mine de regarder par l'ouverture qui laisse entrer l'air et la lumière dans la salle. Il prend un grand mouchoir dans sa blouse et s'essuie le coin de l'œil, en le tamponnant discrètement.

- Voilà, mes enfants, allez de par le monde et ne cessez jamais de chercher, de questionner et surtout de douter de vos perceptions et de vos pensées, de les remettre sans cesse en question.

Il sortit un peu brusquement et alla tout droit dans sa chambre.

*

Là, il écrivit deux lettres: une pour Lama Nakoni qu'il remercia de sa confiance et de son hospitalité. Il le pria de l'excuser pour un départ précipité: l'heure était arrivée pour lui de reprendre sa quête pérégrine.

L'autre était destinée à Petros et son écriture l'occupa jusqu'au soir:

Cher Petros,

Quand tu liras ce mot, je serai loin...

Je suis heureux pour toi que tu sois tombé amoureux. Malheureusement je ne pense pas que nos projets puissent survivre à ce changement de contexte émotionnel.

Toute l'idée de nos enseignements complémentaires s'appuyait sur une dynamique née de notre complicité et de la complémentarité des deux pôles de notre équipe.

Tu décides d'ajouter une personne à ce binôme, c'est ton droit, mais je suis persuadé que tu fais fausse route: nos projets ne peuvent pas survivre à une telle dispersion d'énergie.

De plus, je m'attends à bien des déconvenues car cette aventure personnelle ne me semble pas compatible avec tes travaux et recherches en art et en philosophie. Ta petite brunette est sûrement très séduisante, mais je vois surtout le jeu éternel de la séduction féminine au service de la sécurité de la femme et de son enfant. Que vas-tu devenir dans quelques mois, lorsque le quotidien aura remplacé la passion des sens et que ta créativité sera mise sous l'éteignoir des soucis du couple et des charmantes petites corvées de la paternité?

Tu as choisi, je respecte ton choix. Toute expérience peut devenir source de sagesse. Mais je suis certain que je n'ai pas de place dans tes nouveaux plans. Je reprends donc mon bâton et mon sac et je pars sur les sentiers de la vie.

Que l'amour et la vie te soient favorables.

Adieu, et merci pour les bons moments passés ensemble.

Il avait dû recommencer le texte plusieurs fois. Il sentait bien que la colère le poussait à une critique trop acerbe, mais il ne voulait pas non plus éviter les sujets qui fâchent. Il voulait être entièrement sincère, au nom de leur amitié, sans pour autant laisser ses émotions devenir agressives. C'était un dosage délicat.

Il n'était pas satisfait du résultat. Mais il savait pertinemment que, s'il choisissait de jeter la lettre et d'aller dire ces choses à Petros avant de partir, il ne pourrait pas éviter d'être encore plus caustique et d'utiliser tout haut les mots qui lui viennent naturellement à l'esprit lorsqu'il pense à cette aventure romantique.

Il plia la lettre, y écrivit en grand le nom de Petros et la plaça sur la petite table de la chambre qu'il occupait jusqu'au soir de la fête. Il y avait laissé quelques petites choses personnelles, dont ses ciseaux et deux maillets qu'il avait acquis chez le charpentier de Bihori. Il passerait sans aucun doute les reprendre.

Il retira son bâton de marche de sous le lit, déposa la lettre pour Nakoni au réfectoire et sortit sans dire adieu à personne. Il passa par l'auberge du Tigre pour faire mettre quelques vivres dans son sac, s'assit un instant sur la terrasse pour savourer un verre de vin et prit le sentier qui partait vers l'Ouest.

- VII - PARLER AUX DIEUX. "IL N'EST PAS DE DEVOIR".

Le comble de l'orgueil, ou de l'abjection, est le comble de l'ignorance de soi-même.
Baruch Spinoza (1632-1677)

Être orgueilleux, c'est oublier qu'on est Dieu…
Simone Weil (1909-1943)

Il marcha une bonne partie de la nuit. Peu avant l'aube, il monta dans un arbre et s'assoupit facilement sur une triple fourche, juste assez haute pour n'être pas dérangé par les animaux de la brousse qui se montreraient trop curieux.

Un peu avant l'aube, c'est le chant du merle qui le réveille. Vîgot se sent le cœur gonflé d'adoration et de gratitude: ce chant c'est vraiment la musique des dieux, les dieux de l'immanence, bien sûr, le chant indicible des mille esprits de la nature. Les larmes aux yeux, il s'étire, prend un bout de pain dans son sac et regarde autour de lui tout en mâchonnant.

En descendant plusieurs heures vers le Sud, il était entré très nettement dans la forêt équatoriale. Les espèces végétales y étaient différentes, encore plus luxuriantes, un peu inquiétantes même. Les oiseaux et les insectes étaient nombreux et remplissaient l'air d'un fond sonore qui laissaient présager la présence de nombreuses autres espèces animales pas nécessairement inoffensives.

Vîgot examina les branches autour de lui, à la recherche d'un serpent ou d'une araignée, mais tout semblait innocent sur son arbre.

Son morceau de pain avalé, il descendit quelques branches et sauta au sol, un peu hésitant suite à l'engourdissement. Il se reçut sur une jambe, réprima un grognement de douleur et se massa le bas du dos pour rétablir la circulation.

Il avait soif. Avant de reprendre le sentier principal, il descendit en suivant la plus grande pente, par des passages dont on ne pouvait dire s'ils étaient tracés par des humains ou par des fauves. Comme espéré, il trouva facilement un petit fond de vallée et n'eut que quelques dizaines de pas à marcher pour trouver une source.

Le goût de l'eau le surprit. Sans être aussi froide que l'eau des torrents de montagne qu'il avait tant goûtée dans son enfance, elle restait agréablement fraîche, mais là où l'eau de montagne ne se cache pas d'être sèchement minérale, celle-ci offrait d'étranges saveurs organiques: des goûts d'humus, de racines et de champignons qui en faisaient un mystérieux élixir, une décoction de vie. Il but abondamment, en plusieurs fois pour ne pas s'étrangler.

S'étant à peine écarté du grand sentier, il pensait le rejoindre en tangente, au jugé, et reprendre ensuite, au hasard des pistes, un route plus appuyée vers le couchant.

Mais à peine a-t-il commencé à marcher à travers la végétation du sous-bois qu'un sentiment d'alerte le saisit à la gorge. L'endroit est si étrange, tellement hors des sentiers battus, qu'il lui semble être dans une exploration particulière, une quête qui occuperait un place spécifique à l'intérieur même de sa recherche globale.

Il se rappelle sa jeunesse et ses exercices chamaniques avec son vieux père. Il sent que c'est le moment d'ouvrir une porte. Il se souvient des premières étapes de mise en condition et s'y prête, instinctivement.

S'éloigner du monde de la pensée, de l'intellect. Oublier la dissociation entre vivre et regarder vivre. S'identifier à toutes les formes vivantes autour de soi en les contemplant avec une profonde empathie: être l'arbre et sentir ses bras devenir quarante neuf branches, lourdes de fruits sauvages; être le brin de graminée et osciller sous le poids de la coccinelle qui grimpe; être la corolle de la fleur d'orchidée et s'ouvrir avec jouissance à tous les insectes collecteurs de pollen.

Se chercher un animal totem.

Vîgot se sent grenouille, ses jambes deviennent de puissants faisceaux de muscles sauteurs et sa démarche se fait plus souple et presque bondissante. Il lui semble retrouver, en une strate enfouie de sa mémoire, le souvenir d'une époque antédiluvienne. Il revit la lutte de son lointain ancêtre poisson, improbable protoptère forcé par la sécheresse, titubant sur ses nageoires, dans la boue, en une marche malhabile mais salvatrice. Il sent s'ouvrir ses poumons. Il devient réellement l'amphibien qui va s'adapter et survivre à la transformation lente et silencieuse du monde.

Il cherche le signe, l'animal passeur, le nocher qu'il doit suivre et qui lui permettra d'accéder au monde des esprits de la forêt.

Il ne voit rien. Aurait-il perdu le don? La sincérité peut-être?

Soudain, il la voit. C'est elle, sans aucun doute: tapie au sol, immobile et craintive, incroyable métissage du geai et du lapin, c'est la huppe. Lèvres brouteuses, crête fuyante comme des oreilles, épaules et gorge oranges, ailes croisées en jaquette zébrée de noir et de blanc.

Mais elle ne bouge pas. Est-ce déjà fini?

Non, paresseuse, elle daigne s'arracher au sol. Elle franchit un jet de pierre et se repose au sol, comme en un bond malhabile de poisson volant.

Vîgot la suit, doucement, toujours en sa démarche de batracien. Lorsqu'il la distingue à nouveau, elle est à peine à dix pas et s'envole, plus haut cette fois, pour aller se percher sur une branche. De bond en bond, elle entraîne Vîgot de plus en plus loin.

Puis, soudain, sans aucun signe avant-coureur, la voilà qui monte, qui monte, comme une grosse alouette, comme un pigeon ramier, vers la cime des plus grands arbres, et qui disparaît par une fenêtre bleue.

Vîgot a beau chercher, il ne la voit plus. Il ne s'inquiète pas car c'est ce qu'il attendait: il sait maintenant qu'il est arrivé. Il scrute la nature autour de lui. Qu'a-t-elle donc voulu lui montrer?

Il est tout au fond de la vallée. Depuis un certain temps, il doit chercher où mettre les pieds pour ne pas s'enfoncer dans les mousses et les trous d'eau.

Et soudain il le voit: à quelques pas sur la gauche, un étang. Frappé par l'ambiance toute particulière de l'endroit, il s'arrête et s'assied sur le tronc d'un chablis. Il observe l'étang avec attention. C'est une pièce d'eau assez grande, toute couverte de petites lentilles d'eau vert tendre. De fréquents remugles de gaz de fermentation végétale font sourdre de grosses bulles qui forment un bouillonnement assez inquiétant.

L'endroit est à la fois si puissamment vivant et si étrangement inhumain que Vîgot pense qu'il a finalement trouvé un de ces rares endroits au monde où l'homme et ses constructions mythiques n'ont pas encore parasité les ondes naturelles.

Il a souvent remarqué que plus il s'éloigne des sites choisis par les religions ou par les rites chamaniques reconnus, plus les messages semblent purs.

Au contraire, dans les temples et les grottes fréquentées pour des rites réguliers, il semble presque impossible de ne pas entendre comme l'écho des mystiques codifiées.

Mais lui, ici, loin de tout message parasite, peut-il entendre?

Est-il encore assez proche de ses exercices chamaniques pour voir, ou entendre les signes?

Il pense à Malé et se demande ce qu'elle ferait. Des passes magiques, des frappés de tambour?

Non, il est certain que Malé aurait abordé la voix de la Nature avec le plus grand naturel, comme elle aurait parlé à une sœur ou à un ami d'enfance.

Convaincu, il s'allonge sur la mousse, regarde calmement les cimes des arbres et les quelques rares taches de ciel qu'elles lui laissent entrevoir.

Par de longues inspirations de yogi, il s'efforce d'être aussi calme et réceptif que possible.

Puis, dans un mouvement coulé, sans heurt ni crispation, il s'adresse d'une voix haute et forte à l'esprit des basses terres, au principe premier des fermentations équatoriales:

- Oh! toi que je ne connais pas, je te consulte. Que faut-il donc que je fasse?

Il entendit clairement la réponse, tout en sachant très bien que lui seul l'entendait, comme de l'intérieur, sans qu'aucun oiseau ni reptile ne l'entende et ne put s'en inquiéter:

- *Rien... ce monde n'attend rien de toi. Il est et tu es. Tu ne peux ni l'aider à être ni l'infléchir de quelque façon. Tu peux seulement vivre et choisir ta relation au monde.*

Fais ce qu'il te plaît...

Ainsi seulement tu rendras gloire à la Vie en toi.

*

Vîgot n'avait pas d'autre question. Il ferma les yeux et, sur son lit de mousse, il se sentit sombrer dans un repos éveillé d'une qualité de paix dont il n'avait pas de souvenir.

Un peu comme avec Malé, dans les moments magiques, après l'amour, mais en plus fort encore.

Comme... comme avant de naître?

- VIII - TANTRA DES MOTS. BAPTÊME DU DÉSERT.

Le mot donne à la pensée son existence la plus haute et la plus noble.
Baruch Spinoza (1632-1677)

Non, non, pas acquérir. Voyager pour t'appauvrir.
Voilà ce dont tu as besoin.(...)
Si tu traces une route, attention,
tu auras du mal à revenir à l'étendue.
Henri Michaux (1899-1984)

Sur la route du couchant, Vîgot marche plus de soixante jours. Plus il perd de l'altitude, plus nombreuses sont les pistes qui se croisent et troublent son orientation. Chaque soir, avant le coucher de soleil, il rajuste son cap du lendemain en l'alignant sur des repaires immanquables: des grands arbres, une colline, ou, mieux encore, de lointaines échancrures dans la ligne d'horizon qui peuvent parfois le guider pendant près de trois jours.

L'oracle de l'étang l'avait laissé dubitatif: rien qu'il ne *doive* faire? Est-ce un leurre qu'il offre lui-même à sa paresse, ou, paradoxe parmi les paradoxes, le chemin de la vraie force?

Il ne veut rien admettre à la légère, mais où trouver une autre opinion? Les descendants des Grecs, ou d'autres sages des pays de l'Ouest, auraient-ils élaboré de plus fines réponses à l'interrogation de la vie? Il n'a pas d'autre inspiration et décide donc d'aller vers le couchant, comme Lam Drukpa le lui avait suggéré, sans connaître la distance qui le sépare de son but.

Après quelques étapes, il s'est habitué à ce rythme physique un peu monotone qui lui donne beaucoup d'espace pour la réflexion ou, plutôt, pour le réarrangement logique, pour la mise en forme, de tout ce qu'il a appris depuis qu'il a quitté Chimi Lhakhang.

Dans cette double démarche physique et intellectuelle, il se sent seul sur ces sentiers. Bientôt, il se prend à parler haut, seul avec lui-même.

Cela le fait réfléchir à l'usage de la parole, à son sens mais aussi à ses effets.

Il connaît, par le tantrisme, le pouvoir des vibrations de la prosodie sur la pensée, sur l'humeur et, à vrai dire, sur tous nos organes, au point d'atteindre parfois un effet presque hypnotique. Mais il n'a jamais recouru lui-même à la récitation systématique des mantras car il n'est pas du genre à prier. Il n'aime pas obéir aux instructions. Il craint facilement qu'on essaye de le manipuler. Il préfère apprendre par l'observation, la contemplation, l'admiration et le faire. Cela lui donne des sensations plus riches, juge-t-il.

Mais il sait aussi que dire les choses est un pas important dans le processus de conceptualisation. Pas de pensées sans mots. Pas de concepts sans pensées. Pas de mémoire sans concept. Pas d'action réfléchie sans mémoire.

Ou alors... "seulement vivre"? Vivre suivant notre nature, corps et conscience, tout simplement? Mais il lui semble qu'il a encore besoin des mots.

Écrire, au lieu de dire, fonctionne aussi, mais quelle prétention d'oser noircir du précieux papier, juste pour mettre ses idées au clair!

Les déclamer, chercher les mots justes, répéter les phrases jusqu'à les inscrire dans la mémoire, cela correspond mieux à sa nature... un peu théâtrale peut-être? Il pensa que son goût pour l'enseignement pouvait confirmer cette interprétation...

Il se parle surtout du couple... Depuis qu'il a quitté Chimi Lhakhang, sa découverte la plus importante est cette expérience de vivre à deux.

Il marche vite et ses phrases en sont raccourcies au rythme de son souffle, mais il parle haut, sans hésiter à se corriger, à retravailler ses phrases pour en être mieux satisfait.

- C'est très différent.

Vivre jour et nuit, avec la même personne.

Avec Malé, j'ai vraiment appris, à vivre ensemble,

à former un couple. Pas assez longtemps pour me transformer, peut-être, mais l'expérience fut si forte que je sens qu'il faudra que j'y revienne.

Quelque part, je ne savais plus qui pensait mes pensées,

qui pensait les siennes.

Mais surtout, je n'avais plus de sentiment de propriété,

sur mon histoire, ma famille, ma culture;

que deviennent ces choses lorsqu'on peut les partager?

C'est là que j'ai compris que nous naissions chaque matin,

ensemble, en couple.

Mon histoire passée n'avait que peu...

Non, je reprends!

Mon histoire, mes racines, ma jeunesse,

n'avaient plus de substance,

ce n'était qu'un vague humus indifférencié

où grandissaient chaque jour...

la nouvelle création de nos deux énergies accouplées.

C'est là que j'ai appris qu'il n'y a pas de "Moi":

si, à deux, tout est fondu,

alors que reste-t-il de ma vie

lorsque je suis seul?

Un leurre? une illusion: seul on vit à deux,

mais l'autre est soi-même!

C'est pire que de l'inceste, c'est être avare de sa pauvreté.

C'est de l'onanisme primordial, la négation de la créativité.

...

C'est la stérilité même, la mort absolue,
la solitude des mondes pétrifiés.

...

Avec Malé, chaque jour pouvait amener sa surprise
...

Non...
Avec Malé, chaque matin,
nous promettait une découverte,
un pas en avant,
et l'ineffable bonheur d'être un peu plus soi,
un peu plus ensemble, un peu plus humains,
un peu plus vrais,
un peu plus réconciliés avec nous-mêmes.

... ...

Et avec Petros, une autre surprise,
la découverte des discussions, puis du travail à deux,
mettre nos pensées en doute avant même de les exprimer, provoquer l'autre
parce que nous n'oserions pas nous provoquer nous-mêmes
sur les mêmes sujets,
délirer pour voir jusqu'où le leurre de l'intellect

nous fait croire que nous sommes, peut-être, sérieux;

... ...

puis délirer encore pour voir à partir d'où

nous deviendrions créatifs;

... ...

puis y croire et construire le projet de réaliser un de ces rêves.

Jouer l'échange des cultures

en prétendant connaître celle de l'autre,

jusqu'à réaliser qu'on ne connaît pas non plus la sienne,

qu'on peut construire sur n'importe quelle hypothèse

et qu'on peut ...

Non...

*... et qu'on **doit**, donc, arracher de notre ego toute étiquette culturelle, raciale, familiale; car elle ne serait qu'un triste maquillage, un masque de prétentieuse résonance.*

... ...

Et, quand j'y pense, ces mois passés avec Drukpa,

avant de partir sur les routes.

C'était un couple aussi, même si j'étais plus demandeur...

Non...

...même si j'étais nettement trop immature,

volontairement positionné en disciple, en fils,

face au maître, derrière le père.

... ...

C'était probablement ma faute, lui aussi eût apprécié, je pense, que je discute avec lui d'égal à égal,

plutôt que d'attendre, de lui, une lumière

qui me resterait donc étrangère?

Toutes ces expériences ne sont-elles pas des rappels de l'importance de l'autre?

On apprend ensemble en comparant nos subjectivités,

en rejetant réciproquement nos réécritures,

nos mises en formes,

souvent trop complices de nos plans d'ensemble

qui, tous, veulent d'abord nous rassurer

et flatter notre vanité.

... Mais ce n'est pas tout, c'est aussi

se reconnaître en l'autre, au-delà des différences de forme,

et trouver l'autre en soi,

cette partie de nous que nous préférons traiter en bâtarde,

que nous n'avons pas encore reconnue,

adoptée, apprivoisée...

... et surtout, laisser notre "moi" se faire aspirer
vers cet autre en nous,
et de là vers l'Autre
et vers le monde entier, au point de disparaître,
de n'avoir plus de logique, même si,
obstinément,
ce "moi" s'accroche à sa prétendue substance.

Vîgot cesse de gueuler au vent du Sud, de plus en plus chaud et sec. Il est presque satisfait de sa réflexion, mais presque seulement.

Quelque chose le chiffonne, mais il ne sait pas quoi.

Il sait que cette alchimie du partage est juste et importante. Mais, lorsqu'il pense à Malé, il n'est pas satisfait d'expliquer le miracle du couple avec les mêmes mots que ceux d'un duo de travail ou de réflexion, même intime.

Il y a une autre dimension dans le couple ... c'est sûr! Mais laquelle? comment l'identifier, comment la cultiver?

Il faudra qu'il y réfléchisse!

Il voudrait appeler Malé, mais il ne voit pas d'oiseau de proie dans le ciel. Et, de toute façon, il n'ose pas, il ne se sent pas en phase avec ce genre de pratique. Trop de réflexion, trop d'intellect dans ses soliloques. Il sent bien, et d'ailleurs il sait, par expérience, que cela l'éloigne de la magie.

Il y a quelque chose de mystérieux dans ces pratiques. Elles marchent. Mais c'est comme un secret: il n'en faut pas parler. Même à soi-même, il ne faut pas trop tenter de les expliquer. Moins on en parle, mieux elles répondent à notre attente.

Cela semble proche de ce que les pratiquants d'une religion disent de la foi en un dieu: tu pries, ça marche, tu en discutes avec un autre, témoin neutre ou adversaire, le doute de la réflexion entre en toi et ta prière perd de son sel.

Il quitte donc cette réflexion, menée trop loin déjà. Il tente de se concentrer sur le monde concret qui l'entoure: la piste, le soleil ardent, le vent sec, la nature qui, chaque jour, devient un peu plus inhospitalière.

Depuis plus d'une semaine, sa marche a perdu l'entrain que lui donnaient les fréquentes rencontres avec les sourires de la vie: les arbrisseaux étranges, les oiseaux inconnus, le murmure d'un ruisselet. Les arbres sont devenus de plus en plus rares et secs. Après les acacias parasols qui, au plus aride de l'été, gardent une allure verdoyante et offrent une ombre toujours appréciable pour y faire une pause, il ne reste déjà plus que des gommiers rabougris et des touffes de petites graminées économes qui se font de plus en plus rares.

Vîgot, content de quitter un peu sa tête et de renouer avec le paysage, se rend compte qu'il est déjà entré de plain-pied dans le monde minéral du désert.

La plaine garde encore quelques ondulations mais beaucoup ne sont que des dunes fugitives.

Rares sont les éperons rocheux, eux-mêmes enlisés dans les sables. Les seuls vrais accidents du relief sont les oueds taris qu'il traverse de loin en loin. Là, on peut voir les galets et le gros sable qui ont été lavés et charriés lors de la dernière crue du torrent. Sur les deux bourrelets qui forment les rives virtuelles, on trouve des arbres d'espèces variées, souvent en fleurs. Ils témoignent de ce que la nappe souterraine n'est pas très loin. Même en admettant que ces espèces désertiques présentent des enracinements pivotants qui peuvent être très profonds, on se doit, à la vue de ce double pointillé végétal, d'imaginer la rivière souterraine qui coule là, visqueuse, sous le sable et les pierres.

Souvent Vîgot est tenté de suivre ces oueds plutôt que de les traverser brièvement, mais tous partent vers le sud, et ce n'est pas sa route.

Et pourtant, il commence à douter de ce cap au couchant. La marche au soleil est de plus en plus suante, l'eau de plus en plus rare, ses pas s'enfoncent dans le sable, la nourriture dans sa besace, réduite maintenant à des haricots secs qu'il mâchonne toute la journée, lentement comme une vache rumine, se fait de plus en plus légère.

Il y a deux jours, il a encore croisé un petit groupe de nomades, mais, depuis, c'est la morne solitude. Et il rabâche, dans ses pensées, en marmonnant parfois à mi-voix:

- Que ce désert est minéral! Autant il y avait au moins quarante neuf dieux dans la forêt du Téraï, autant, ici, il n'y a pas dieu qui vive! Le chaos plutôt...

Pas de végétation hors de rares taches de duvet de petites graminées et les quelques rampantes qui laissent deviner les fleurettes qui vont éclore, peut-être, après les rares averses, une fois par an ou moins encore. Le monde végétal ne survit ici que pour faire le gros dos, attendre le moment improbable de sa possible résilience, si, toutefois, la fin du chaos et de l'enfer arrive, par chance, avant la fin du monde!

Hier, il a eu vraiment peur. Il avait remarqué, vers midi, plusieurs petits tourbillons de poussière et de sable fin qui l'avaient fait sourire en lui rappelant l'image des djinns qui, dans les histoires pour enfants, sortent des théières des magiciens.

Mais une heure plus tard, ces tourbillons avaient pris de la force, le vent l'aveuglait et le sable l'empêchait de respirer.

Lorsqu'il vit un mur noir, haut comme une falaise, courir vers lui, à la vitesse d'un cheval au galop, il fut pris de panique: il s'assit par terre, adossé à une dune, s'enroula dans son manteau, s'en couvrit la tête, et s'efforça de se calmer afin de respirer aussi parcimonieusement que possible. Etrange expérience de se retrouver comme un de ces arbres: vivre lentement pour survivre au chaos!

Il sentit bientôt le mur d'orage sec l'envelopper: tout était devenu brûlant et il dut agripper ses genoux pour se faire aussi petit et rond que possible afin de résister à la furie du vent qui semblait vouloir le déraciner, l'expédier au loin comme un vulgaire morceau d'écorce.

Il serra les paupières et arriva à ne plus respirer que très lentement.

Soudain, il réalisa que cette respiration fluette était probablement la seule trace de vie animale à dix lieues à la ronde. La seule trace de vie dans ce monde minéral. Et il eut *peur*.

- Il n'est pas de dieu dans ce désert. Le seul dieu que j'y vois est en moi, au plus profond. C'est le souffle de la vie.

Comment Mahomet a-t-il pu découvrir Allah dans le désert?

Ce devait être une découverte "en creux", l'expression d'une absence, d'un manque effroyable. Une inextinguible soif d'ordre et de vie, un besoin d'arrêter le chaos inhumain du désert, à n'importe quel prix, même celui d'une obéissance aveugle, dans un engagement sans questionnement et sans contrepartie?

Et tous les soi-disant sages, les ermites qui vont au désert par ascétisme et qui disent y redécouvrir un prétendu mysticisme, un contact avec dieu, n'ont-ils pas compris qu'ils ont seulement découvert l'absence de dieu, son manque, son désir insupportable s'il n'est adouci du travail de fourmi de tous les petits dieux de la forêt?

Le crépuscule descendait lorsque la tempête se calma enfin. Epuisé, Vîgot se lova dans son trou de sable et resta là. Il s'endormit rapidement, assommé.

Toute la nuit, il rêva de djinns et de démons aux formes bizarres.

Il se réveilla de froid et s'enveloppa mieux dans sa grande cape.

Dans la nuit noire, il sentit soudain quelque chose sur son épaule. Il s'en saisit et eut l'impression d'avoir un crabe en main. Horrifié et ne sachant que faire il s'assit et écrasa la bête violemment sur sa propre tête, la seule chose dure à sa portée. Il jeta la chose au loin, en secouant la main de dégoût. Il tenta de se rendormir mais sans succès.

Dès l'aurore, il se lève et cherche la bête, ou ce qu'il en reste.

A moins de deux pas, le cadavre est là: à peine disloqué c'est un solifuge, un vague cousin du scorpion, presque inoffensif, que les nomades appellent l'araignée des chameaux. Ils rôdent la nuit dans le sable sans qu'on ne les voie jamais car, à la moindre lueur, ils disparaissent instantanément dans le premier trou venu. Vîgot n'était donc pas le seul animal à la ronde! Il sourit à cette nouvelle vanité...

Chassant de son esprit la répulsion pour cette bête invisible qui lui courait sur le corps dans la nuit, il réalise qu'il est encore tout encrassé de la tempête. Le sable et la poussière lui remplissent les oreilles et les narines. Des croûtes de sel, de crasse et de mucus lui brûlent les yeux. Il prend conscience de la précarité de sa situation et part, avant la chaleur du soleil, à la recherche d'un point d'eau.

Marchant toujours vers l'Ouest, il traverse deux oueds qui lui semblent trop secs pour donner quelque espoir de source ou de puits.

Un bon moment plus tard, il se sent descendre dans une vallée plus creusée. C'est bien un oued à sec, mais il est beaucoup plus large, et se sépare en plusieurs bras.

L'un d'eux est plus profond et, en le suivant, Vîgot atteint un large fossé, flanqué de deux versants qui lui ferment la vue. Là, en un point bas, un puits a été creusé pour atteindre l'eau, à peine quatre brasses en dessous du fond de l'oued.

Le trou avait à peine deux coudées de bord à bord. Taillées dans le bord de glaise, on voyait nettement les traces des cordes qui avaient servi à remonter des outres, pour abreuver des chameaux et leurs compagnons. Mais Vîgot ne possédait rien de pareil: ni outre, ni peau, ni cordage, et le trou était si étroit et si glissant qu'il n'était pas besoin d'une grande imagination pour deviner ce qui arriverait à celui qui se risquerait à descendre jusqu'à la nappe.

Il s'assied sur une grosse pierre et tente de réfléchir, malgré l'angoisse qui monte.

Il doit tenter quelque chose. Il se relève et déchire une longue bande de tissu au bas de sa cape, la noue au bout de son bâton et, à plat ventre au bord du trou, il tente de tremper son ruban dans l'eau. Serait-ce trop court? Il n'a pas le temps de vérifier car une pointe acérée lui rentre dans les chairs, au bas du dos. Une voix étrangère lui dit, en ourdu:

- Ne bouge pas, l'homme, ou je t'embroche.

Il obéit, sans voir qui lui parle, prenant bien soin de ne pas lâcher son bâton qui pend dans le puits.

La pointe se retire.

- Retourne-toi. Doucement. Mais reste couché!

Il se met lentement sur le dos et cligne de ses yeux encroûtés qui souffrent de la lumière.

Bientôt il distingue, à sa grande surprise, six hommes à moins de cinq pas de lui, mais surtout il distingue qu'au-dessus des deux versants qui lui bouchaient la vue, ils sont plus de trente, avec piques, arcs et cimeterres, qui contemplent la scène en rigolant, sur leurs chevaux laissés brides longues.

L'homme au poignard est le plus grand de ceux qui l'entourent. Il a l'allure d'un chef de bande. Il regarde la face de Vîgot et réalise rapidement qu'il n'en a rien à craindre.

- Ho, l'homme, que t'est-il arrivé?

Lors de sa jeunesse à Peshawar, Vîgot a appris à parler couramment le ourdu, cette langue métissée entre l'arabe des envahisseurs musulmans et la langue de commerce des Indiens.

- J'ai été pris par la tempête hier, et je cherchais de l'eau pour me laver...

- Tu n'as pas l'accent d'ici. D'où viens-tu, étranger?

- De très loin au nord-est, dans les grandes montagnes qui font frontière avec l'empire du milieu.

- Si tu viens de si loin, tu dois être un homme de grande valeur?

Vîgot s'assied lentement, sans quitter l'homme des yeux... celui-ci semble lui autoriser une posture moins humiliante.

- Je n'ai rien sur moi. Je vis dans le dénuement et j'ai même épuisé mes dernières réserves de haricots.

- Je ne parlais pas de tes richesses. Je vois bien que tu es en guenilles. Je parle de ta valeur. Valeur de travail par ton métier, valeur d'échange si tu as des amis?

- Sincèrement, je doute que quiconque paye une rançon, même modeste, pour me revoir...

- Alors que peux-tu faire pour nous? serais-tu un peu avocat, peux-tu écrire?

S'appuyant sur son bâton, Vîgot se lève, calmement, secoue le sable de ses jambes et répond:

- Oui, je puis écrire et enseigner. Je suis un peu maître d'école dans des monastères. Mais qui êtes-vous et pourquoi travaillerais-je pour vous ?

Les six hommes les plus proches rirent grassement.

- C'est que tu m'es sympathique et je cherche juste une raison de te laisser la vie sauve... Nous sommes des rebelles, nous luttons contre Bahadur Shah, qui a chassé du Gujarat le Grand Moghol Humâyûn. Et surtout contre son neveu à qui il a confié cette zone côtière qui est notre pays. Nous devons rester très mobiles: frapper sans prévenir, repartir aussitôt dans une direction sans logique. Harcèlement par escarmouches imprévisibles. Faire rire le peuple, voler les occupants, laisser quelques cadeaux derrière nous. Et préserver la réputation du Grand

Moghol Akbar qui tente de réunir le Gujarat à l'empire et en faire son accès à la mer ce qui signifiera commerce et prospérité. Tu n'as pas de chance, j'en conviens: nous avions décidé de venir nous laver et abreuver nos chevaux ici ce matin, mais tu y étais avant nous. Nous ne pouvons pas laisser de témoin derrière nous. Et nous ne pouvons pas non plus nous ralentir en accueillant un lambin. Sais-tu monter à cheval?

- Sans aucun problème, je monte depuis que je suis tout gamin.

- Bon. Alors voici: nous avons cinq chevaux de bât. Prends le moins chargé, répartis sa charge sur les autres et mène-les aussi vivement que possible derrière nous. Et, d'ici à ce soir, trouve-toi une utilité évidente qui te gardera et le cheval et la vie sauve. D'accord?

- Le marché a l'avantage d'être clair. Je l'accepte.

- Bien, je m'appelle Javeed. Et toi?

- On me nomme Vîgot.

- Une chose encore... pourquoi allais-tu si obstinément vers le couchant? Quel endroit cherches-tu à atteindre?

- Je me dirigeais vers le port de pêche de Jamnagar.

À nouveau, la cour rapprochée du chef rugit de rires gras et moqueurs.

Vîgot commençait à se sentir vexé.

- Et bien, finalement, peut-être cette rencontre fut-elle une chance pour toi!

- On peut savoir ce qui me vaut d'être ridiculisé?

- Je ne t'en veux pas de ne pas comprendre: tu n'es pas d'ici. Vois-tu, pour atteindre Jamnagar il te faut suivre cet oued jusqu'à la mer, puis suivre les petites dunes côtières jusqu'à ta destination.

En continuant vers le couchant, tu allais à une mort presque certaine, et une mort que nul ne souhaite, même à son pire ennemi.

- Je ne comprends pas. Quel est ce danger?

- Les premières pluies de la mousson sont tombées, il y a huit jours à peine. Dans huit jours au plus, viendront les grandes marées du solstice d'été. Ce pays marie les deux pires excès que les dieux réservent normalement aux damnés: le feu de la sécheresse et l'eau du déluge. Sur ta route, tu allais pénétrer, dès ce soir ou demain, dans les grandes plaines d'alluvions argileux qui sont arasées deux fois l'an par les plus grandes marées. Ces sepkhas, comme les appellent, en arabe, les moghols, sont parfaitement lisses et plates et ne s'élèvent qu'à un pouce ou deux sous le niveau des plus hautes eaux vives. Lorsque le soleil en a croûté la surface, tu peux marcher des heures sans rien craindre, sauf le sel qui ronge tes bottes, et même tes orteils, si tu n'y prends garde. Mais sous la fine croûte qui te porte, ce ne sont que sables mouvants, saumure inconsistante, magma informe de coquillages fossilisés... Tu passes aujourd'hui sans coup férir, tu repasses demain avec un chameau bâté, et vous vous perdez tous les deux sans avoir eu le temps de réaliser ce qui vous arrive, la gueule pleine de vase hyper saline, aspirés par le sous-sol.

Ou bien, sans la moindre surcharge, c'est la pluie qui te surprend. La croûte qui te portait se liquéfie, tant cette argile est fine, et tu te retrouves les genoux immobilisés, puis, très lentement, un pouce à la fois, te voilà qui descends, digéré inexorablement, par la mère terre. Sympathique, non?

Mais le vrai danger vient des grandes marées. Dans quelques jours seulement la marée haute sera si forte et si violemment poussée par le vent qu'elle entrera dans les terres et atteindra la ville d'Anand, à six heures de cheval de la côte. Lorsqu'elle fait cela, elle recouvre toutes ces plaines d'une coudée d'eau salée. Ensuite elle se retire, à la même vitesse, et laisse derrière elle un paysage de désolation macabre: de-ci, de là, une jambe ou une tête, parfois un buste entier, sortent de l'argile, là où ils ont été piégés, entraînés, retournés. Fripés d'avoir trempé pendant près de six heures, ils sèchent au soleil et ressemblent déjà à d'effroyables momies. Après quatre ou six jours de ce traitement la plaine est à nouveau arasée, bien lisse et bien propre. Huit jours plus tard, la croûte est reformée et l'on oublierait même, à condition de ne pas l'avoir vu, la masse des damnés que nous foulons allègrement!

LA MARCHE DE LAMA VIGOTZE

"Du Bouthan au Tibet par le chemin des Naljorpa"

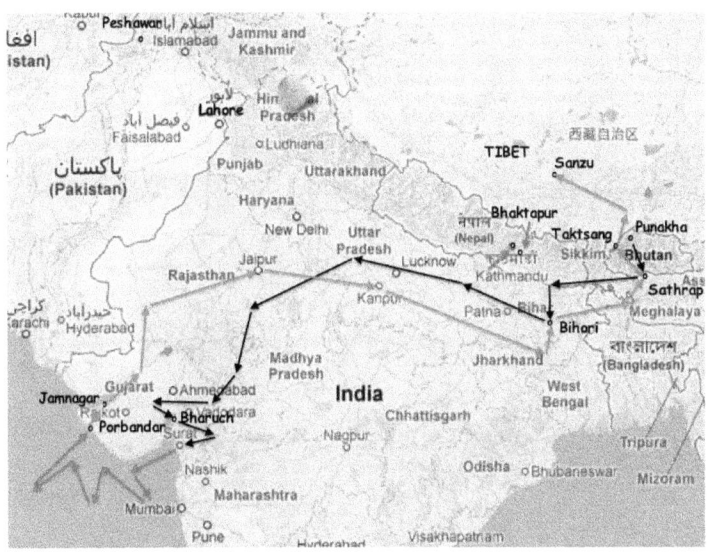

Noir: La Descente vers la mer et l'Occident: de Punakha vers Sathrap, puis Bihori, Bharuch et Surat.

En mer. La Traversée de Surat à Porbandar par gros temps !

Gris: La Remontée vers soi. De Porbandar à Bihori, Sathrap, Taktsang et, enfin, Sanzu.

Les villes et villages en gras sont évoqués dans le texte. Les villages de Sathrap, Bihori et Sanzu ont cessé d'exister (du moins sous ces noms) depuis l'écriture du dernier mot de cette histoire. Tous les autres lieux existent depuis longtemps et encore aujourd'hui.

- IX - VÎGOT EN PRISON. POLITIQUE ET RELIGION

*Vous devez être le changement
que vous souhaitez voir dans le monde.*
Djalâl ud Dîn Rûmî (1207-1273)

*Un homme libre ne pense à aucune chose moins qu'à la
mort, et sa sagesse est une méditation non de la mort
mais de la vie.*
Baruch Spinoza (1632-1677)

Vîgot restait pensif, réfléchissant aux explications de Javeed

- Mais qu'arrive-t-il aux habitants des villages du bord de mer lors de ces grandes marées ?

- Au bord de la mer, la rencontre des crues des oueds, lourdes d'alluvions, et des courants marins repousseurs de sable, a créé de petits bourrelets côtiers, des gros bancs de sables fixés par les salicornes, sur lesquels ces pêcheurs et navigateurs ont construit leurs abris, souvent précaires. Lors des grandes marées, la plupart des maisons sont souvent détruites et des familles entières sont emportées. Inlassablement, les survivants pleurent leurs morts et reconstruisent.

- Mais c'est monstrueux! Pourquoi restent-ils là? Pourquoi s'obstiner à pratiquer des métiers misérables dans des sites meurtriers? Je ne comprends pas pourquoi leurs jeunes gens ne partent pas s'installer ailleurs!

- Qu'as-tu donc appris dans tes écoles et tes monastères? N'as-tu rien compris de la vie? Es-tu si naïf que tu puisses croire, ne fut-ce qu'un instant, que des gens, quelque part dans le monde, sont prêts à partager des sols plus hospitaliers, avec des inconnus qui arriveraient, avec leur sourire naïf, en leur expliquant que chez eux la vie est devenue intenable? Tu n'es pas enseignant, ou alors tu te moques de moi? Par ailleurs les gens, dans tous les pays et toutes les régions, veulent garder ce qu'ils ont: leurs biens, même misérables, mais surtout leurs habitudes et leurs convictions. C'est donc la jungle: l'homme est un loup pour l'homme. Il n'y a que deux façons d'en sortir.

Soit un souverain intelligent et bienveillant, au pouvoir fort et d'une grande habileté politique, organise le pays, mais cela ne dure jamais que le temps de son pouvoir, ou même moins s'il vient à perdre l'intérêt pour cet ordre bienveillant qui, pour lui, n'est souvent qu'un jeu.

Soit il faut établir les conditions d'un contrat négocié entre des personnes de pouvoir et de bonne éducation et les représentants des villes et villages, contrat par lequel chacun donne à mesure de ce qu'il reçoit pour être autorisé à vivre selon ses valeurs, et protégé dans cet exercice. Négociation utopique lorsque la grande majorité de la population ne sait ni lire ni écrire...

Vîgot, touché, n'a pas de réponse et reste coi. Il sent bien qu'il ne s'agit pas ici de faire montre d'habileté dialectique. Il eût fallu une proposition concrète. Il n'en avait pas.

Javeed continua:

- Vois-tu, c'est pour cela que nous sommes rebelles. C'est déjà difficile de survivre ici dans la relative harmonie gérée par nos règles traditionnelles, mais si, en plus, nous devons souffrir les exactions d'envahisseurs qui ne pensent qu'à exploiter la population la plus pauvre, donc la plus fragile, nous devons nous révolter!

- Et qui voulez-vous arrêter?

- Je te l'ai dit: le neveu de Bahadur Shah, qui fait souffrir inutilement toute la population dans cette zone. Un jeune prétentieux. Il n'a pas été éduqué ici. Il ne parle même pas notre langue. Il ne comprend rien à nos valeurs et nos traditions.

- Comment allez-vous l'arrêter?

- Je te l'ai dit aussi: pour le moment nous menons une guerre de harcèlement en cherchant à nous attirer la sympathie et le soutien du petit peuple.

- Oui, mais il faudra nécessairement franchir le pas. Êtes-vous prêts à tuer?

- Bien sûr! Mais à bon escient. Tu as quelque chose contre?

- Non, tu peux tuer si tu es sincèrement et profondément prêt à mourir.

- Comment cela?

- C'est pourtant évident. Nous accordons beaucoup trop d'importance à la vie: puisque nous sommes là, nous l'avons la vie! Qui peut mesurer sa valeur, sa durée, sa fraîcheur? Perceptions!

Mais tu ne peux jamais te sortir de la communauté des vivants, à quel titre le ferais-tu? Donc tu ne peux tuer que si, de la façon la plus honnête possible, tu es convaincu que la mort fait partie de la vie, qu'elle nous est promise dès notre naissance et que quelques années de plus ou de moins ne font rien à la flamboyance éventuelle, ou à la triste insipidité d'une vie. Si cette conviction est honnête, tu es prêt à mourir. Dans ce cas, qui peut t'empêcher de tuer et à quel titre?

- ...

- Et, d'ailleurs, je viendrai avec toi.

- Toi?

- Oui.

- Mais pourquoi? Tu n'es pas prêt à mourir, toi!

- Si, bien sûr, je suis toujours prêt à mourir! C'est la réaction la plus élémentaire et logique de toute personne qui a conscience d'être né, non?

- Peut-être, mais tu n'as aucune raison de risquer ta vie pour cette cause.

- Je ne risque rien. Ma mort est certaine. Un peu plus tôt ou un peu plus tard... Et, en luttant pour ta cause, je donne peut-être un sens à ma vie.

- Mais pour quelle raison?

- Parce que je crois que ta cause est bonne.

- Oui?

- Et je pense que si tu veux tuer, c'est que tu as épuisé toutes les autres possibilités d'arriver à tes fins de justice.

- Ah? ...

Javeed réfléchit longuement et déclara:

- Non, je crois qu'il faut encore essayer de négocier. Mais avec quel atout?

- A vous de trouver... c'est votre rébellion, vous savez mieux que moi quelles sont les forces et les faiblesses en jeu, non?

Javeed appela ses proches lieutenants et leur exposa le sujet de réflexion. La discussion, dans leur langue locale, fut longue et chaude. Lorsqu'un consensus sembla enfin atteint, Javeed appela Vîgot:

- Voilà: nous pensons que le neveu du Shah est tellement bête qu'il ne sera pas possible de le convaincre, ni d'un problème ni d'une solution. Nous en concluons qu'il faut soit le tromper, en lui laissant espérer quelque chose qui suscitera son envie, soit lui faire peur, pour ensuite lui promettre la fin des causes de sa crainte.

- Cela me semble de bonne intelligence politique. Mais si vous êtes capables de cette analyse, peut-être y a-t-il une troisième solution...

- Ah oui? et laquelle?

- Vous pouvez aussi envisager de prendre le pouvoir et d'instaurer votre règle immédiatement, sans besoin ni de séduire ni d'effrayer.

- Oui, bien sûr, nous avions envisagé cela jadis. Mais les forces du Shah sont importantes et bien entraînées. Comment pourrions-nous prendre le pouvoir?

- Tout pouvoir qui s'appuie sur la force peut être retourné par ces mêmes forces.

- Tu m'intéresses, explique-toi...

- Les forces de police ou de campagnes militaires sont formées pour l'action et la gloire. La routine les lasse vite. Les officiers sont facilement attirés par de nouvelles aventures, et ce d'autant plus qu'ils peuvent y voir l'espoir d'un partage du pouvoir et d'avantages plus agréables.

- Et comment leur donnes-tu ces espoirs?

- Il faut approcher les meneurs. Qui sont les représentants locaux du pouvoir?

- Les mansabdars, qui collectent l'impôt et lèvent les troupes qui seront prêtes à soutenir les campagnes du Shah.

- La charge est-elle héréditaire?

- Non, elle est parfaitement révocable, du simple vouloir du Shah.

- Parfait! Et vous avez de bonnes raisons de penser qu'Akbar pourra reprendre le Gujarat et qu'il sera un bon Empereur?

- Oui, nous avons confiance car depuis quatorze ans qu'il a succédé à Humâyûn, il a très posément rétabli la paix dans l'empire, par négociation plus souvent que par reconquête militaire. C'est un admirateur de Kabir, le merveilleux tisserand et poète de Vânarâsi qui inspira les gurus Sikhs et qui enseignait l'égalité absolue de tous les êtres humains. D'ailleurs, Akbar travaille à un grand projet: il espère arriver à faire accepter ce qu'il appelle la Dîn-I-Ilâhi, la religion des lumières, qui unirait tous les peuples de l'empire dans la pratique d'un syncrétisme entre le Coran, la Bible et les Védas.

- Belle référence, j'en conviens!

- Alors?

- Alors, vous pourriez approcher discrètement quelques mansabdars parmi les plus susceptibles de s'enthousiasmer pour un coup d'état: ceux qui ont été brimés et fantasment sur les charmes du pouvoir, ou ceux qui ont des vices ou des ambitions qui demandent plus d'or que leurs charges ne leur en offrent.

- Et ensuite?

- Ensuite, il faut simplement leur promettre un partage du pouvoir: quelques positions de chefs de collectivités locales, dans l'administration civile, militaire ou fiscale, suivant le caractère de chacun... Mais surtout, il ne faut rien faire de concret avant d'avoir trouvé comment approcher, très discrètement, quelqu'un qui a la confiance du Grand Moghol Akbar, pour lui faire entendre que vous reconnaîtrez sa suzeraineté dès que le peuple aura compris et accepté le coup d'état.

- Je pense, Vîgot, que tu viens de trouver ton travail dans notre groupe. Seras-tu notre conseiller politique en révolution?

- Je ne pense pas que vous aurez encore besoin de moi, mais si vous m'acceptez, je vous accompagnerai volontiers aussi longtemps qu'il vous sera agréable de m'avoir avec vous...

- Bien. C'est d'accord. Maintenant il nous faut reprendre la piste. Nous voulons être à Bharuch ce soir pour nous y ravitailler et rencontrer nos informateurs. Comme je te l'ai dit, il nous faut toujours assurer notre plus grande mobilité. Nous allons donc nous déplacer en trois groupes. Quatre de mes six lieutenants vont galoper avec moi jusqu'à la ville. Nous y entrerons discrètement et contacterons nos informateurs pour vérifier notre sécurité. Les deux autres guideront la troupe de façon à nous rejoindre un peu plus tard devant la porte des remparts. Toi tu suis nos traces, à ton rythme avec tes chevaux de bât, et dès que tu nous rejoins nous entrons dans la ville et nous nous installons, par petits groupes, aussi naturellement que possible. Tu resteras avec moi pour nous aider à charger notre ravitaillement sur les chevaux.

- Combien de lieues?

- Au moins dix...

- Partez vite alors, le soleil se fait chaud déjà, et il serait mieux d'arriver un peu après la méridienne, lorsque les gens sont assoupis et moins attentifs!

Avec un petit signe de connivence, Javeed lui sourit en soulevant un sourcil d'appréciation. Il donna brièvement ses ordres à ses hommes. Dans un nuage de poussière, cinq cavaliers partirent au galop vers le Sud, en suivant le lit de l'oued. Tandis que Vîgot resserrait les sangles de ses chevaux, le gros de la troupe partait aussi, au petit trot.

Ses quatre longes en main, il suivit calmement. Il ne put s'empêcher de sourire: décidément, la vie sera toujours une imprévisible rigolade..., mais l'imprévu est toujours plus intéressant que nos attentes.

*

Trois heures plus tard, en suivant toujours les traces des chevaux qui l'ont précédé, Vîgot arrive en vue des remparts de Bharuch. Bientôt il distingue quelques groupes de voyageurs, dont certains sont à cheval, non loin de la porte principale. Javeed lui fait signe. Il approche, discrètement.

- Je viens juste de sortir des remparts. Nous n'avons pas pu établir le contact avec notre homme. C'est un peu inquiétant, aussi allons-nous entrer aussi rapidement et discrètement que possible. J'ai donné mes instructions, toi tu restes avec moi. Si tu es prêt, je donne le signal.

- Je suis prêt.

A peine a-t-il répondu que trois groupes de cavaliers en turbans et belles tenues arrivent au galop et encerclent tous les rebelles de Javeed, en agitant leurs cimeterres d'une manière qui ne laisse aucun doute sur leurs intentions en cas de tentatives de fuite. Un petit groupe de chevaux s'effrayent, se cabrent ou voltent.

Aussitôt, sur les créneaux de la porte prime, les archers se sont énervés et certains lâchent leurs traits, au jugé.

Vîgot ne peut s'empêcher de crier lorsqu'une de ces flèches le frappe et pénètre ses chairs entre le mamelon et le sternum. Heureusement il ne faisait pas face aux remparts et la flèche, en tangente, n'a pas pénétré profond. Il cherche à la retirer mais réalise immédiatement que ce ne sera pas possible. Il cherche Javeed des yeux et lève les sourcils, en interrogation.

Javeed regarde autour de lui pour évaluer la situation. Elle est claire: tenter quoi que ce soit serait suicidaire. D'un geste clair comme un ordre, il lève les deux mains ouvertes quelques pouces au-dessus des coudes puis les baisse brièvement une main plus bas, comme pour faire se coucher un chien: on ne bouge pas, on écrase!

Aussitôt il approche de Vîgot, tire discrètement un petit stylet très tranchant de la garde de son glaive et jette ostensiblement celui-ci au sol, en signe de reddition.

- Viens te mettre tout près de moi, comme si tu t'appuyais sur mon épaule pour adoucir ta douleur.

Sans un mot, Vîgot obéit en prenant bien garde de ne pas appuyer sur la flèche.

- Ces pointes de flèches à l'ancienne sont faites par les enfants des pêcheurs. C'est un petit métier traditionnel à Sutra. Ils utilisent certaines arêtes fourchues des très grands mérous. Ils les liment pour en faire des pointes à barbillons, presque des harpons. Ne bouge pas, je dois faire vite avant qu'ils ne nous séparent.

Javeed, estime la longueur de la pointe de flèche qui a pénétré dans les chairs. Il pose le pouce sur la lame de son stylet et serre les doigts pour s'interdire d'aller plus profond.

- Serre les dents, je coupe pour dégager les barbillons.

Il enfonce la partie libre de sa lame au plus près le long de la pointe de flèche. Puis il écarte la lame, à la force du poignet et teste le résultat en cherchant, doucement, à retirer la flèche. Rien ne vient. Il refait la même manœuvre de l'autre côté. Au troisième essai la flèche bouge mais Vîgot gémit: elle accroche encore. Javeed tourne un peu autour de la pointe et finalement il peut retirer la flèche entièrement. Immédiatement il presse fortement la blessure avec son foulard de soie.

- Vîgot, bonne chance, c'est maintenant que cela se joue. Si la pointe n'a pas percé ton cœur, tu vivras. Si on nous sépare, presse aussi fortement que possible jusqu'à ce que le sang s'arrête.

- Compris! Merci Javeed...

- Tais-toi. Et surtout nie tout: tu ne nous connais pas.

Il était temps. Les sbires du Shah sont au moins deux pour un rebelle: ils saisissent chacun, le désarment et l'entraînent vers la grande porte.

Vîgot est bousculé et craint pour son hémorragie. Les mains jointes, il se cache pour presser sur la plaie avec ce qui n'est plus qu'un chiffon sanguinolent. Ses gardiens le poussent, ils entrent dans la rue principale où les habitants les regardent avec curiosité. Certains les huent ou les injurient, réflexe de chiens qui aboient furieusement au chat blessé.

Ils doivent ralentir car les étals des boutiques envahissent les rues et leurs clients créent des attroupements.

Ils arrivent quand même à la grand'place: à gauche le palais, à droite le quartier des militaires. Derrière la façade de la caserne, une vaste cour; au fond de cette cour un bâtiment aux dimensions bizarres: plafonds très hauts, portes cochères en ogive à chaque unité de logement.

- Les soldats poussent Vîgot vers une des portes et il découvre une pièce de grande dimension, avec des anneaux aux murs, des chaînes et des cercles de fer de plus d'un pied de diamètre. Il s'agit d'anciennes stalles à éléphants. Elles ont été bâties sur ordre de Babûr, le premier Grand Moghol. Les éléphants n'appréciaient pas le climat humide et salin, et n'étaient d'aucune utilité sur les sepkhas qui forment la plus grande partie de la zone côtière du golfe de Khambhat. On avait donc transformé leurs écuries en simples prisons, sans même se rendre compte qu'il s'agissait de prisons de luxe, au vu de l'espace, de la dimension des fenêtres et de la qualité de l'aération.

Vîgot fut vite enchaîné. Assis sur un fond de paille il examina les autres autour de lui. Étonnamment, il ne reconnut aucun des hommes de Javeed. Il pouvait prendre cela pour un bon présage: peut-être la soldatesque n'avait-elle pas fait le rapport entre eux et lui?

Son plus proche voisin est un géant chevelu, aux épaules tombantes. A peine lui a-t-il adressé la parole que ce grand homme, à l'allure si mâle, se met à larmoyer à propos de son chien qu'il aurait perdu. Vîgot hausse les épaules. Il s'allonge dans la paille et continue à presser sa blessure avec vigueur. Il lui semble que l'hémorragie ralentit. Il se concentre sur sa respiration et sur le pouls qu'il entend dans les oreilles, afin de ralentir les deux et se calmer autant que possible.

Bientôt il s'endort, dans un monde absurde de rêves où les éléphants s'enfoncent dans les sables mouvants et en ressortent en énormes squelettes qui marchent sur leurs défenses comme sur des béquilles, le cul en l'air, tandis que le roi des chimpanzés se fait élire en lieu et place du Shah d'Udaipur, en promettant au peuple de supprimer tous les solifuges du désert.

*

Le lendemain matin, Vîgot se réveille avec un net sentiment de soulagement: il vit encore, il a la poitrine poisseuse de sang coagulé, mais la plaie est cicatrisée. Son voisin est très éveillé, mais semble moins concerné par son chien.

Comme il le regarde, Vîgot le questionne:

- Tu es là depuis longtemps?

- Non, trois jours.

- Pourquoi t'ont-ils pris?

- J'avais bu, à la taverne, jusque tard dans la nuit et je me battais avec tout le monde. Lorsque les soldats sont venus, j'ai joué à casse-tête avec plusieurs d'entre eux. Je crois qu'ils ne vont pas me laisser sortir de sitôt...

- Il n'y a pas de politiques ici?

- Non... pas que je sache, pourquoi? tu en es?

- Non, non, pas du tout! Je ne sais pas pourquoi ils m'ont pris. J'étais au mauvais endroit au mauvais moment... Et les autres, dans cette salle?

- Voleurs à la tire, mauvais payeurs, drogués pris à blasphémer...

- On vous apporte à boire et à manger?

- Non! Vers le milieu du jour, les vendeurs sont autorisés à venir aux grilles et nous pouvons acheter.

- Et si tu n'as pas d'argent?

- On s'arrange, on emprunte... Pourquoi? Tu n'as pas d'argent sur toi?

- Pas beaucoup, mais cela suffira pour aujourd'hui...

- Sinon, tu pourras toujours te prostituer...

- Ça ne va pas dans ta tête? C'est votre seul souci dans ce cul de basse-fosse à éléphant?

- Et de quoi voudrais-tu rêver?

- N'importe quoi, m'intéresser à ce qui se passe, observer, essayer de comprendre. Chercher un coin confortable et mieux aéré, m'y installer pour une sieste, jouir du repos, faire des plans pour après, lorsque je me serai évadé d'ici... Il y a mille choses à faire ou à rêver!

- Tu raisonnes comme un enfant, non? Il n'y a rien à faire ici: on ne peut pas gagner d'argent, on ne peut pas sortir à la taverne, on ne peut pas faire entrer de femmes... Ce sont des jours de vie perdus! Alors, que faire d'autre que parler de femmes? Rien que d'en parler cela m'excite! Toi, tu as l'air d'un prof ou d'un docteur. Qu'as-tu à m'apprendre à propos du sexe?

Vîgot se dit que, tant qu'à faire, autant se distraire, cela fera passer le temps.

- Comment t'appelles-tu?

- Ali.

- De quoi aimerais-tu parler, Ali ?

- Comment l'homme doit-il faire l'amour à une femme?

- Une femme qu'il aime?

- Ça veut dire quoi? Arrête de poser des questions, hein! c'est toi qui expliques!

- Je pense qu'il y a diverses façons de faire l'amour.

- Dis-moi, dis-moi, raconte! Combien de façons?

- Je commencerais par en distinguer deux. D'abord, l'homme est avant tout un animal.

Ali approuve avec des yeux gloutons:

- Oui! une bête, hein!

- Si tu veux. On peut considérer qu'étant presque entièrement animal, l'homme mâle est logique et naturel quand il baise vite et "brutalement". Il disperse ainsi son sperme au mieux des occasions. S'il est chanceux, il aura cinquante ou cent enfants. Il ne les connaîtra pas, mais il aura enfanté comme Abraham ou comme Vichnou. Un peuple sera né de ses reins.

- Oui, oui ... ça, c'est bien!

- Oui! Tout est bien, et tout est aussi follement drôle, quand on y pense! Mais on peut aussi faire des expériences différentes, tout aussi bien et tout aussi drôles: l'homme a aussi le don de la pensée qui lui donne le loisir de s'inventer d'autres personnalités, d'autres vies, d'autres valeurs, d'autres objectifs que ceux de la bête en lui. C'est ainsi qu'il peut décider de passer toute la nuit à caresser la femme rencontrée, avec une sadique lenteur et une infinie diversité de caresses, afin qu'ils s'amènent tous deux à un très haut niveau d'excitation, puis de choisir soit de rester sur leurs désirs, soit de la laisser jouir mais de rester, lui, à caresser son désir dans sa tête, ou encore de jouir tous les deux, et ces trois solutions avec cent variantes de combinaisons dans les temps et les intensités.

- Ça marche ça, ou tu rigoles?

- Si c'est ce que tu désires et si tu veux y parvenir, cela marche. Il est conseillé de suivre les préceptes des tantras, le Vajranaya, le chemin de la verge sacrée, la voie du diamant.

- Tu es bouddhiste toi?

- Oui, pourquoi?

- Vous n'êtes pas un peu cochons avec les femmes?

- Tu voulais parler de sexe... Tu veux être un homme-loup qui dévore son frère, ou un homme-cochon qui aime le plaisir?

- Oui, oui, ça ce sont des mots, pour rire un peu, entre hommes, mais réellement, dans la vie, on ne peut pas être impur, hein? Le Coran interdit de se rapprocher du cochon.

- Je ne faisais qu'essayer de répondre à tes questions. Si tu n'aimes pas mes réponses, j'arrête.

- Non, non, continue! Mais respecte au moins le prophète: ne mêle pas le cochon à tout cela!

Vîgot n'en revient pas, comment peut-on être aussi soumis, aussi naïf?

- Et comment es-tu sûr de ce que ton prophète a vraiment dit?

- *Mahtoub!* C'est écrit!

- Mais qui l'a écrit? et quand?

- Le Prophète a tout écrit!

- Ali ! Réfléchis avec ta tête à toi, je t'en prie. Il y a plus de neuf cents ans de cela! A cette époque, rares était ceux qui savaient écrire. Le Coran ne dit pas que le prophète savait écrire. Il a donc parlé.

- Bon, et alors?

- Pense à ta belle-sœur: quand elle te raconte la dispute entre l'instituteur et l'imam, telle que sa belle-mère la lui a racontée car elle l'avait entendue de sa voisine. C'est un peu imprécis, non? Et pourtant il n'y a eu que trois intermédiaires et tous le même jour... Tandis que depuis Mahomet, se sont succédées plus de dix mille lunes et combien d'intermédiaires?

- Tu es un fou, et tu es un homme dangereux! D'abord il m'est interdit de parler à ma belle-sœur! Je ne puis parler qu'à mes épouses, à ma mère et à mes filles impubères. Toutes les autres femmes sont *"haram"*, interdites de regard et de parole.

- Alors pourquoi veux-tu apprendre à les faire jouir lorsque tu leur fais l'amour?

- Quoi??

- C'est bien de cela que nous parlons, non? En dehors de la bestialité du chien ou du lapin, il y a pour toi et ta femme, pour ta belle-soeur et son mari, une façon plus humaine de partager les plaisirs du sexe: s'exciter et se faire jouir réciproquement, plus encore que vous ne l'auriez pensé possible.

- Mais pas du tout! Je t'ai demandé de me faire rêver. Parle-moi des filles de joie, parle-moi des jeunes garçons *kaf'r,* ceux-là qui ignorent tout de la vraie religion, parle-moi des *houris* asexués, aux yeux d'antilopes, qui nous attendent au paradis d'Allah. Mais pas de nos femmes et de nos sœurs! Tu es un impie, ou quoi?

- Tu ne désires pas partager tous ces plaisirs avec ta femme?

- Surtout pas! Le devoir de ma femme est de me donner du plaisir, de me nourrir, de porter et d'élever mes enfants, de recevoir et d'offrir le thé aux sœurs et aux épouses de mes amis, dans l'appartement des femmes, lorsque je reçois mes amis pour deviser entre hommes de nos affaires, de nos voyages, et de nos nouvelles conquêtes: faucons, chevaux, épouses cachées...

- Et le plaisir sexuel de ta femme? Celui qui la fait crier de joie comme si elle était au paradis lorsque ta verge va et vient dans son *yoni* depuis si longtemps qu'elle n'en peut plus de jouir et de jouir encore?

- *Haram!* C'est totalement interdit! Si nos épouses connaissaient le plaisir, elles iraient forniquer avec les jeunes gens et les jardiniers dès que nous aurions le dos tourné! D'ailleurs il n'y a pas de femmes au Paradis, l'imam est très clair à ce propos: seuls les hommes et les houris se retrouvent au Paradis.

Vîgot se rend compte qu'il perd son temps. Il ne pourra pas apprendre le Vajranaya à cet homme qui se croit disciple de Mahomet mais a simplement été asservi par les *Katrib,* les meneurs de prière à la mosquée, et par l'imam qui leur lave le cerveau chaque vendredi pour récolter de quoi vivre.

D'ailleurs il est fatigué par cette conversation à sens unique. Sa plaie lui fait mal et il désire se coucher.

- Ali, je vais me reposer un peu. Si les marchands viennent, veux-tu bien m'acheter deux galettes de riz et une mangue? Je te payerai ce soir.

*

Il ne se réveilla que le lendemain. Ali avait déposé les galettes et le fruit près de sa tête avant de partir deux pas plus loin, à l'extrême bout de sa chaîne, pour jouer aux osselets avec deux autres prisonniers.

Un jeune homme très mince, presque maigre, aux yeux fiévreux, s'approche insensiblement de Vîgot en se soulevant l'arrière-train sur ces bras tendus, comme le ferait un cul-de-jatte.

- Bonjour! On m'appelle Sandjay, je viens de Vârânasî, comment te nomme-t-on?

- Vîgot, et je viens des sources du Gange, nous nous baignons dans la même eau!

- On peut dire cela... encore que... on ne se baigne jamais dans la même eau, n'est-ce pas?

- Ha Ha! Très juste! Serais-tu un sage pandit? Ou un sâdhu renonçant?

- Non, non. Je ne fréquente le temple que pour les grandes fêtes, comme tout le monde dans mon quartier.

Il semble hésiter. Vîgot se tait pour le laisser s'exprimer.

- Hier après-midi, j'ai entendu votre conversation, Ali et toi. Je l'ai trouvée très intéressante.

- ...

- C'est très beau cette image du plaisir lent et partagé. Mais veux-tu me parler des femmes qui t'ont accompagné dans ces pratiques: as-tu trouvé facile de reconnaître la femme qui correspondait à chacune de ces approches, plus animale ou plus tantrique?

Vîgot apprécie la pertinence de la question. Il répond sans détour.

- A vrai dire, c'est une question fort hilarante. Une des femmes que j'avais pensé exciter longuement avait été éduquée par son père dans de nombreux tabous religieux. Elle détestait toutes les caresses qui lui répugnaient et la rendaient frigide. Dans sa mythologie religieuse, elle me voyait comme un Lama. Elle n'avait pas osé me le demander clairement, mais son rêve était seulement d'être engrossée et de porter mon enfant, en secret, pour l'éduquer et en faire un saint homme. J'en ris encore...

Et je me souviens d'une autre femme que j'ai choisi, au contraire, de baiser comme une bête. Elle avait été lesbienne pendant plusieurs années et cherchait une longue montée d'excitation vers le plaisir. Tu vois que ta question est pertinente: on pense savoir et on n'est qu'un étourneau sur une branche de neem!

- Et tu en conclus quoi?

- Pas grand chose! Il est prétentieux de tirer des conclusions... Mais je comprends ta question. Ma conviction, après de telles expériences et d'autres, pourrait être de penser que nous avons plus de chances de ne pas nous ridiculiser si nous cherchons à construire l'harmonie, intellectuelle et physique, avec une personne de notre choix dont nous nous rapprochons, de jour en jour, un tout petit peu.

- C'est beau ce que tu dis... Mais dis-moi autre chose: pourquoi toutes les religions veulent-elles contrôler la vie sexuelle de leurs adeptes alors que cela me semble relever exclusivement de la vie privée de chacun?

- J'ai envie de dire: uniquement pour accumuler du pouvoir.

- Je ne comprends pas...

- Imposer des règles et des tabous, même imaginaires ou futiles, apporte du pouvoir.

- Mais pourquoi des sages, des maîtres, des guides cherchent-ils à imposer des règles?

- Je pense que c'est une question de confusion des pouvoirs. Tout être humain ordinaire qui possède une autorité, comme par exemple un parent, un enseignant, un membre du clergé, un policier, tous ont le désir d'acquérir un pouvoir politique car c'est l'organisation de la cité qui apporte les opportunités faciles de lever des impôts et de gérer les fonds publics. C'est tout!

Sandjay devient pensif, longuement. Vîgot le laisse à sa réflexion. Finalement il croit voir une clarté nouvelle sur le visage du jeune homme. Il attend encore un peu et l'entend lui déclarer, d'une voix calme mais très ferme:

- Donc tous ces gurus qui nous disent ce que nous pouvons faire et ce qui nous est interdit sont des menteurs intéressés...

- Je dirais ces "faux gurus". Car il est de vrais gurus, rares peut-être, qui veulent seulement nous apprendre à vivre nos expériences, à en tirer les leçons qui nous conviennent, et surtout à rire! A rire et rire et rire des vanités et des erreurs que nous répétons sans fin lorsque nous croyons en nos perceptions et surtout lorsque nous voulons en faire de grandes théories.

- Oui, c'est bien cela: j'ai entendu jadis un guru, sur les berges de la Yamouna, qui disait: entre la vérité et nous, nul ne peut s'immiscer.

- Exactement! je suis d'accord. Ni guru, ni parent, ni religieux, ni qui que ce soit.

*

Vîgot s'était mis à grignoter une de ses deux galettes de riz. Il vit le regard que Sandjay portait sur sa galette.

- Tu veux un petit morceau?

- Oui, c'est gentil à toi.

- Tiens! prends une galette, et puis cette mangue, je n'ai pas faim, ce doit être ma blessure!

Le jeune homme mange avec bel appétit, ramassant les moindres miettes de riz sur ses genoux. Vîgot s'allonge, content, et pense à se reposer un peu. Il ferme les yeux un moment.

S'est-il assoupi? la voix de Sandjay le sort du monde vague où il flottait:

- Je voudrais être ton ami...

- Sandjay, je suis ton ami! Maintenant, ici. C'est ça qui compte, tu sais bien qu'on ne peut pas retenir le fleuve de la vie: c'est toi qui me rappelais, tout à l'heure, que nous ne nous baignons jamais dans le même Gange.

- Oui, tu as raison. Mes mots sont mal choisis. J'aurais dû dire: je suis content d'avoir passé ce bon moment de discussion avec toi.

- Moi aussi.

Vîgot se recouche. La poitrine lui fait mal. Il regarde le plafond et réalise que l'ogive de la porte cochère n'est pas la seule. En fait la grande pièce est carrée et chaque mur comporte un arc ogival: en façade c'est la porte, en face d'elle une grande lucarne occupe le haut de l'ogive, fermée d'une forte grille de barreaux croisés, tandis que le bas est meublé d'un mur en gros moellons de pierre. Les deux murs latéraux sont, eux, complètement obturés tout en laissant voir la structure de l'arc qui fait relief dans la masse de la maçonnerie.

En observant ce mur latéral, Vîgot, soudain, croît rêver: une pierre oscille! Aurait-il la fièvre? Il se lève, tire sur sa chaîne et arrive juste à portée de cette pierre qui, en effet, est presque descellée. Avec ses doigts et ses ongles dans les joints, il tente d'attirer la pierre à lui.

Il semble que quelqu'un la pousse de l'autre côté car à peine l'a-t-il un peu allégée qu'elle sort du mur. Il arrive à la prendre discrètement, à la laisser glisser sur ces genoux et, de là, doucement, jusqu'au sol. Il se redresse et regarde par le trou.

- Toi, Javeed ! Tu étais si près?

Ils chuchotent, fébrilement:

- Comment vas-tu?

- J'ai dormi, je ne saigne plus.

- J'ai acheté un homme. Prends cette lime. Remets la pierre, essaye de manger un peu, coupe ta chaîne et reste éveillé. Au milieu de la nuit, l'homme viendra avec un éléphant, son cornac et deux longues chaînes. Ils arracheront d'un coup les grilles de nos deux lucarnes et une partie du mur. Si tu n'as pas la force, nous viendrons te chercher. Remets la pierre, vite.

- X - L'ÉVASION. DE LA VIOLENCE.

La paix n'est pas l'absence de guerre, c'est une vertu, un état d'esprit, une volonté de bienveillance, de confiance, de justice.
Baruch Spinoza (1632-1677)

Plus tard dans la nuit, fatigué du long et dur travail de lime qui l'a finalement libéré de ses entraves, Vîgot s'est endormi. C'est Sandjay qui le réveille, en le secouant et en chuchotant à son oreille:

- Vîgot? Vîgot! Il y a du bruit dehors. J'entends des chaînes. Ce sont tes amis n'est-ce pas?

- Quoi? qu'est-ce? c'est toi?... que dis-tu?

- Je pense que tes amis sont là. Dehors.

- Oui, oui, je comprends. Veux-tu venir avec nous?

- Non, non! je ne suis pas un aventurier. Laisse-moi bien ici, je n'ai rien fait, ils vont me libérer. Pars seul. Bonne chance!

A ce moment, on entend un grand bruit de chaînes, puis un craquement sourd et la lucarne est arrachée vers l'extérieur avec un bon pan du mur. Vîgot se lève, serre brièvement Sandjay dans ses bras et, ankylosé, part en claudiquant vers l'ouverture béante.

Il veut tenter de grimper malgré la douleur de sa blessure lorsque deux des cinq lieutenants de Javeed sautent près de lui, le couchent dans une couverture, lient les quatre coins de ce berceau à une longue corde qui pend et font signe à la nuit, derrière la lucarne.

Aussitôt Vîgot est hissé, pris en charge, passé de mains en mains et se retrouve en croupe d'un coursier derrière Javeed. Les chevaux partent au galop et bientôt sortent de la ville par une petite porte latérale peu fréquentée.

Les cavaliers se regroupent. Javeed lui parle, au-dessus de son épaule:

- Serre ma taille entre tes bras, car nous allons galoper. Ne fais rien de tes jambes, laisse-toi descendre dans le galop, suis son rythme, ainsi tu auras moins mal.

- Où allons-nous?

- A Surat, un grand port sur l'océan, sur l'autre rive de la rivière Narmada. Nous prendrons des barques pour la traverser, ce qui nous éloignera encore de nos poursuivants s'ils venaient à nous suivre jusque là.

- Compris! C'est long?

- On verra. Tout dépendra des rencontres. Nous devons passer la rivière avant l'aube. Un bateau nous attend. Mais si le jour se lève, il partira et nous devrons attendre la nuit suivante, ce qui serait fort risqué. Si tu sens que tu faiblis, mors-moi le dos, bien compris?

- Oui! Va !

Après quelques minutes, Vîgot a réglé les muscles de son dos sur le galop du cheval. En bon cavalier, il sait que cette synchronisation peut lui permettre de tenir beaucoup plus longtemps, mais il craint pour sa blessure au thorax et rien que cette appréhension crée une crispation.

Après moins d'une heure, il sent son cœur qui peine, qui tire, qui va lâcher? Il mord le dos de Javeed, dans le bourrelet musculeux juste au-dessus de l'omoplate.

Tout de suite, Javeed tire les rennes et parle à son cheval.

Brisé dans la régularité de son effort, l'étalon regimbe un peu, se cabre à demi, encense deux ou trois fois, puis s'arrête, les membres agités de quelques spasmes.

Javeed lève le bras pour arrêter deux de ses lieutenants, tandis que les autres continuent leur course vers le Sud.

- Roshan, passe-moi la ganja.

Ils avait tout prévu. Roshan, le troisième lieutenant, prépare une pipe de chanvre indien mêlé de tabac, la tasse, l'allume à son briquet d'amadou et la tend à Vîgot.

- Fume lentement mais profondément, lui dit Javeed, c'est du chanvre indien, pas trop fort, mais qui devrait calmer tes douleurs sans te faire dormir. Si tu sens un peu d'ivresse arrête-toi, on pourra toujours rallumer la pipe plus tard.

Vîgot connaît bien le chanvre, ils s'en servent parfois dans les monastères pour explorer de nouvelles sensations ou pour aider des élèves à se libérer du carcan mental d'une éducation trop rigide. Il tire quelques fois, lentement, tout en regardant le ciel étoilé, heureusement sans lune.

Il rend la pipe à Roshan:

- Voilà. Merci ! Je crois qu'on peut repartir, ne traînons pas.

Javeed propose que Vîgot passe sur la croupe de la jument de Roshan, pour quelque temps, afin de laisser Diable, son grand étalon, récupérer un peu.

Il descend donc de cheval et réalise combien il est déjà courbatu. Les hommes l'aident à monter sur la jument, il serre la taille de Roshan et tous repartent bientôt, au petit galop.

En quelques étapes, marquées de pipes de ganja et de changement de croupe pour Vîgot et de deux longues pisses pour tous, ils arrivent finalement au fleuve.

Ils remontent un peu la rive à la recherche du lieu de rendez-vous: une cabane de pêcheurs flanquée de deux grands hévéas séculaires et caractérisée par un petit ponton de bois qui s'avance, paraît-il, de quelques pas dans l'eau.

Après trois lieues, ils n'ont toujours rien trouvé de pareil. Énervés, ils arrêtent les chevaux, se consultent et décident de tourner bride, de revenir sur leurs pas et de chercher plus à l'Ouest vers l'embouchure.

À peine sont-ils repassés devant leur premier point d'arrivée sur la berge du fleuve que la cabane est bien là.

Soulagés, tous mettent pied à terre. Roshan allume un photophore et fait, comme convenu, de grands mouvements avec l'éclat lumineux, en direction de l'autre rive. Dès qu'ils distinguent une lueur qui leur répond, Roshan éteint la flamme et ils se cachent pour attendre dans la petite maison abandonnée.

Deux pipes plus tard, ils perçoivent le clapotis des rames, se lèvent et se dirigent rapidement, mais en silence, vers le ponton.

Après l'échange des signes de reconnaissance, et le payement de la somme convenue, les hommes de Javeed montent à bord du gros boutre qui, sans traîner, hisse la voile et file une trace oblique, vers la rive opposée et vers l'aval.

Javeed passe son bras autour des épaules de Vîgot, en sympathie pour ses souffrances:

- Tout est en ordre maintenant, détends-toi. Nous avons beaucoup d'amis à Surat. Avant le jour, nous serons dans un des meilleurs caravansérails de la ville, sur des nattes épaisses disposées sur le toit en terrasse, dans la fraîcheur de la brise du golfe et sous les étoiles. Demain, repos, toute la journée s'il le faut! Que dis-je, trois ou six jours si tel est ton désir.

Un peu crispé quand même, Vîgot lui sourit:

- Cela ira, je le sens!

Ainsi dit, ainsi fait.

Le lendemain, sous l'ombre d'une grande cotonnade tendue au-dessus de la terrasse du caravansérail du marché de Surat, les premiers se réveillent lorsque le soleil a déjà bien dépassé le zénith.

Vîgot ronfle comme un bienheureux ce qui fait sourire Javeed et ses lieutenants qui, de quelques signes, conviennent de le laisser dormir. Ils se lèvent tous et descendent, en laissant ce gros ours blessé dormir tout son saoul.

*

Il ne se réveille qu'à l'heure fraîche, peu de temps avant le crépuscule. Un homme est appuyé au muret qui entoure la terrasse. Il regarde vers la mer. Dès les premiers mouvements de Vîgot, il accourt et l'aide à se lever.

- Javeed est parti aux nouvelles dans la basse ville et sur le port. Il ne tardera pas. Voulez-vous que je vous aide à descendre jusqu'à la salle d'eau pour prendre un bon bain chaud?

- Un bain chaud, mon ami? Où sommes-nous donc? Je n'ai plus profité d'un tel luxe depuis que j'ai dû quitté ma femme!

A peine a-t-il parlé qu'il se rend compte de l'exagération. Mais n'est-ce pas la meilleure façon de dire la vérité?

Peut-être pas, car pour beaucoup d'hommes l'épouse n'est qu'une servante ou une virago revêche... Il sourit: à quoi bon espérer être compris?

Il en profite pour avoir une tendre pensée pour Malé.

Il refuse le bras du jeune homme: on a sa fierté, non? d'ailleurs il se sent beaucoup mieux.

- Il y a vraiment un hammam? Penses-tu que je pourrais aussi y voir un médecin sans faire courir de risque à votre groupe?

- Javeed m'a déjà suggéré la chose. Le médecin est prévenu, je vais juste lui faire confirmer que vous êtes disponible. Détendez-vous, il n'y a aucun risque: ici ce sont plutôt les hommes de Bahadur Shah qui doivent être prudents!

Vîgot reste un peu sceptique mais accepte volontiers d'aller se faire laver et soigner au hammam:

- Mais pas de massage par ces grands guerriers Sikhs, hein? j'ai été pris une fois à Delhi, j'ai cru qu'il allait me casser. Aujourd'hui, avec ma blessure, ils me tueraient!

- Ne vous inquiétez pas, Vîgot, j'ai tout organisé, vous serez bien soigné et bien détendu. Javeed vous attendra, dès la nuit tombée, à l'Auberge du Marsouin Violet. Je vous y conduirai.

Puisque tout était si paisible, il décida de se laisser guider et même d'accepter le soutien de son bras pour descendre l'escalier de pierre de la terrasse au patio du caravansérail.

*

Javeed était bien à l'auberge, avant même que Vîgot n'y arrive, tout propre, détendu et pansé par le médecin, un Parsi qu'il a trouvé très compétent et très humain.

- Vîgot, mon frère, tu vas mieux?

- On ne peut mieux, Javeed, grâce à toi, à tes hommes, à l'eau chaude, au parfum de l'encens et à ce merveilleux médecin!

- Viens manger alors, nous avons commandé un dos d'espadon, le meilleur poisson de cet océan. Que veux-tu boire?

- Que bois-tu? je ferai comme toi.

- En ton honneur et pour te rendre du sang frais, j'ai demandé qu'on nous ouvre un pot de vin rouge de Syrie. Allah clignera des yeux lorsqu'il me verra partager avec toi: ce sera geste d'amitié et de respect qu'il ne pourra qu'approuver!

Pendant tout le début du repas, ils bavardèrent de choses et d'autres. Le poisson était délicieusement frais, grillé à point mais pas trop, ferme comme du filet d'agneau bien reposé, avec le goût de l'océan en plus.

Le vin était un peu chaud pour sa force mais, après les aventures et les tourments des jours précédents, il apportait une détente bienvenue.

Javeed s'enquit de la santé de Vîgot, mais celui-ci, au-delà de la très charmante délicatesse de son ami, se rendait bien compte qu'il attendait l'occasion de passer à un autre sujet.

En effet, après une ultime hésitation, Javeed lui demande:

- Vîgot, j'ai beaucoup pensé à notre conversation au bord du puits où j'ai voulu t'embrocher et où, finalement, nous avons fait connaissance. Tu as commencé par me parler de tuer pour finir par nous donner à tous des conseils de stratégie politique absolument pertinents.

- Mmmh?

- J'aimerais ton avis sur une question qui me préoccupe. Lorsque, dans nos escarmouches, nous attaquons un village qui est clairement inféodé au Shah, il arrive que je ne puisse pas contrôler mes hommes...

- En situation de razzia, veux-tu dire?

- Oui... Tu m'expliquais qu'on peut même tuer, dans certaines conditions de pureté et d'acceptation de la vie.

- Oui, je me souviens de la discussion...

- Et le viol des femmes de nos ennemis, alors, on peut aussi l'admettre dans certaines circonstances?

Vîgot réfléchit un long moment, sous le regard intéressé et curieux de Javeed.

- Je ne sais pas...

- Comment, tu ne sais pas? Tu me prouves qu'on peut tuer mais tu ne sais pas si on peut violer?

- Non, je ne le sais pas.

- Je ne comprends pas...

- D'abord je suis un homme, il m'est difficile de comprendre ce que cela représente d'être violée. Donc, je veux éviter, encore plus que normalement, de me satisfaire de mots et de logique.

Moi, aujourd'hui, cela ne me ferait probablement pas grand-chose. Juste une expérience de plus, peut-être impertinente, peut-être douloureuse, à mettre au crédit des bénéfices de mon cheminement, de ce que je fais de ma vie pour augmenter ma connaissance...

Mais je ne puis pas présumer de l'atteinte d'un viol sur une femme et, de plus, je puis concevoir que cette atteinte dépende directement de l'âge de la femme, de son tempérament, de son éducation, de sa vie.

- Comment?

- Javeed, je n'en sais rien. Je puis me tromper, mais j'imagine qu'une femme libre, qui a de nombreux amants, pourrait éventuellement, être moins atteinte par un viol que, par exemple, la fille d'un notable religieux de province, qui aurait été éduquée dans la profonde conviction que sa valeur, sa dignité même, réside dans sa virginité.

J'imagine que la première souffrira de la violence d'une union sexuelle non acceptée, comme elle aurait d'ailleurs souffert de toute violence physique.

Et je présume que la seconde pourrait être plus profondément atteinte dans l'idée qu'elle a d'elle-même. Blessure qui relève moins de l'expérience normale du cheminement d'une vie humaine, car il n'est pas évident qu'on puisse, sans une éducation adéquate, en faire un objet de connaissance.

Tu vois tout de suite les limites du raisonnement: nul ne peut prévoir que quelqu'un fera d'une épreuve un tremplin de progrès ou, au contraire, un gouffre suicidaire. Et c'est pourquoi mes tentatives de réflexion sont absolument nulles en ce cas. Donc je dis: "Je ne sais pas". Et j'ajoute: "Ne violons pas."

- Mais ceux que tu te disais prêt à tuer, au risque de ta propre vie, j'en conviens, ne sont-ils pas aussi susceptibles de ne pas pouvoir tirer les leçons de leur expérience?

- Très drôle! oui, bien sûr, mais je suppose que tous ceux que nous rencontrerions seraient là, face à nous, en connaissance de cause et des risques. Sinon, soit ils se veulent ignorants, soit ils espèrent un bénéfice sous-jacent: la gloire, la razzia, ou... le viol justement?.

Dans le cas contraire, tout être humain doit évidemment déserter. Personne, dans l'humanité, n'a le droit de demander à un autre de tuer. Surtout pas pour des futilités de pouvoir ou de politique, ni, d'ailleurs, pour aucune raison! Nul ne peut, en aucun cas, participer à une opération guerrière ou policière qui pourrait mener à mort d'homme.

Car chacun de ces combattants n'aurait le droit de tuer que s'il est profondément convaincu et conscient qu'il est prêt à mourir.

Javeed pensa un long moment, but un grand verre de vin et s'appuya au mur qui lui servait de dossier:

- Cela ne m'aide pas beaucoup à donner des instructions à mes hommes, mais je comprends ton raisonnement.

- Javeed, crois-moi, tu ne trouveras pas de raisonnement qui justifie les inévitables conséquences du recours à la violence. Dans le "Sud libéré" de l'Empire du milieu, l'Amman comme ils l'appellent, les populations disent qu'il ne faut jamais déranger les mauvais esprits, et que toute hausse du ton de la voix les dérange déjà. Je pense qu'ils ont bien observé la montée de la violence. C'est du tout ou rien. La civilisation exige donc que nous refusions *toute* violence! Ce n'est pas négociable.

- Ta logique est sévère, tu ne laisses pas beaucoup d'espace à l'improvisation et aux débordements des guerriers épuisés, physiquement et nerveusement...

- Non, aucun espace pour les débordements violents, car le fauve est en nous, comme en tous les humains. Lui donner la moindre chance de se réveiller, c'est nier notre humanité.

Pris par les plaisirs de la dialectique, Javeed cligna des yeux et fronça les sourcils comme s'il se souvenait de quelque chose. Il sourit et apostropha Vîgot:

- Et pourtant, dans vos montagnes, là-haut, je pense que vous étudiez beaucoup les bienfaits de la transgression?

Vîgot sourit car il ne s'attendait pas à cette répartie de la part de Javeed.

- Oui, tu es bien informé...

- Alors à quoi sert la transgression si l'humanité m'impose des limites strictes?

- C'est tout le sujet d'un tel apprentissage. La transgression doit avoir un effet d'apprentissage ou de libération.

- Par exemple, ici même, au restaurant, puis-je, pour apprendre mes limites me comporter n'importe comment?

- Non, bien sûr, ici tu ne peux pas appliquer ces principes. Si tu saisis le gigot du voisin ou si tu décides de te coucher sur son repas, tu te feras, très légitimement, tabasser. Et sans profit équivalent, sauf si tu tires un énorme plaisir à faire scandale, ce qui, hors circonstances tout à fait exceptionnelles, serait probablement très immature.

Dès que nous rentrons dans un contexte social, c'est-à-dire un territoire partagé, qu'il soit géographique ou conceptuel, nous devons souscrire au contrat social qui le gère.

- Alors nous sommes des assujettis et nous perdons toute fierté?

- Non: rien ne nous oblige à fréquenter ces endroits, ni surtout à nous y exprimer.

Ils avaient fini leur poisson et appelèrent le jeune serveur pour lui demander quelques fruits.

*

- XI - LE FLAMAND. OMBRES D'ERASME ET DE RABELAIS

La pensée ne doit jamais se soumettre, ni à un dogme,
ni à un parti, ni à une passion, ni à un intérêt,
ni à une idée préconçue, ni à quoi que ce soit,
si ce n'est aux faits eux-mêmes, parce que,
pour elle, se soumettre,
ce serait cesser d'exister.
Henri Poincaré (1854-1912)

La salle était bondée.

Un grand jeune homme à la large carrure fit mine de s'asseoir à leur table. Il souriait, en passant la main dans ses cheveux ondulés, de la couleur brun doré qu'ont les blés à la fin d'un été un peu trop sec. Ils l'invitèrent d'un sourire et d'un ample geste du bras et firent rapidement connaissance. C'était un Flamand de Bruges.

Tout de suite, Vîgot l'entreprend:

- C'est qui votre roi, là-bas?

- C'est pas un roi, c'est un empereur! Philippe II d'Espagne, le fils de notre bien aimé Charles Quint qui a abdiqué en sa faveur pour se retirer dans un monastère en Estrémadure, au sud-ouest de l'Espagne.

- Vous êtes espagnol ou flamand?

- De Bruges à Liège, d'Anvers à Lille, nous sommes des métis de nombreuses origines et nous en sommes fiers! La Flandre est un petit pays qui n'existe vraiment que par ce qui l'entoure, un peu comme le trou du moyeu d'une roue! Le roi Philippe, lui, contrôle toute l'Europe, ou presque.

- Et c'est bien?

- Nous avons la paix... C'est estimable et bon pour le commerce. Pour autant que l'on soit chrétien, nous avons aussi de bonnes écoles, des universités et de l'art, c'est fort positif.

- Et si vous n'êtes pas chrétiens?

- Quelle sottise! Dans ces conditions nous sommes chrétiens bien sûr! On ne va quand même pas faire des simagrées?

Ou alors, on part voir ailleurs. Philippe n'est pas son père, il a été éduqué en Espagne et ne comprend rien à ses sujets des Pays-Bas. A Bruges, Gand et Bruxelles, il a dû envoyer sa police espagnole. Le duc d'Albe fait régner la terreur pour rétablir la discipline et l'impôt. C'est pourquoi j'habite à Gênes ou à Venise. Je ne vais plus à Bruges qu'une fois tous les quatre ou cinq ans, et discrètement, car je suis plutôt considéré comme un hérétique.

- Que veux-tu dire?

- Je suis un admirateur d'Erasme, un philosophe, écrivain et enseignant qui avait la langue trop bien pendue. Il vivait dans nos pays plats. Il est mort quand j'avais juste dix ans.

Javeed veut l'interroger aussi:

- Et tu es déjà venu ici?

- J'y viens tous les ans pour mon commerce.

- Tu viens comment?

- En bateau d'abord, de Gênes à Byblos, puis en caravane, à cheval ou en chameau, par Damas et Bagdad.

- Il n'y a pas d'autre voie qui pourrait te permettre de plus longues distances en mer? C'est quand même plus confortable, non?

- Je suis venu une fois par le port de Makallah, sur la côte sud du vieux royaume de Yémen, où les commerçants chinois relâchent aussi. Cela représente moins de caravanes dans le désert, mais c'est beaucoup plus risqué. Entre les pirates égyptiens, puis les guerriers Danakils, qui collectionnent les peaux des couilles de leurs victimes pour les arborer autour du poignet en signe de vaillance, et enfin les roitelets yéménites qui collectionnent les armes tranchantes de toutes sortes et n'aiment rien mieux que de les essayer sur des incroyants, il est difficile de faire la route sans y perdre sa cargaison, sa fortune, ou la tête!

- Cela ne semble pas être un métier de tout repos! Et tu achètes quoi ici?

- D'ici, peu de choses. Quelques tapis, des tissages et des épices. Mais j'y rencontre mes contacts chinois. L'empire Ming a entraîné une belle renaissance culturelle et leurs soies et porcelaines sont très appréciées dans nos pays, de l'Italie au Danemark, de la Bohème à l'Espagne. Ils ont construit d'énormes navires, de trois et même quatre mâts, pouvant transporter chacun vingt mille quintaux de marchandises et parfois plus.

Depuis quelque temps, Vîgot réfléchit dans son coin pendant que ses deux compagnons discutent maintenant les charmes comparés des femmes de Ligurie, de Venise et des plats pays du Nord de l'Europe.

Soudain, il les interrompt:

- L'ami, comment t'appelle-t-on?

- Geert. Geert Verdomme.

- C'est ton vrai nom?

Le Flamand le regarde dans les yeux, sourit à peine et lâche:

- Tu peux dire ça!

- Dis-moi, Geert, cet Erasme, dont tu parlais, que disait-il d'hérétique?

- Il fut un inlassable défenseur des libertés. Il conseillait la lecture des grands auteurs païens de l'Antiquité gréco-romaine et de ceux qui y reviennent comme Marsilio Ficino, qui était, à Florence il y a bientôt cent ans, un des meilleurs traducteurs des textes anciens oubliés, ou volontairement occultés!

Érasme a fait l'apologie du libre-arbitre, de l'amitié et de l'autocritique.

J'aime beaucoup sa phrase *"Chacun trouve que sa propre merde sent bon"* : il se battait contre la scolastique prétentieuse et stérile des mandarins de la Sorbonne, l'Université de Paris, qui n'apprécia pas du tout ses moqueries et ses idées peu orthodoxes.

Plus que tout, peut-être, il s'est battu pour la paix: il s'est adressé aux monarques de toute l'Europe pour leur rappeler que le message chrétien originel s'oppose à la guerre et à l'hégémonie. Et, comme si cela ne suffisait pas à se mettre à dos ceux qui, de près ou de loin, participent au pouvoir du clergé, il écrivit un *Éloge de la Folie,* où il dénonce les abus et les hypocrisies de l'Église et se moque des clercs qui trahissent l'inspiration chrétienne qu'ils prétendent servir.

- Tu m'as l'air fort concerné?

- Oui, c'est parce que je souscris entièrement, jusqu'aux actes, à ses idées que je passe pour hérétique dans mon propre pays. Érasme était protégé par les plus grands, c'était un ami personnel de Thomas More, le Chancelier du Roi d'Angleterre, et il a énormément accru la réputation de l'Université de Louvain, dans mon pays, où il a dirigé le collège des trois langues anciennes. Cela le protégeait, mais dans la vie de tous les jours il n'est pas conseillé de faire savoir qu'on apprécie ses idées.

- Les trois langues anciennes?

- Le grec, le latin et l'hébreux, qui permettent d'accéder à toute la philosophie de l'Antiquité.

- Et pas le sanscrit? ni le chinois, la langue de Tchouang-tseu ?

- Je comprends ton étonnement, mais rares sont

ceux, en Europe, qui connaissent les civilisations d'Orient. Il y a bien eu Guillaume de Rubrouck, il y a trois cents ans, un franciscain de mon pays flamand, qui se rendit en Mongolie et découvrit l'empire des Tatars ... Et, quarante ans plus tard, l'Italien Marco Polo qui vécut plusieurs années en Chine, dans la cour de Kubilaï Khan, avant de rentrer raconter ses expériences chez lui, à Venise, mais cela ne fait pas grand monde!

- Donc, ton Érasme encourage la liberté, l'expérience, la critique de nos certitudes?

- D'une certaine façon, oui, mais cela n'est pas très révolutionnaire: il voulait faire progresser la philosophie chrétienne tout en conservant ses fondations. Il a d'abord montré les erreurs de traductions des évangiles lors du passage du grec au latin. En ce faisant il a, en effet, ouvert la voie à l'esprit d'examen critique.

Mais, dis-moi, c'est la première fois qu'on m'interroge avec curiosité sur nos maîtres à penser. En général, on me demande ce que nous mangeons et combien de femmes nous pouvons épouser! Qui es-tu et quel est ton intérêt?

- Je m'appelle Vîgot, j'ai été moine dans les petits royaumes des hautes montagnes, au sud de la Chine. J'ai, moi aussi, été l'élève d'un penseur de la liberté et même de la transgression. Je voyage maintenant pour pousser la réflexion plus loin et pour la frotter à d'autres opinions.

- Voilà qui m'intéresse hautement!

Il lui tend la main:

- Tope là! Commandons à manger et à boire, j'aimerais discuter à l'aise de ces choses avec toi.

- Tu as faim, Javeed?

- D'accord!

Ils commandèrent trois cuissots de mouton, avec de la sauce et des haricots blancs.

- Et pour boire? demanda Geert.

- Tu connais l'endroit beaucoup mieux que moi, je te laisse choisir.

- C'est ici un port de rencontre de l'Orient et du Couchant, on y trouve de tout: des vins de riz de Chine et des vins de Syrie. On peut même y acheter du vin de Samos, un vin grec de vieille tradition, doux et capiteux.

Vîgot se sentit rougir, en pensant à Petros.

- J'aimerais goûter ce vin grec.

Geert en commanda un pichet. Quelques instants plus tard, il arrivait, doré et épais, accompagné d'un cruchon d'eau fraîche pour l'allonger à loisir. Il trinquèrent et c'est Vîgot qui reprit la conversation:

- Donc, ton Érasme n'était pas vraiment hérétique?

- Non, pas vraiment, mais, chez nous, toute tentative de libérer la pensée des individus est très mal ressentie par les autorités religieuses, leur clergé et les hommes politiques qui s'appuient sur le pouvoir religieux...

- Et cet Érasme ne se dressait pas contre le pouvoir en place?

- Tu sais, dans notre plat pays, on est très discipliné. Mais va voir en France... Il faut voyager: "Qui reste à la maison de son père doit obéir à ses parents!"

- ... ?

- Si tu restes dans ton milieu, à force de voir les mêmes regards dans les yeux des autres, tu finiras par croire que c'est le regard de Dieu. Mais change de pays, tu changes de regards! Dieu aurait-il donc changé?

- Alors Dieu n'existe pas, c'est cela que tu impliques?

- Non, non... enfin si ! Mais il n'est peut-être pas ce que tu pensais qu'il était!

- Alors, c'est qui, Dieu?

- Je dirais plutôt c'est QUOI? C'est, peut-être, simplement, cette partie des choses que nous ne pouvons pas comprendre.

Qui donc nous a laissé croire que notre pensée peut tout comprendre?

Mais parle-moi de *ton* maître à penser.

- Oh... Lama Drukpa Kunley... large sujet! Beaucoup l'appelaient "le moine lubrique" car il aimait surtout provoquer en riant tandis qu'il faisait tout ce qui est considéré comme le plus interdit: voler, forniquer, se masturber, ... puis en tirant, en public, les leçons de ses provocations!

- Ah! comme Diogène alors?

- Diogène?

- Un philosophe grec de l'Antiquité. Il se masturbait en public puis disait à ses disciples: "Que la vie serait facile s'il suffisait de se frotter l'estomac lorsque nous avons faim!"

- Ha, ha, ha, ha! ... Oui, en effet, c'est ce genre de personnage. Mais ce Lama est seulement mort l'an passé!

- Ah bon? Mais alors, j'avais raison de te parler de la France: nous avons eu récemment, en France, un moine lubrique tout comme ton...?

- Drukpa! c'est le nom de son école de pensée, au Bhutan. Cela veut aussi dire "homme dragon".

- Tout comme vous avez eu Drukpa, nous avons eu le bon François. Ce n'était pas un dragon, mais un géant plutôt! François Rabelais. Il est mort il y a une quinzaine d'années seulement, Drukpa aurait pu le rencontrer. C'était aussi un moine, mais il avait obtenu du Pape d'être libéré de son ordre, sa confrérie, qui lui imposait une discipline trop dure et qui appréciait peu ses recherches, pour rejoindre un ordre plus bonhomme, plus cultivé aussi. Il fréquenta plusieurs universités et devint médecin. Il écrivit de nombreux ouvrages, où toujours il insiste sur les libertés individuelles.

- Et que disait-il, par exemple?

- Des choses évidentes pour toi et moi. Il disait "Mange bien, bois du vin de Chinon et sois joyeux!"

- C'est quoi Chinon?

- Une petite cité, au bord d'une belle rivière, au cœur de la France. Un pays de bien-être et de culture. C'est là qu'est né notre François. Ses livres sont remplis de doubles sens à connotation sexuelle, de blagues osées et de chansons bachiques qui ont surpris et choqués ses lecteurs les plus avertis.

Dans ses histoires, il a inventé l'Abbaye de Thélème, un monastère idéal où les moines vivent sans lois ni obligations, ne suivant que leur bon vouloir et leur plaisir, et où la seule règle est: "Fais ce qu'il te plaît". Car, disait Rabelais (je cite de mémoire): *"les hommes libres, mûris de leur propre expérience en compagnie d'honnêtes hommes, sont naturellement enclins à faire le bien avec naturel, alors que lorsque les mêmes sont assujettis et contraints ils ont pour première soif de se révolter contre la tyrannie qui les écrase, parce qu'il est dans la nature et l'honneur humains d'être libre et de désirer ardemment ce qu'on interdit."*

- "Fais ce qu'il te plaît"... simple et merveilleux programme !

- Oui, et qu'on peut, par ailleurs, comprendre de moult façons: "Fais tout ce qui te passe par la tête", ou encore "Ne fais que ce qui t'inspire réellement", ou même "Fais ce qui te plaît, mais Fais-le bien!", un peu comme le "Fais ce que tu fais" du proverbe latin.

- C'est passionnant! Dis-moi encore: qu'a-t-il dit, qu'a-t-il fait ton bon François?

- Ah, Vîgot, j'aime ton enthousiasme, et surtout ta curiosité.

Vîgot hocha la tête en fermant les paupières, comme pour couper court aux politesses superficielles et aller tout droit à l'important:

- En dehors de sa joie de vivre, de sa jouissance du moment, que vous a-t-il fait comprendre?

Geert hésitait:

- ... il y a bien quelque chose, mais ce n'est pas facile à expliquer. Cela relève du langage... on peut dire que Rabelais a créé un nouveau langage.

- ... ? Explique-moi.

- En France, depuis près de cinq siècles, notre féodalisme s'est consolidé en une structure politique théocratique. La chaîne du pouvoir obéit au roi qui représente Dieu sur terre et en tire sa légitimité. À ce titre, la loi intangible est celle qu'impose l'Église.

- Je comprends bien, mais le langage dans tout ceci?

- Le vieux latin des romains a évolué en langues locales, mais le clergé et les personnes instruites parlent le latin d'Église qui n'est plus une langue vivante. C'est une langue grammaticalisée à outrance, structurée en une chaîne de clichés. Les écoles et les monastères répètent inlassablement les légendes de la bible et des évangiles. Les leçons deviennent peu à peu des litanies, des refrains martelés à l'envi. Les discussions dans les collèges se font dans une langue de bois dont l'usage relève plus de l'incantation hypnotique que de la communication.

- Oui, et donc plus aucun échange! Nous avons vécu le même problème dans nos grands monastères. C'est pourquoi les maîtres tantristes ont utilisé tant de paradoxes pour désarticuler notre confiance dans le sens des mots. Un langage figé nous donne trop facilement la fausse impression de penser. Est-ce aussi l'approche de Rabelais?

- Même but, mais autre méthode! Par le paradoxe, vos maîtres sont redescendus, avec génie, vers le silence, puis vers la recherche du sens, refondé sur l'expérience de la perception. François Rabelais était mû, je pense, par une passion plus charnelle pour l'humain, la vie en général et la vérité. Il s'est tout naturellement tourné vers les tréteaux, où il a travaillé la communication théâtrale, le langage du comédien, avec ses outrances et la catharsis qu'il offre au public. Pour fuir le sens mort, mais surtout pour libérer notre droit de penser, il a brisé la gangue de la langue de bois. Emporté par son amour de la vie et par sa faconde, probablement pensait-il plus vite qu'il n'aurait pu construire des mots nouveaux car, pour quelques néologismes aux racines classiques, grecques ou latines, il nous a laissé des centaines de mots créés de toutes pièces, à chaud, à partir d'onomatopées ou tout simplement de l'inspiration du moment, de la rime, du fumet des passions qui passait, soudain, sur le parvis de l'église.

- Et tous ces mots sont perdus maintenant?

- Mais non, justement! et c'est là qu'on voit que non seulement il était grand mais surtout qu'il venait à son temps, qu'il a entendu son temps et qu'il a exprimé ce qui ne pouvait pas ne pas être dit. Un vrai créateur, donc. Des centaines de mots inventés par François Rabelais ont déjà été adoptés dans la langue quotidienne en France.

Vîgot réfléchit quelques instants, les yeux fermés...

- Attends, attends! c'est grave ce que tu me racontes là! D'abord, tu dis que nous manquons de mots et qu'il nous faut, tout le temps, en créer de nouveaux?

- Hé, Vîgot, s'il te plait, moi je ne dis rien, je te raconte ce que je crois avoir compris de l'aventure récente de François Rabelais. Ceci dit, oui, peut-être les nouvelles idées ont-elles besoin de nouveaux mots.

- Mais surtout ce que ton François nous montre c'est que le sens des choses précède les mots qui les décrivent.

- ... où vas-tu?

- Mais, Geert, c'est capital: si les perceptions, les concepts et la pensée qui en sort ont une existence propre avant d'avoir des mots qui les expriment, alors nous pouvons comprendre pourquoi l'expérience ne se transmet pas par des leçons magistrales. Car le sens reste donc subjectif et labile, et la communication, que nous espérions portée par un langage signifiant, est réduite à un discours hypnotique.

Dans ces conditions, soit nous acceptons de n'être que des zombies aux crânes bourrés d'idées toutes faites ou, alors, nous devons finalement admettre, comme les sages taoïstes nous le disent, en Chine, depuis des siècles, que les expressions poétiques, musicales ou picturales sont les seules qui fassent sens, à l'aune de la vie. Je trouve cela tout bonnement extraordinaire!

Geert ouvrait de grands yeux: ce Lama barbu avait tout compris! Drukpa et Rabelais étaient-ils donc universels?

- Cela nous paraît extraordinaire, mais ne devrait pas nous étonner. Réfléchis, Vîgot: tous les grands maîtres, je veux dire les sages, qui ont parlé de Dieu n'ont jamais évoqué une autorité dictatoriale mais seulement un *principe*. "Principium" en latin: le moteur original, la force organisatrice, la Nature des choses. Et même les maîtres à penser qui, comme Bouddha ou Tchouang-tseu chez vous, ont préféré ne pas parler d'un Dieu (de crainte peut-être que la superstition populaire n'en fasse, justement, des personnages autoritaires aux règles sottement contraignantes?), ont choisi de parler de la Nature des choses.

Tu es familier du Tao, bien sûr. On attribue à Lao-Tseu cet adage si parlant: "La Voie qu'on peut décrire n'est pas la Voie." Notre pensée ne peut pas comprendre l'infinie complexité des choses.

Quelle meilleure preuve qu'il ne peut pas exister de règle imposée? La liberté est infinie. Seule la quête compte.

A ce moment, Javeed se leva et s'excusa de les quitter:

- C'est passionnant, mais j'ai quelqu'un à voir en ville. J'essayerai de vous l'amener, vous restez ici?

- Tu connais mieux?

- Non, pas à Surat!

- Alors, nous t'attendrons!

Il les quitte en leur faisant un signe de la main. Vîgot relance aussitôt son nouvel ami:

- Explique-moi mieux, tu me passionnes.

- Que veux-tu que je partage avec toi? tu sais, ce ne sont jamais que mes petites convictions, glanées çà et là chez les autres...

- Tu peux développer un peu cette différence entre la règle et la quête?

Geert goûte le vin de Samos puis réfléchit un peu.

- Je m'installe souvent à Venise chez un ami maltais qui aime beaucoup ces sujets. Il fréquente le quartier juif qui est surtout habité par des kabbalistes. Ce sont des mystiques qui cherchent la Voie dans les interprétations ésotériques de leur texte sacré: la Torah.

- Tu veux dire qu'ils se livrent à l'exégèse de leurs textes anciens?

- Non, c'est beaucoup plus poussé qu'une exégèse et cela en devient parfois délirant. Il s'agit vraiment de jouer, non pas avec le sens des mots mais avec les signes, les lettres, les chiffres eux-mêmes, qu'on retourne, qu'on additionne, qu'on multiplie jusqu'à ce qu'on trouve un résultat signifiant. Je n'y connais rien personnellement mais je me souviens que le "UN" est bien sûr le symbole du dieu unique, le créateur de l'univers, tandis que 666 est la signature de la bête de l'Apocalypse, Satan qui vient dévorer les infidèles à la fin des temps.

- Mmm, on en tremblerait! ... cela me semble proche de nos usuelles pratiques magiques, nos superstitions d'origine chamanique, comme lorsque nos dévots veulent connaître l'avenir en tirant au sort des baguettes de bambou!

- Oui, ou comme chez nous, en chrétienté, lorsque nos dévots et nos dévotes prient et allument des bougies pour une statue de la mère du Christ, dont la vénération a été inventée de toute pièce par le clergé lorsque le culte à Déméter, la grande déesse de la nature, se montra trop difficile à éradiquer.

Mais il y a d'autres sages judaïques dans ce même quartier de Venise. Et ceux-là, par quête de la vérité, par honnêteté intellectuelle, questionnent leurs propres traditions.

Certains d'entre eux m'ont raconté une histoire passionnante. Laisse-moi tenter de t'expliquer...

Un des règlements les plus contraignants des grandes religions d'Europe est contenu dans les tables de la loi que le Dieu des Hébreux aurait données au prophète Moïse. Parmi de nombreux autres chapitres d'instructions, de lois et de développements divers, elles comptent dix commandements brefs qui veulent régler le comportement des individus.

Comme tous les évènements fabuleux, ce cadeau du ciel est réputé très ancien, plus de trois mille ans !

Or, il n'en est rien: toute l'histoire a vraisemblablement été inventée par le roi Josias, ou ses conseillers, à peine deux cents ans avant le Bouddha! Pour des raisons politiques, il voulait créer le mythe national d'Israël afin d'unifier les petites cités états de Judas et d'Israël, à peine quelques bandes de paysans, mi-pouilleux, mi-brigands. Encore une fois, on met sur le dos de Dieu une simple recherche de pouvoir très terre-à-terre!

- Et c'était quoi ces dix commandements?

- Et bien, c'est précisément cela qui a convaincu mes penseurs juifs de Venise de les mettre en question. Ces commandements sont d'une platitude que seuls des politiques pouvaient inventer. Tous les poncifs s'y retrouvent: craindre et honorer un Dieu tout puissant, honorer ses parents, ne pas voler, ne pas tuer, ne pas forniquer, ne pas être envieux, tu vois le style?

- Oui, bien sûr! Un règlement de police, tout ce qui crée l'ordre et la discipline qu'aiment tant les politiques et les hommes de pouvoir qui sont leurs alliés. Notre histoire a connu des épisodes de ce genre, surtout lors des invasions barbares. Tes amis de Venise ont évidemment raison: jamais les sages ne font de tels raisonnements!

- Exactement! Le même phénomène se répète dans la religion chrétienne: pourquoi le clergé aurait-il adopté ce décalogue biblique, ce code disciplinaire, alors que la philosophie du Christ était entièrement dans son Sermon sur la Montagne?

Au contraire, les vrais sages conseillent toujours l'expérience, la contemplation, la recherche, la dignité de la liberté qui augmente l'humanité plutôt que de générer des foules de moutons bêlants pour garantir la fortune de quelques exploiteurs!

- Tu m'as largement convaincu, Geert! Ces derniers mois, je suis arrivé deux fois à la même réponse, mais que je suis quand même parti vers l'Ouest dans l'espoir de mettre cette conviction en question, de peut-être la trouver moins évidente au contact des maîtres, passés ou présents, de la Méditerranée ou de l'Europe. Et voilà que tu m'apprends que Drukpa Kunley avait un frère en France! Mieux encore: je me voulais le neveu de Drukpa parce que je le voyais comme le modèle du libérateur, mais je réalise maintenant qu'il n'utilisait la transgression que pour des fins pédagogiques... Donc, d'une certaine façon, il voulait lui aussi convaincre du bien-fondé de son système. Ton moine français est plus libertaire. Je serai donc le Neveu de Rabelais!

- Je suis heureux d'avoir pu, par hasard, te donner à connaître cette ressemblance, qui ne m'étonne pas, entre Drukpa Kunley et François Rabelais. Régulièrement, semble-t-il, un effort de réflexion, de libre-pensée, tend à venir remettre l'humain au centre de la société. Mais, même si cela s'offre à nous comme une évidence, qui s'étonnera que tous les pouvoirs étouffent très vite ces velléités de liberté? Les mâles obtus, les officiers, les politiques, les religieux n'ont que faire de ces germes d'anarchie qui menacent directement les systèmes en place.

- XII - SOIF DE GITANE: VISION D'UN MARRANE À NAÎTRE.

A ce moment, Javeed revient et reprend sa place à leur table.

Vîgot s'étonne:

- Tu n'as pas trouvé qui tu cherchais?

- Si, si: elle vient. Elle est là au fond de la petite salle, des amis à saluer, ou des clients.

- C'est une femme?

- Patience, amis, patience! D'ailleurs, la voilà.

Ils se tournent avec lui et voient une femme à la chevelure longue, brune et si abondante qu'elle fait une masse sur ses épaules. Elle porte un corsage rouge vif et sa jupe est faite de sept ou huit foulards multicolores tout couverts de petits motifs indiens traditionnels. Elle s'approche et ils distinguent maintenant, sous les cernes de khôl, ses petits yeux perçants, presque verts, pers plutôt, presque pervers tant ils sont insolents.

Elle va droit sur Vîgot:

- Tu veux que je lise dans ta main?

- Non, non!

Javeed comprend qu'il a été surpris et le rassure:

- Mais si, Vîgot, qu'est-ce que tu risques? Je te présente Célia, c'est une très vieille amie.

Il sourit lui-même de son geste de recul et prête sa main, avec un sourire d'excuse qui reste complètement ignoré. Célia saisit son poignet gauche et en examine la paume:

- Je vois que tu viens de loin. Des montagnes, des hautes montagnes.

Elle scrute la paume et soudain son regard se fixe. Elle semble très concernée, presque mécontente:

- Toi, tu as vu ma fille!

- Mais non Célia, je n'ai fréquenté aucune gitane à Surat!

Elle se fait de plus en plus sévère, balayant de la main toute objection:

- Qui te parle d'ici? Tu as vu ma fille dans un village près des montagnes, au bord d'un torrent.

Elle lève les yeux et semble hypnotisée par sa vision:

- Tu l'as vue, comme je la vois, partir avec un jeune homme blond aux yeux bleus.

Vîgot prend peur:

- Comment s'appelle ta fille?

- Tu le sais bien: Sara.

Il est décontenancé mais déjà Célia en rajoute:

- Mais pourquoi étais-tu si jaloux?

- Moi? jaloux de Petros parce qu'il sort avec une jeune gitane? C'est mal me connaître!

- Mais non, ne fais pas l'innocent. Jaloux de Sara bien sûr! Heureusement que tu as eu la sagesse de partir sinon tu aurais pu voler à ma fille sa chance de trouver l'homme de sa vie...

- Et un père pour sa fille...

- Que dis-tu? Sara, une petite?

- Il y a donc des choses que tu ne vois pas? Oui, elle a une charmante gamine de trois ans, Luludja.

Célia s'assied à leur table et boit une grande gorgée dans le verre de Geert.

- Merci! Excuse-moi, Vîgot, de t'avoir un peu taquiné. Merci de m'annoncer cette merveilleuse nouvelle. J'en suis toute retournée... Buvons tous, à la santé de cet enfant: qu'elle soit toujours libre de ses choix!

Ils trinquèrent et burent tous plusieurs verres, en faisant chaque fois un souhait pour Sara et Luludja.

Puis Célia se tourna vers Vîgot:

- Dis-moi, qu'est-ce qui t'intéresse, messager des grandes nouvelles?

- Pourquoi, Célia? Tu fais d'autres choses que de voir dans le passé des hommes?

- Dis toujours, tu verras bien.

- Nous nous intéressons à la philosophie, à la liberté des humains, à la révolte contre les pouvoirs profiteurs et contre les religions qui se mettent à leur service. J'aimerais savoir si l'Occident va nous accompagner, ou nous inspirer...

- Viens voir.

Elle l'attire près d'elle sur le banc, sort de sous sa jupe un sachet de sable et de cendres et quelques osselets.

Elle fixe Vîgot de ses yeux verts, avec un regard de défi amusé.

Elle repousse du bras les verres et verse le contenu du sac sur la table.

Après avoir secoué les osselets entre ses mains jointes, elle les jette sur le sable. Elle en prend un entre deux doigts et trace une route dans le sable, puis souffle un peu sur les cendres.

- Je vois un juif, dans les Pays-Bas... il est annoncé, dès aujourd'hui, par les travaux de quelques esprits libres. Il devrait arriver dans soixante ou soixante cinq ans. Cela fait huit cents lunes environ, Vîgot...

- Merci Célia, je connais le calendrier de César.

- Très bien! Luludja pourra donc le rencontrer, et même toi, Vîgot, si tu cesses tous tes excès et deviens un très vieux sage, de l'âge qu'atteignit Drukpa par exemple...

Javeed l'encourage:

- Parle-nous de ce juif, Célia...

Elle refait une trace d'osselet dans le sable et la cendre. Elle se concentre, elle lève les yeux au plafond et leur dit:

- C'est peut-être un fils de marrane d'Espagne, ou du Portugal. Il sera chassé de sa religion. Il deviendra le premier grand maître de la pensée libre, en Europe, à notre époque...

Puis elle les regarde tous, autour de la table, croisant le regard de chacun, elle pose calmement les mains à plat sur la table, les regarde encore un fois, en une longue tournante, et, très décidée, leur annonce:

- Arrêtons le petit théâtre. Javeed m'a dit que vous êtes des gens sérieux. Mon fils est en Europe, il observe toutes ces choses et me les fait savoir par les commerçants de notre tribu. On sent bien ce mouvement de critique, aux Pays-Bas, mais aussi en France, en Angleterre et en Italie. Moi je digère tout cela et je me laisse aller à mes intuitions, parfois j'ai une vision...

Vîgot s'étonne:

- Vous êtes une drôle de gitane, Célia!

- Pourquoi? Nous sommes, tu le sais, des gens du voyage. Contrairement au monde entier, ou presque, nous, gitans, n'accordons aucune valeur à l'argent. Mais surtout, nous ne voulons ni lire ni écrire. Pas de pollution par les mots compliqués et les idées figées. Nous ne sommes pas les premiers, souvenez-vous des Celtes anciens qui ne toléraient l'écrit que pour les matières profanes: le commerce, la gestion, la politique; mais qui n'acceptaient que le verbal pour la philosophie et les rites. Ainsi, nous, Gitans, observons les gens et les évènements, en direct, au jour le jour.

Comme personne ne s'intéresse à la sagesse, les gens ordinaires n'aiment pas le voyage, ils préfèrent en général rester chez eux et garder leurs habitudes. Je n'aurais aucun succès à vouloir enseigner la vérité.

D'ailleurs, les gens ne payent les Gitanes que pour des imbécillités: vais-je être heureux en amour? vais-je gagner plus d'argent? vais-je vivre vieux et en bonne santé?

C'est bien de cultiver la sagesse, cela rend heureux, mais il faut vivre! Donc je travaille. Et mon travail est de dire à ces gens ce qu'ils veulent entendre. Un peu comme les médecins, d'ailleurs, je gagne ma vie...

Geert est de plus en plus attentif, il s'intéresse:

- Célia, n'étiez-vous pas sur un bateau qui relâcha à Goa, un peu avant la mousson il y a cinq ans?

- Si, comment le sais-tu?

- J'y étais aussi. Vous étiez avec une grande fille, je pense?

- Oui, c'était Sara. Nous venions d'Europe. Ma mère a entretenu une longue amitié avec un jésuite qui lui racontait l'Inde et la Chine. Elle avait promis une neuvaine à Sainte Marie de Goa lorsque la petite, vers ses quatre ans, est tombée très malade. Maman n'a pas eu le temps de respecter son vœu avant de tomber elle-même malade et de lentement s'étioler jusqu'à nous quitter définitivement. Sur son lit de mort, elle m'a fait jurer de faire la neuvaine à sa place.

J'ai donc décidé avec mon fils de m'installer quelques années en Inde et d'en profiter pour y faciliter son commerce et, pourquoi pas, tenter de le développer.

Vîgot est soudain pris d'un énorme fou rire, dans lequel Javeed puis Geert se laissent entraîner:

- Ha, ha, ha, ha... Voilà bien la vie! Ha, ha, ha... L'avènement de la pensée libre en Europe nous est annoncée dans le désert du Gujarat par une Gitane qui voit dans l'avenir et dans l'espace... Ha, ha, ha, ha...

Là est la grande vérité, mes amis: la vie est follement drôle si nous acceptons de regarder nos ignorances avec humour!

Il s'éponge, se mouche, s'essuie les yeux qui pleurent de rire, puis reprend:

- Et toi, Geert, que penses-tu des prédictions de Célia?

- Elles sont très plausibles. Je suis d'accord avec son fils: il y a, dans toute l'Europe, un mouvement de contestation des pouvoirs aveugles et plus particulièrement de critique et de réforme du rôle des religions. Après Érasme, nous avons eu le moine Rabelais dont je vous ai parlé, puis Monsieur de Montaigne, lui-même fils d'une marrane, qui, dans ses écrits, propose une nouvelle forme d'humanisme en s'appuyant plus sur la réflexion à propos des petites expériences quotidiennes et sur la maîtrise de soi que sur l'accumulation des connaissances livresques. Il vit toujours, ainsi que Tycho Brahé, l'astronome danois qui observe les mouvements des planètes et veut défendre la mémoire de Copernic qui fut poursuivi par l'Inquisition parce qu'il affirmait que la terre tourne autour du soleil.

D'autres suivront, cela ne fait aucun doute. Je confirme aussi que les juifs y jouent un rôle important: les marranes d'Espagne et du Portugal ont fui l'Inquisition et se sont exilés vers le Nord. Beaucoup ont choisi Amsterdam qui est aujourd'hui la cité de loin la plus cosmopolite et la plus tolérante de la région.

Comme l'a évoqué Célia, ce mouvement est aussi un rejet de l'intellectualisme purement discursif. Ces personnes refusent un dieu qui serait conçu comme un législateur et un juge.

- Oui, intervient Célia, c'est une des choses qui nous rapproche de ces gens et qui a donc attiré notre attention: ils utilisent l'expérience personnelle quotidienne, longuement réfléchie. N'est-ce pas, Geert?

- A mon avis, c'est exactement cela. Que leur démarche soit concrète ou symbolique, ils pratiquent une approche opérative: science physique ou alchimie.

- Ceci dit, ajoute Célia, notre tradition raconte de nombreuses tentatives historiques dans ce sens. Il semble que, régulièrement, les hommes tentent de rallumer la flamme de la liberté en soufflant sur une braise oubliée. Mais les pouvoirs en place ont vite fait de resserrer la discipline et de mater ces têtes fortes dans le feu et le sang.

- Oui, acquiesça Vîgot, Nous en parlions avec Geert en début de soirée: la démocratie grecque c'était il y a plus de deux mille ans.

Il ajouta avec un clin d'œil taquin:

- Un peu plus de vingt cinq mille lunes, Célia! Mais alors déjà Diogène devait rappeler à ses concitoyens de ne pas se prendre au sérieux! J'ai bien compris la leçon, Geert?

- Très bien, élève Vîgot! Mais, pour rester sérieux, Célia a raison, les époques lumineuses de respect de la liberté individuelle, de la libre-pensée et de la libre expression, ont toujours été très courtes.

Le vrai problème, que nul, à ma connaissance, n'a jamais résolu, pourrait se résumer ainsi: si Drukpa et Rabelais ont raison, comme nous le pressentons clairement, pourquoi les hommes, quelles que soient les chances que leur donne l'Histoire, préfèrent-ils, inlassablement, l'asservissement à la liberté?

Un silence tomba sur leur table.

Ils n'ont pas non plus de réponse à cette énigme.

Mais tous ont faim et, en un bel ensemble, s'accordent à inviter Célia, qui a tellement enrichi la soirée.

Ils commandent à manger, un choix de plusieurs plats traditionnels: riz, lentilles, poulet, mélange d'épices en sauce, et surtout ces délicieuses galettes de farine de blé, grasses et feuilletées à souhait, que tous les indiens appellent des parathas.

Ils commandent encore du vin de Syrie, sauf Javeed qui demande un jus de fruit frais. Il doit se dire qu'Allah pourrait trouver qu'il exagère, tant dans sa diète que dans les idées qu'il discute...

Vîgot dévore avec un bel appétit et un grand enthousiasme.

- Dès que je serai guéri, je pars! J'ai appris ce que je cherchais. Je dois vite aller retrouver ma mie.

Geert se moque de lui, amicalement:

- Attention, Vîgot, ne va pas remplacer l'obéissance à un dieu par une dévotion à un être humain qui t'enlèverait aussi ta liberté!

- Non, non, mais je suis persuadé que la vie se vit à deux. Il faut l'autre pour trouver le moi.

- Là tu m'intéresses!

- Érasme, encore?

- Non, pas du tout. D'ailleurs, on ne sait pas grand-chose des relations plus intimes d'Érasme. Quelques amis, sans aucun doute, parmi ses collègues libres-penseurs, et beaucoup d'échanges épistolaires. Mais de couple comme tu l'évoques, aucun réellement prouvé. Peu probable d'ailleurs dans le contexte où il a vécu. Les relations furtives, même si elles ne sont pas teintées de culpabilité, ne sont pas l'occasion des échanges dont tu parles.

- D'où vient ton intérêt pour le couple alors?

- De l'expérience de Geert Verdomme! En toute modestie. Tu me touches parce que j'ai eu, moi aussi, ces réflexions en pensant à certains épisodes de ma vie. Je n'ai pas encore réellement construit cette fusion avec l'autre car il faut soit se sédentariser, soit emmener l'autre partout avec soi. Mais j'espère bien y arriver.

J'ai connu un couple extraordinaire qui m'a beaucoup impressionné, émerveillé même!

Elle était couturière et diseuse de bonne aventure, lui était un peu guérisseur, un peu écrivain public et pouvait aussi gagner leur pain quotidien dans mille et un petits métiers.

Mais le miracle était qu'ils ne se quittaient jamais! Quoi qu'ils fissent, ils le faisaient à deux. La cuisine, la couture, le ménage, les métiers et les consultations de l'un et de l'autre. Ils ne déféquaient pas ensemble parce qu'ils étaient nomades et n'avaient jamais eu le temps de construire des latrines jumelles adaptées à leurs habitudes, mais ils le faisaient au même moment, c'est dire!

Par ailleurs, c'est même une pratique ésotérique des alchimistes européens: la recherche en couple.

- Oui, c'est bien cela! Comme dans le Tantra dit "de la main gauche"! Mais les religions qui se veulent pures et structurées n'encouragent pas cette démarche. Peut-être par nature: pour les prêtres, leur dieu est tout, car c'est leur fonds de commerce! Ou peut-être est-ce par crainte de libérer les individus? Lorsqu'on connaît cet échange fusionnel avec l'autre, on est parfaitement rassuré, au moins jusqu'à la mort, la sienne ou celle de l'autre. On n'a plus aucun besoin. Pour les autres, on devient un mauvais sujet, un mauvais esclave, un mauvais client.

Le Vajrayana que j'aime n'est pas pur, lui, c'est typiquement un métissage. La semence paternelle en est bien bouddhiste, mais l'humus nourricier en fut le chamanisme des montagnards. Ce n'est pas seulement un manque incarné, fruit de notre intellect impuissant, c'est aussi la luxuriance du panthéisme, le reflet de la vraie vie.

Un homme, habillé en serveur d'auberge, vint parler à Javeed, à voix basse. Il acquiesça et s'adressa à ses amis sur un ton neutre, comme si la conversation continuait:

- Restez calmes. Les hommes de Bahadur Shah ont retrouvé nos traces. A cette heure, ils traversent le fleuve Narmada. La plupart de mes hommes ne leur sont pas connus et peuvent m'attendre ici. Mais cinq de mes lieutenants, Vîgot et moi, devrions filer avec un petit groupe de bretteurs bien entraînés. Heureusement j'avais prévu ce risque et un boutre rapide est prêt à appareiller. Dès que nous arriverons, ils lèveront les voiles. Dans la nuit, nous pouvons traverser le golfe de Khambhat et atteindre Porbander, loin de nos poursuivants, et hors de leur pouvoir. Quelqu'un veut-il nous accompagner?

Geert et Célia déclinèrent: leurs affaires étaient à Surat. Javeed et Vîgot leur donnèrent de chaudes accolades et partirent discrètement mais sans traîner.

- XIII - LE MALENTENDU.

Tu es c ontagieux à toi-même, souviens-t'en.
Ne laisse pas "toi" te gagner.
Henri Michaux

Le repentir est une seconde faute
Baruch Spinoza

Le boutre était prêt, comme convenu. A peine furent-ils montés à bord que l'équipage hissa les voiles puis, immédiatement, sur ordre du capitaine, les réglèrent pour prendre au mieux le vent qui soufflait déjà en bourrasques.

La mousson, que Javeed annonçait il y a quelques jours, est bien là. Il est fréquent que ces premières tempêtes se lèvent le soir: le désert, brûlé toute la journée sous un soleil ardent fait appel d'air sur les masses océanes plus fraîches.

Après un échange de quelques mots entre Javeed et le capitaine, l'équipage réduisit la voilure et le boutre se mit à tirer un cap près du vent, de manière à éviter d'être drossé sur les côtes du Gujarat au cas où la tempête se mettrait à forcir.

Le boutre de ces mers arabes est haut sur la mer, surtout en poupe, mais il est lourd et ventru. Cela lui donne une stabilité au roulis qui est fort agréable aux marins qui tentent de le maîtriser dans la tempête. Mais surtout, lorsqu'un très gros temps oblige le barreur à prendre la houle et le vent presque de face, en tirant des bords au près serré, ce boutre devient rassurant tant il est économe de ses mouvements. Grâce à sa lenteur à réagir à la houle, on a parfois l'impression qu'il se donne le temps de réfléchir pour mieux anticiper la prochaine vague.

La mer devient de plus en plus grosse. L'équipage réduit encore la voilure et ne maintient qu'une petite voile de tempête. Chacun s'arrime au bateau avec des cordages. Toutes les deux ou trois vagues, ils ramassent un gros paquet d'eau salée.

Vîgot souffre à chaque mouvement du bateau. Sa blessure ne saigne pas, mais les efforts nécessaires à garder l'équilibre lui déchirent quelque chose à l'intérieur de la poitrine. Il ressent une impression de nausée douloureuse qui se superpose aux hauts-le coeur du mal de mer sans qu'il puisse les distinguer.

Le capitaine décide bientôt de modifier son cap pour affronter la houle presque de face. Il ne peut choisir l'allure de fuite, vent arrière, dernière option pour ne pas casser quand la tempête est trop forte, car cela serait aller droit s'échouer sur la côte du Gujarat et s'y faire rouler, écraser, moudre par les rouleaux. Il choisit donc de naviguer au plus près du vent, mais lorsqu'il réalise qu'ils n'avancent plus, il est forcé d'opter pour une allure un peu moins serrée pour, quand même, s'éloigner des côtes au plus vite.

Si la tempête dure cela les mènera vers les côtes du Sultanat d'Oman. Si tout va bien, ils pourront toujours revenir vers Porbander après la tempête. Le seul risque sérieux est d'aller s'échouer sur les côtes du Sultanat. Rien de réjouissant: soit ils auraient dérivé vers le couchant et iraient s'exploser sur les rochers, soit ils auraient gardé leur route et iraient s'enliser sur la côte Est du pays, inhabitée et sans feux.

Heureusement, la tempête se déplaçait assez rapidement vers l'Est et le vent devint peu à peu moins violent. Après avoir navigué une bonne partie de la nuit à cette allure, ils purent enfin reprendre le cap de Porbander.

A l'aube, ils arrivent en vue. Javeed prend la barre. Il connaît bien la passe et dirige le boutre vers une maison basse, à plusieurs lieues du bourg. Il fait jeter l'ancre et mettre la barque à l'eau. A la rame, lui, Vîgot et un des marins traversent un haut fond littoral et rejoignent un petit quai taillé dans une masse de corail fossilisé. De là, leurs sacs sur l'épaule, ils montent une vingtaine de marches jusqu'à la maison. Sur le seuil, ils se retournent et crient adieu au marin qui va mener les cinq autres rebelles jusqu'au port.

Javeed ouvre la porte et lui fait les honneurs. Il n'a pas eu le temps de faire prévenir un domestique et c'est mieux ainsi. Plus discret. Dès ce midi, le boutre sera rentré à Surat et le capitaine pourra expliquer qu'il s'est abrité quelques heures contre la tempête avant de renoncer à son déplacement vers Muscat.

La maison est sise sur une terrasse de corail de sept à huit brasses de haut. Juste assez pour ne pas souffrir des marées de vives eaux qui sont, ici, d'une amplitude impressionnante.

Javeed montre à Vîgot les deux salles communes, la

cuisine, les trois chambres, la salle d'eau, la terrasse vers la mer et le petit jardin dans le patio abrité de la salure des vents.

Dans la cuisine, Javeed soulève le couvercle d'une jarre en terre cuite et y puise un grand broc d'eau qu'ils boivent avidement, debout, à même la cruche.

D'un commun accord ils décident d'aller se laver et, sans vergogne, de se coucher et de se laisser dormir tout leur soûl.

Lorsqu'ils se réveillent la journée tire à sa fin. Ils s'assoient sur un banc, sur la terrasse face à la plage. Le soleil va bientôt se coucher derrière le bourg. La maison est dans une anse protégée dont la pointe est marquée de quelques grands palmiers dattiers.

On n'entend pas d'autres bruits que le saut d'un poisson, de temps à autre.

Puis, comme le ciel rougit, soudain les oiseaux qui fouillent l'estran se mettent à siffler. Les spatules, pluviers, gravelots, bécasseaux et autres petits échassiers, chacun à leur tour, s'appellent, insistent, se répondent.

Lorsque l'ensemble devient concertant, c'est comme un signal: de derrière le bouquet de palmiers un vol de pélicans s'approche, à battements lents et lourds de leurs grandes ailes lasses, ils avancent leurs têtes un peu préhistoriques et se laissent amerrir, presque devant la maison, pour leur dernière pêche du soir.

Les deux amis contemplent le spectacle, en silence. D'un regard échangé, ils partagent leur appréciation de la paix, de la force et de l'équilibre: la nature primitive, dans toute sa beauté un peu trouble...

Lorsque l'obscurité les empêche de voir encore les oiseaux, ils décident de marcher jusqu'au bourg pour manger dans une des tavernes du port et demander à Vijaï de venir le lendemain matin pour tenir la maison et préparer les repas durant leur séjour.

Au port, l'aubergiste les fait s'asseoir dans une petite pièce privative, garnie de grandes nattes sur le sol de sable fin et de plusieurs gros coussins, certains très fermes, d'autres plus moelleux. Il leur propose un gros bar qui vient juste d'être pêché et qu'il peut faire préparer sur la braise, avec du riz et des fruits.

Au cours du repas, Vîgot interroge Javeed:

- Comment as-tu choisi Porbander pour t'y installer?

- Tu te doutes bien que je ne suis installé nulle part, mais c'est une de mes retraites préférées, tu as raison. Je pense que c'est à cause de l'esprit qui règne dans cette petite région. Le coin est difficile d'accès, sauf par la mer, et notre sultan est très sage.

- Un sultan sage? n'est-ce pas rare?

- Non, c'est même assez fréquent dans ce pays lorsque les fiefs sont de dimensions limitées. Tous connaissent le sultan et apprécient ses décisions. Il est très raisonnable sur l'impôt, ce qui favorise les initiatives et le commerce. Mais aussi, il y a beaucoup de solidarité à Porbander: pour toute nécessité sociale, le sultan paye une bonne part des investissements sur sa propre fortune. Alors, tu penses... cela crée une forte émulation: comment ne pas suivre son exemple, même modestement?

Ils bavardent calmement. Le poisson est bon, mais l'excitation des événements de ces derniers jours est retombée et la fatigue se fait sentir.

Javeed veut tout de suite rassurer son nouvel ami:

- Notre groupe doit se faire oublier quelque temps. Je vais donc rester ici et j'enverrai un messager de confiance à Surat lors de la prochaine nouvelle lune. Ne te soucie de rien: tu es chez moi chez toi. Même si je dois partir, Vijaï sera là pour ton service. Il faut que tu reprennes des forces et que tu guérisses complètement. Demain, un médecin viendra te voir.

- J'aimerais partir vite, mais je sais que tes conseils sont bons. J'attendrai donc d'être bien guéri. Et puis, je dois me trouver un nouveau bâton de marche!

- Il n'en est pas question! Je te donnerai trois mules: une pour te porter, une autre pour transporter tes affaires et le grain pour les trois bêtes, et la troisième pour te donner un métier et une bonne raison de voyager: tu seras commerçant ambulant en nattes et en poteries de terre cuite.

- Tu as déjà tout organisé dans ta tête! Ne penses-tu pas qu'il vaut mieux voyager léger pour ne pas attirer la convoitise des envieux?

- Non. En ces temps de troubles politiques, je pense que le plus important est de ne pas attirer l'attention. D'ailleurs, tu ne seras qu'un très petit commerçant. Mais au nom de notre amitié et de tout ce que je t'ai fait souffrir, sans le vouloir, je te donnerai aussi une ceinture discrète avec quelques pièces d'or et d'argent. Ainsi tu pourras acheter aussi bien que vendre. Cela te donnera plus de flexibilité.

- Je ne veux pas que tu me donnes de l'or. Il n'y a aucune raison pour que tu t'appauvrisses pour moi.

- Il y a au contraire la meilleure des raisons pour cela: cela me fait grand plaisir! Et, d'ailleurs, Allah me le rendra !

- Vous les musulmans vous avez un rapport très spécial à l'argent, non?

- Notre tradition veut que l'argent circule, donc il faut d'abord le dépenser! Notre livre est très critique envers les avares. Sais-tu que le *zakhat*, la dîme que nous devons payer aux pauvres et aux nécessiteux, peut aussi être donnée aux avares?

- Aux avares? Mais ils ne cessent pas d'accumuler!

- Le prophète, la paix soit sur lui, considérait que les avares sont les plus pauvres d'entre nous puisqu'ils se sentent toujours en manque. Ce sont des malades, disait-il. Et pour le leur rappeler, à la fin du Ramadan, rien de tel que les inviter à nos ripailles familiales et leur faire l'aumône...

- Ha, ha, ha, ha! C'est très malin, en effet! Mais tu es bien habile à détourner la conversation. Je voulais parler d'une autre sagesse: celle de voyager léger afin de faciliter la marche et de ne pas attirer l'attention des voleurs!

- Explique-moi... mais n'espère pas me faire changer d'avis à propos de ton équipage!

- On se charge toujours de trop d'objets inutiles...

- C'est vite dit, Vîgot! Prouve-le-moi.

- Regardons tout ce que nous avons dans les poches. Mets le tout sur la natte et je fais de même.

Souriant à ce nouveau jeu, Javeed fouille ses poches, tandis que Vîgot se plie sans tricher au même exercice.

Deux petits tas d'objets hétéroclites se forment entre eux: ficelles, couteaux, briquet à amadou, petit carré de soie, pierre ponce, calame en bambou, bloc d'encre et sa pierre, prière coranique, chapelet, peigne à cheveux, petit sac de médicament, gris-gris, cure-dent, statuette microscopique du Bouddha,...

Vîgot sourit:

- Tu vois, toi comme moi, nous en avons les poches pleines. A quoi nous sert tout cela?

- Tout me semble utile...

- Que garderais-tu si tu devais partir en n'emportant qu'un seul objet?

- Mon couteau... non, bien sûr: mon peigne ! Et toi?

- Mon nécessaire à écrire.

- Mais pour quoi faire?

- Parce que c'est ce dont je serais le plus privé si je devais le laisser derrière moi. Tu vois, avec mon bambou fendu, ma poudre d'encre et un peu de papier, il ne me manque qu'un petit peu d'eau ou même un crachat, à la rigueur, pour noter l'idée que m'apporte l'air du moment. Cela me relie au monde qui m'entoure et qui chante à mes oreilles.

Et je pourrais écrire pour toi une lettre à ton amie, à ton père, ou à ta fille. Ou encore noter, pour que tu puisses le garder, un poème qui te viendrait à l'esprit. Ou transcrire un long poème de Kabir, un extrait de son "Cabaret de l'amour" par exemple, que tu voudrais apprendre par cœur durant une longue marche...

Javeed réfléchit longuement.

- Nous sommes comme deux enfants: attachés aux chimères de nos jeux. En fait je puis très bien cesser de me repeigner avant chaque rencontre ou visite et tu pourrais te conter des histoires sans papier et sans écriture... Pourquoi n'avons-nous pas choisi quelque chose de pratique, comme notre couteau, qui nous permet de manger, en nettoyant un fruit, en ouvrant une huître, en grattant une racine...?

- Oui... ou le briquet d'amadou qui nous permet d'allumer du feu, de nous protéger des fauves, de cuire notre repas ou de nous réchauffer après l'orage?

- Pourquoi, Vîgot?

- Je ne sais pas. Peut-être parce que nous ne croyons pas réellement que nous allons devoir nous débrouiller tout seul pendant longtemps. En fait, peut-être comptons-nous sur les autres plus que nous n'aimerions l'admettre?

- Oui, sûrement. Nous aimons nous imaginer indépendants, mais nous ne pouvons survivre qu'en société. Cependant on peut aussi penser que l'image de nous-mêmes et les histoires que nous nous racontons sont bien plus importantes à notre confort et à notre sentiment de sécurité que la nourriture ou même le feu!

- Arrête! Depuis la soirée avec Célia, il n'est pas besoin d'en rajouter sur ce registre. Tu prêches un convaincu: nous ne vivons pas la vie, nous vivons ces petites histoires fantaisistes que nous construisons autour de nos perceptions du moment.

Javeed éclate de rire:

- Donc, tu vas finir par être sérieux, vivre dans la réalité et accepter mes mules et mon argent, bougre de têtu!

- D'accord! Et je t'en remercie! Mais puisqu'il me faut attendre d'être un peu plus vaillant, je vais quand même profiter du temps que j'ai pour me couper un bon bâton de marche que je ferai porter par une de tes deux mules de bât: cela me rendra la route plus agréable en satisfaisant mon goût pour cette image de pèlerin sur les routes du monde...

- S'il suffit de cela pour amuser un homme, tu aurais tort de t'en priver!

Ils rirent encore, ensemble et de bon cœur, et prirent le chemin de la maison en trouvant cent raisons de rire de la vanité des humains lorsqu'ils croient en leurs propres fadaises.

*

Le lendemain, le médecin de Javeed vint ausculter Vîgot. Il se fit expliquer en détail les circonstances de la flèche puis des jours de fuite qui suivirent leur évasion. Il examina rapidement la blessure externe puis écouta longuement la respiration de Vîgot, devant et derrière, ainsi que les battements de son cœur. Il prit plusieurs fois son pouls, puis réécouta son cœur avec grande attention.

- Je n'aime pas ce que j'entends... je ne sais pas bien l'expliquer, mais l'image que j'en tire est celle d'un cœur qui aurait été griffé par la pointe de la flèche. Vous n'avez survécu qu'à un poil près, et depuis lors ce cœur saignerait, goutte à goutte? cela pourrait expliquer la gêne persistante, comme si une poche de liquide avait du mal à se résorber... Je ne sais pas bien expliquer ce qui se passe, mais j'aurais tendance à conseiller repos complet, diète, et surtout éviter tout genre d'effort et même d'émotion.

- Et bien voilà, Vîgot, ce ne sera pas à la prochaine lune, mais peut-être dans six ou dix lunes!

- Tu me tuerais en m'empêchant de rejoindre enfin la femme qui me connaît. Je partirai à la prochaine nouvelle lune, comme prévu, mais j'accepte sans réserve tes cadeaux et tes montures: elles m'aideront à éviter les efforts comme le médecin me le conseille...

*

Trois semaines plus tard, Vîgot prenait la route avec ses mules.

Javeed lui avait conseillé de longer toute la côte du golfe de Kutch afin de rejoindre le Rajasthan sans s'approcher d'Ahmedabad, puis de continuer toujours vers le Nord-Est en demandant la route pour Agra. De là, tous les commerçants pourraient lui indiquer les meilleurs chemins vers le levant pour rejoindre le Népal puis le Bhutan.

Vîgot avait pensé qu'en remontant de Gorakhpur vers Bhaktapur il retrouverait la piste du Téraï et le village de Bihori, puisqu'il désirait y retourner pour prendre des nouvelles de Petros et de Lam Nakoni.

Il avait organisé sa routine pour faire tous les jours une longue étape tout en arrivant près d'une auberge assez tôt dans l'après-midi afin de pouvoir se détendre un peu, nourrir ses mules, acheter au marché des fruits et des galettes d'orge ou de riz pour le lendemain, prendre un repas chaud et réserver un couchage qui lui permette de dormir confortablement. Il souffrait sur les pistes et savait qu'il devait économiser ses forces.

Le matin, il partait donc un peu avant l'aube. Souvent il avait pu arranger, la veille, contre un petit payement, l'aide d'un gamin ou d'un jeune homme pour seller sa mule et charger ses deux bêtes de bât.

Tous les matins, dès que lui et ses mules étaient en route, il cherchait des yeux un épervier.

C'était l'heure de sortie de tous les petits rongeurs et les rapaces ne manquaient pas d'être en chasse. Souvent dès que la lumière portait au sol les ombres des arbres, il trouvait au ciel l'oiseau messager de Malé.

Il lui parlait alors, souvent à voix haute. Il lui racontait la journée de la veille, lui expliquait la route, lui parlait de ses réflexions à propos de Drukpa Kunley et des tantras.

Mais il aimait surtout lui parler d'elle et de lui, de leur couple, de leur avenir, de son impatience d'atteindre Sathrap et de la serrer dans ses bras.

Il essayait parfois de lui parler de Geert, de Célia et de Rabelais, ce moine français dont il se sentait maintenant si proche qu'il avait décidé de l'adopter comme son oncle, mais cela était beaucoup plus difficile et il dut vite admettre que ces sujets nécessiteraient qu'ils soient ensemble pour en débattre. Probablement parce qu'ils n'avaient rien partagé de ces idées avant de se quitter?

Malé lui répondait toujours sur le même ton enjoué, tendre mais un peu goguenard. Parfois cela l'énervait de ne pas pouvoir lui demander de lui parler plus sérieusement, comme s'il lui semblait qu'elle le traitait avec une certaine condescendance.

Alors il lui arrivait d'arrêter ses confidences. Et souvent il ruminait ensuite en bougonnant et se sentait tout penaud de ne pas pouvoir chasser le sentiment qu'il n'aurait peut-être pas dû entreprendre cette longue quête, qu'il aurait pu leur épargner plusieurs mois de séparation. Ils auraient probablement découvert les mêmes choses à travers leur partage intime du quotidien.

Puis il se reprenait: mais non, il n'aurait jamais rencontré Petros, ni Javeed, ni Geert et Célia! Il n'aurait pas découvert son "oncle" François Rabelais. Cela, jamais ils n'auraient pu le découvrir ensemble à Sathrap!

*

Huit semaines plus tard un aubergiste lui apprit qu'il serait à Bihori en moins de trois jours.

Durant les dix ou douze dernières journées, les sentiers étaient devenus franchement montagnards. Vîgot fatiguait plus vite car les efforts d'équilibre sur sa mule réveillaient les douleurs de sa blessure.

En devinant la proximité des hautes montagnes, il se souvint des discussions avec Lam Drukpa avant de quitter Chimi Lhakhang.

Leurs théories sur la déconstruction de l'individu en descendant vers la forêt tropicale puis aux bords de la mer insondable. Ils pensaient alors qu'en remontant vers le cimes, vers les hauteurs du toit du monde, il se recomposerait en une personnalité plus forte, plus sage, plus rationnelle, plus libre...

Tout cela était peut-être vrai, dans un certain sens, mais pas du tout, comme ils l'avaient imaginé, à l'intérieur du système de leurs réflexions bouddhistes ni même tantriques.

Il ne s'agissait pas de construire un château de dominos encore plus haut et encore plus beau, avec de plus grandes fenêtres pour nous donner un rêve de liberté plus crédible, mais au contraire d'éclater de rire en faisant s'écrouler tout l'édifice d'un revers de la main sous nos postillons de plaisir ...

Il avait tant réfléchi, depuis son départ de Porbander, il avait si souvent revécu les étonnements des confidences échangées avec tous ceux et celles qu'il avait rencontrés, il s'était répété avec tant de précision tous les raisonnements dialectiques mais aussi les illuminations de ses nouvelles expériences que, de jour en jour, il voyait autrement les humains autour de lui.

Chaque jour, il trouvait plusieurs occasions de sourire de choses que jadis il aurait ignorées, trop usuelles, ou qui l'auraient énervé, trop évidemment ridicules.

Ce cavalier, par exemple, dont la tenue de parade est aussi théâtrale que le harnachement de son cheval, dont le faux négligé du turban joue à l'aventurier, mais surtout qui triche en excitant des éperons les flancs de son vieux cheval pour mimer la nervosité du pur-sang qui piaffe d'impatience. Il sait maintenant que ce n'est pas un infantilisme attardé mais rien d'autre que la nature humaine. Que nous construisons chacun notre petit monde en mettant en forme nos perceptions afin d'obtenir un tout qui nous rassure et, tant qu'à faire, nous mette en valeur à nos propres yeux. Jamais plus il ne pourra se scandaliser d'une telle vanité car il sait que nous fonctionnons tous en jouant de ces leurres.

Et ces jeunes femmes qui bavardent entre elles comme des perruches, sans écouter les réponses, entièrement préoccupées de pouvoir répéter les mots qu'elles ont entendus ailleurs et qui leur ont semblé si consonants.

Et ces amoureux qui n'ont d'yeux que pour les yeux de l'autre, et qui parlent à voix basse et très douce de petits riens insensés et banals alors que la vie les pousse dans les bras l'un de l'autre avec la violence d'un désir qui déchire leurs chairs et enivre leur esprit.

Il sourit, il accepte toute cette vanité, tous ces faux-semblants avec une sympathie amusée comme nous regardons le petit trot prétentieux du lévrier afghan, la folle cour du paon ou les mièvreries du pigeon amoureux.

Et il sourit encore, de bon cœur. Et de plus en plus souvent il sent son abdomen trembler, et sa gorge se nouer, prête à éclater en saccades de rire.

Et il sent, alors, au-dessus de son épaule, le regard amusé de Rabelais qui se met à rire avec lui et lui redit: Fais ce que tu veux Vîgot, mais ne prends rien au sérieux: ta liberté est totale, le monde entier est notre abbaye de Thélème et seuls les escrocs peuvent prétendre t'imposer des devoirs ou leur façon de penser.

*

C'est dans cet esprit qu'il arrive à Bihori. Il se dirige directement vers le monastère du Lotus Bleu et demande à voir Lama Nakoni.

Il ne reconnaît personne. Le groupe de bâtiments a encore grandi. Il pousse ses mules vers le stupa qui est maintenant orné d'un riche carrousel de haubans tout ponctués de petits fanions et d'oriflammes multicolores qui dansent dans le vent. Une des mules pète bruyamment et défèque sur le trottoir qu'empruntent les moines et les pèlerins pour faire tourner les moulins à prière. Les crottins, trop fibreux après deux lunes de céréales sèches, explosent sur les dalles de pierres. Une voix sévère s'indigne:

- Vous ne pourriez pas pousser vos montures un peu plus loin si vous savez qu'elles ne peuvent pas se retenir devant un stupa?

Vîgot a reconnu la voix avant même de se retourner et éclate de rire:

- Lama Nakoni, je pense que j'aurais aussi dû vous envoyer une lettre cachetée pour vous avertir de ma visite!

Nakoni est toujours aussi affectueux et lui sourit:

- Mon bon Vîgot, enfin! Soyez le bienvenu! Mais que faites-vous perché là-haut en tel équipage? Vous êtes devenu vendeur ambulant?

- Je vous expliquerai, c'est seulement... disons... une manière de voyager. Alors? les animaux ne sont plus les bienvenus au monastère du Lotus Bleu? je devrai loger mes mules chez le palefrenier! D'ailleurs, c'est une bonne idée: elles ont bien besoin de ses soins.

- Non, non, vous ferez comme il vous plaira, mon ami. Si vous le désirez vous serez le très bien venu, vous et vos ... montures!

- Merci Lam Nakoni! Mais dites-moi, comment allez-vous?

- Ça va, Vîgot, ça va... mais les choses ne sont plus aussi... aussi... aussi amicales et agréables que jadis.

- Vos affaires ont pourtant l'air de prospérer?

- Oui, Vîgot, oui... mais vous avez vu: je dois me soucier de tout. Même des crottins!

- Petros est toujours avec vous?

- Petros?

- Cet Isk'nder qui donnait d'incroyables leçons de statuaire grecque...

- Ah oui, Petros! Non, il n'est plus avec nous. Sa femme et lui ont eu un second enfant et ils sont partis vers l'Ouest. J'avais vaguement compris qu'ils espéraient vous retrouver?

- Tiens! Mais... comment va l'école?

- Très bien! Trop bien peut-être? Il est difficile de comprendre ce qui fait le succès d'une école. Nous avons de plus en plus d'élèves.

- Et les enseignants?

- Oh, c'est le moindre de nos soucis! Depuis que nous avons mis au point, avec vous, une méthode et une réputation, le reste est purement de l'organisation et de l'administration, mais quel souci pour moi et mes quelques assistants!

- Oui, je comprends... je vais mettre mes mules à l'écurie du relais, puis j'irai me loger au Tigre Affectueux. Je vous verrai demain, Lam Nakoni?

- Vous me verrez toujours quand vous voudrez Lam Vîgot! Venez et je serai là !

- A demain, donc, et merci!

*

Que restait-il de leur complicité? de leur projet commun? Ils avaient réussi et pourtant le rêve était mort... Il ne restait qu'un bon commerce, un semblant de philosophie éducative...

Vîgot avait déjà compris qu'il n'aurait plus rien d'important à partager avec Nakoni. Ils seraient toujours "amis", socialement, et partageraient même le souvenir d'une rare intimité intellectuelle, mais leur amitié était bien tombée dans ce registre de la comédie de toute entreprise humaine, comme les cavaliers de l'esbroufe, les perruches amies ou les jeunes couples innocents...

A l'auberge du Tigre affectueux, le Gujarati reconnaît vaguement Vîgot et lui loue volontiers une chambre sur la petite cour aux pamplemoussiers.

Vîgot lui commande de la viande de chasse et des galettes de froment. Les plats sont les mêmes que jadis, mais ne l'enchantent plus.

Il a clairement le souvenir d'un miracle culinaire, d'une merveille gustative.

Ce soir, il est déçu, il a seulement le sentiment d'avoir bien mangé.

Il n'existe donc pas? Non, il n'existe pas: le Vîgot qui a eu tant de plaisir à partager avec Petros cette viande légèrement faisandée, à la veille de leurs découvertes et de leurs projets communs, ce Vîgot n'existe tout bonnement plus. Comment le Vîgot d'aujourd'hui pourrait-il avoir les mêmes émotions, les mêmes plaisirs?

N'est-ce donc plus Vîgot? Non, il nous faudrait changer de nom chaque matin!

Nous ne sommes que l'écume née de la rencontre entre le brisant de notre nature à jamais changeante et les vagues de nos perceptions éthérées ...

Vîgot a déjà compris que rien ne le retiendra plus ici.

Il sait que Sathrap n'est plus qu'à une petite vingtaine de jours de marche. Son alibi de commerçant devient moins important. Il décide, en souvenir de leur amitié, de laisser une mule et une charge de nattes et poteries diverses à Nakoni.

Il se couche, le cœur léger. Avant de s'endormir, il ne peut s'empêcher, une fois encore, de rire de bon cœur: quelle comédie que la vie!

Geert avait dit, dans la langue de son pays, la vie, c'est quand même une vraie carabistouille.

*

Le lendemain matin, il se lève tard, prend un copieux déjeuner, fait ses adieux à l'aubergiste, remercie et paye le palefrenier, achète des provisions de bouche, confie la mule et les poteries au gardien du monastère du Lotus Bleu avec un mot amical pour Nakoni, et prend le sentier de montagne qui grimpe vers le plateau du Bhutan.

*

Il monte lentement. Les deux mules sont fatiguées. Il dodeline un peu, les jambes trop faibles pour serrer son assise. Sa blessure le fait souffrir.

Il sait qu'il atteindra le village de Malé dans quelques jours. Dans ces conditions, il lui semble un peu incongru de lui parler par l'intermédiaire de l'épervier.

Il se sent donc un peu seul, mais puise un nouveau courage dans la proximité de son but.

Il ne rencontre plus d'auberges accueillantes dans les petits hameaux qui jalonnent encore sa route. Chaque soir, il campe donc avec son matériel et nourrit lui-même les deux mules. Un peu de céréales sèches, complété par de l'herbe juste coupée. Pour lui, viande fumée, galette d'orge, thé et beurre, qu'il retrouve avec une vague émotion au cœur de laquelle il accueille volontiers un peu de nostalgie.

Et, pour tous, l'homme et les bêtes, de longues goulées d'eau fraîche, bues à même le ruisseau, avant un repos bien mérité, dès la tombée de la nuit.

*

Rien ne le distrait dans ces pays de montagne. L'air est vif et il progresse, lentement mais sûrement. Après à peine seize jours de marche, il reconnaît les vallées un peu encaissées, en aval de Sathrap.

Le souvenir des évènements qui précipitèrent son départ lui revient avec une vivacité nouvelle et, avec lui, une partie de l'angoisse de l'époque. Il craint d'être reconnu: que s'est-il passé après la mort de Tîla?

Il décide de se déguiser. Il a beaucoup maigri et sa barbe a poussé. Il enserre son front et son abondante chevelure dans une étoffe indienne qui lui fait comme une tiare. Cela suffira.

*

Le cœur battant, il passe le petit pont et monte vers Sathrap par le sentier rocailleux qui longe le bord du ravin. Avec une gêne qu'il ne peut se cacher, il passe à quelques pas du petit promontoire où il a trucidé Tîla avant de pousser son corps dans le vide.

Il avance encore et est surpris de ne pas voir la maison de Malé. Se souvient-il mal? Il jurerait être juste à son emplacement. La lumière de l'après-midi est encore bien claire et tout ce qu'il peut deviner c'est une forme, comme celle des fondations d'une maison.

- Oh, l'homme, tu rêves?

Il se retourne brusquement, comme pris en défaut. Un vieux paysan, courbé sur son bâton, le regarde, l'air curieux.

- Non, non, je ne rêve pas! je me demandais seulement si je pouvais m'installer ici pour la nuit ou s'il fallait que je demande l'autorisation au propriétaire du lieu...

- Ha, ha, ha, point de propriétaire, étranger! Et il n'y en aura pas de sitôt, crois-moi! Quant à y poser ton sac pour y passer la nuit, ma foi, si tu ne crains pas les fantômes ni les effets de la magie noire, fais comme chez toi!

Vîgot montre son étonnement :

- Pourquoi des fantômes?

- Cet endroit est celui de la maison de la sorcière. Elle vivait avec un saint Lama qui était venu expressément de Chimi Lhakhang pour s'installer ici, en notre bon village. Il s'appelait Lam Vîgot et c'était, disait-on, la réincarnation même du célèbre Lama Drukpa Kunley. Ce saint homme faisait des miracles dans notre village et tous pensaient qu'un âge d'or était arrivé pour Sathrap et ses environs. Mais un jour, le saint homme a disparu.

Vîgot n'en croit pas ses oreilles. Le vieux paysan lui conte une vraie légende. Malheureusement, cette histoire est un drame de la superstition et de l'ignorance.

Les villageois, explique le vieillard, vénéraient déjà Vîgot bien plus qu'il n'y paraissait. Ils s'imaginèrent que, jalouse de cette vénération, la sorcière était responsable de sa disparition.

Certains, dans le village, appréciaient la chamane pour ses dons d'herboriste et ses soins, mais nombreux étaient les hommes que dérangeaient sa beauté sauvage et surtout l'évidente liberté qu'elle préservait farouchement tant pour son esprit que pour son corps.

Un soir, avec des torches, des fourches et des hachettes, ils vinrent la prendre chez elle, mirent le feu à la chaumière et, à cette lueur infernale, lui tranchèrent la tête et les seins, dans une furieuse explosion de sauvagerie.

Quelqu'un, quelque part, devait avoir ouvert le coffre des mauvais esprits de la violence.

Ils fichèrent sa tête aux longs cheveux sur un pieu sanglant, lui fourrèrent les seins dans la bouche et l'exhibèrent ainsi, en tournant sept fois autour du village, en exorcisme, tout en appelant le nom de

Lama Vîgot en une mélopée gutturale et barbare pour qu'il revienne.

Le vieux paysan, pris par son histoire, imita les voix de la foule:

- Reviens, Lama Vîgôôôt! La sorcière ne te nuira plus! Reviens, Vîgôôôt, tu es ici chez toi...

Après cette lugubre et fantasque procession, ce qui restait de son corps fut jeté au ravin, du petit promontoire, le long du sentier qui descendait au petit pont, juste en contrebas de la chaumière qui finissait de se consumer.

Mais jamais le Lama ne revint au village.

*

Vîgot dut faire un énorme effort pour contrôler son émotion et ne pas hurler de rage à cette histoire absurde.

Jamais il n'avait aussi clairement compris le sens du *karma*. La constante transformation du "je" empêche toute culpabilité, mais cela n'enlève rien au fait que *nos actes nous suivent*.

Que pourra-t-il faire pour compenser ce meurtre ? Le Bouddha parlait de *bienveillance*, mais, dans ce cas précis, bienveillance pour qui ? Pour tous, sûrement.

Il remercia le vieux et lui fit savoir que si telle était l'histoire du lieu, il préférait aller dormir dans un autre village.

- Je te comprends, fils! je te comprends! Va donc, et que les esprits de la montagne te protègent!

Vîgot reprit son bâton et sortit du village par le sentier du nord-ouest.

*

Bien avant le crépuscule, il s'arrête sous un genévrier et s'installe pour la nuit.

Il scrute le ciel, trouve un épervier et l'appelle:

- C'est toi, Mâlé?

- Je t'ai déjà dit que tu me nommes comme tu veux.

- Tu n'es pas Mâlé!

- Lorsque Mâlé et toi viviez ensemble, durant ces quelques jours où vous furent réellement très proches, intimes même, j'ai pu être Mâlé.

- Alors qui es-tu?

- Je suis la partie de toi que tu refuses d'adopter dans ton "Je".

- Donc, tu n'existes pas?

- Si bien sûr! Mais aussi longtemps tu ne m'auras pas acceptée comme part de toi, tu ne pourras accéder à moi qu'en me parlant. Je suis l'autre en toi.

- Tu es donc mon esprit gardien?

- Je puis l'être, parfois. Pour d'autres je suis Dieu, l'infini en eux, qu'ils peuvent prier. Pour d'autres encore, ou à d'autres moments, je suis leur muse, la femme en eux.

Vous avez tous en vous cette Eurydice qui sait mieux que quiconque votre porte personnelle, sinon vers le royaume des dieux du moins hors de l'enfer et vers la vraie vie. Il vous faut la laisser parler, chanter, hurler si elle le veut.

Alors, vous pouvez écouter avec attention son message: elle est la Vie en vous, elle vous connaît mieux que quiconque.

Elle est Celle en toi. Et plus elle souffre, mieux elle voit la voie. Elle est la Vie. Elle est la seule qui, au-delà des langages, puisse ouvrir la Voie de la cohérence, de l'unité indispensable à l'être.

La seule, donc, à pouvoir te tourner vers l'autre.

L'Autre, le compagnon, l'épouse, l'ami, est un autre être humain, entier, autonome, riche d'une autre vie.

Échange, souci affectueux, support réciproque, mais surtout respect absolu de sa liberté, peuvent mener au cadeau merveilleux d'une soudaine synergie, une multiplication des effets de notre humble travail de fourmi.

Vîgot s'assied et pleure, à chaudes larmes. Il comprend. Mais il s'attendait à des retrouvailles tellement différentes ...

Cette nuit-là, il ne sait plus ce qu'il est, où il en est, ce qu'il peut faire.

Il pense à parler encore à cette autre en lui, mais il n'y arrive pas.

*

Le lendemain, il décide de retourner à Sathrap et de chercher dans le ravin. Il laisse ses deux mules attachées à leurs longes pour y paître dans la petite prairie où ils ont passé la nuit.

A partir du petit pont, il remonte le fond du ravin en s'arrêtant fréquemment pour scruter la corniche et voir le promontoire. Lorsqu'il pense l'avoir situé, il se met à grimper le versant rocheux.

C'est une face abrupte et fort hétérogène, faite de grosses failles lisses, de nombreux éboulis et de quelques couches de poudingue tendre constellé de galets.

Heureusement des arbustes y ont poussé partout où ils ont pu: dans les anfractuosités, en bas des coulées d'éboulis et à même les horizons les plus tendres des bancs de poudingue.

Vîgot s'y accroche et monte en force, malgré la douleur qui se réveille dans sa poitrine, à chaque effort.

Dans un rétablissement pénible, il parvient à poser les genoux sur un petit surplomb et y tombe nez à nez avec ce qu'il cherchait: un squelette blanchi!

Mais ce squelette a une tête!

C'est donc Tîla! Son corps maigrelet a dû être retenu par un de ces buissons et déposé sur ce petit bord rocheux.

Vîgot observe l'endroit et voit que Tîla a sorti un galet de sa gangue. Avec une autre pierre, sûrement, il y a tracé quatre lettres: V I G O.

Même approximative, une claire dénonciation. Mais personne n'est jamais passé par là.

Qu'importe maintenant? Il prend le galet en main, le regarde, hausse les épaules et le repose à côté du squelette blanchi.

*

Il redescend, cherche encore, mais ne voit aucune autre trace.

Il s'arrête au ruisseau, s'y lave un peu, fait un long détour pour éviter le village, récupère ses bêtes et les bâte bien serré.

*

Il ne doit pas réfléchir longtemps: il se rendra au petit monastère où Mâlé a été recueillie et où Tass l'a enlevée, telle sa princesse. Où d'autre irait-il? Quel autre toit lui ferait un but, un possible refuge?

Il croit vaguement savoir où le trouver, dans cette zone un peu marginale où tout est imprécis. On n'y sait jamais si les races, les langues et les pouvoirs qu'on y rencontre seront plutôt Bhoutanais, Népalais ou Tibétains. Mais, lui qui a tant voyagé, maintenant il trouve cela fort loin! Il n'a plus ni l'espoir de retrouver Mâlé, ni le soutien de sa voix.

Il prend donc la route du Nord, avec courage et obstination.

- XIV - LE TANTRA[4] DU SEXE. EGO ET ILLUSIONS.

Le désir est l'essence même de l'homme, c'est-à-dire l'effort par lequel l'homme tend à persévérer dans son être. (...)
Seule assurément une farouche et triste superstition interdit de prendre des plaisirs.
Baruch Spinoza (1632-1677)

Si nous savions ce qu'est l'Illusion, nous saurions, par opposition, ce qu'est la Vérité. Et la Vérité nous affranchirait.
(Evangile selon Jean, viii, 32)
cité par Serge Hutin. 1927-1997
"Le couple à travers le Tantrisme et l'Alchimie".

Arrivé dans le pays de Paro, il se sent encore moins à l'aise. Il ne parle pas le patois local et on le regarde comme un étranger, une proie presque.

Désormais, il organise ses bivouacs avec plus de soin: il fait du feu, il attache ses bêtes plus près serrées et il ne dort que d'un œil, son fidèle bâton de marche entre les jambes.

Malgré ces précautions, un matin, il est surpris par un groupe de brigands de petits chemins qui le

---

[4] Dans ce contexte du "grand véhicule" tibétain, et bien qu'il ne soit pas possible d'établir de correspondance sémantique exacte, le concept de Tantra correspond assez bien à celui d'Alchimie dans notre ésotérisme occidental. Dans ce chapitre, nous utiliserons indifféremment les deux termes.

menacent, le rouent de coups et le laissent au sol, le visage sanglant, en partant avec les mules et la ceinture qui contenait ses dernières pièces d'argent.

Heureusement qu'il a voulu partir avec un bâton ! C'est tout ce qu'il lui reste, avec le sac qui lui servait d'oreiller !

Il marche alors comme un vrai pèlerin, comme un *naljorpa* renonçant, la besace vide, ne vivant plus que de l'aumône des quelques grains de riz que lui donnent les rares paysans qu'il rencontre sur ces chemins peu fréquentés.

Il se sent vide. Sans projet. Sans espérance.

Et, petit à petit, c'est justement dans cette désespérance qu'il va trouver le sens de ce chemin qu'il ne trace plus que pour lui-même.

Il n'a pas encore retrouvé ses gros rires rabelaisiens, mais le soir, lorsqu'il s'enveloppe dans son manteau pour s'endormir sur un lit de branches de genévrier nain, il sourit, paisiblement.

Malgré sa solitude. Malgré les douleurs de la plaie.

Il accepte maintenant que ce grand malentendu soit dans la nature des choses.

*

Le sentier devient plus rude, les passages de cols sont abrupts et l'air froid est de plus en plus vif.

Du chemin qu'il a choisi, Vîgot voit, de l'autre côté de la vallée, le petit ermitage de Taktsang. On lui en a parlé souvent car la tradition veut que Milarepa y ait médité pendant toute une saison. Drukpa Kunley aussi lui en a parlé. Dans sa bouche, le nom de Taktsang était comme une révélation, un sésame. Lorsqu'il était jeune, lui aussi y avait séjourné pour une longue retraite. Cet ermitage était connu pour ses prostituées sacrées et il avait volontiers évoqué devant Vîgot, discrètement mais avec les mots crus qu'il chérissait, la profonde révélation qu'avait été pour lui cette retraite un peu spéciale.

Dans ces discussions avec Drukpa, Vîgot avait bien compris que, comme le Tantra des mots, le Tantra du sexe est un *tantra*, un tissu, une chaîne croisée d'une trame, formant un ruban continu, la trace du destin, de la vie, sur lequel nous brodons, jour après jour, nos actes les plus ténus, les plus intimes, les plus héroïques, qui forment, de bout en bout, la tapisserie qui donne un sens à nos actes, qui compose notre acte de vie, notre *karma* disent les hindous. Il avait compris aussi comment cette broderie quotidienne nous permettait, en quelques jours seulement, de changer complètement les motifs et les couleurs de notre tissage, ce qui explique combien il est aisé de changer toutes nos habitudes au point de devenir quelqu'un d'autre, pour autant que nous ne luttions pas, avec la force panique des noyés, pour rester attachés à notre image, à notre ego.

Et aussi ce paradoxe apparent: si nous changeons, cela éteint notre hypothétique responsabilité, mais en aucun cas cela ne changera notre *karma*, le mouvement, la dynamique, les faits de notre vie qui ont fait et continuent de faire ce que nous sommes.

Il savait que les pratiques tantriques cherchent à circonvenir notre conscience de toute part: mantras, yoga, méditations, pratiques magiques, pratiques sexuelles, dans le but d'exalter en nous la fibre la plus fondamentale, la plus vraie donc, de la force vitale, pour atteindre la conscience, ne fut-ce que d'un reflet de l'union avec le principe universel qui fait la vie, ce que d'aucun appelle le divin.

Mais il n'avait jamais pratiqué cette ascèse sexuelle, cette recherche systématique d'une fusion harmonieuse des contraires, appuyée sur les formes les plus évidentes, dans nos chairs mêmes, de l'union des principes actif et passif de la *divinité*, l'énergie mise en branle par la *maithuna*, l'union sexuelle.

Était-il simplement fatigué et effrayé à l'idée de passer encore des semaines d'hiver sur ces sentes enneigées? Ou bien, après le malentendu de sa relation avec Malé, a-t-il soudain pressenti qu'il ne trouverait la paix qu'au prix d'un voyage au fond des choses? De ces choses qui, pour nous tous, font le couple, le désir, mais aussi la nature, la force de la vie, la joie qui soulève les montagnes?

Après s'être brièvement arrêté et avoir une fois encore regardé, au loin, le petit ermitage, il quitta sa piste et chercha un sentier vaguement praticable pour le rejoindre.

La nuit était tombée depuis un couple d'heures lorsqu'il frappa à la porte de Taktsang. Il s'y présenta comme le voyageur fourbu qu'il était, laissant au lendemain la tâche d'expliquer plus clairement le sens de sa démarche.

Le novice en charge de l'hospitalité, à cette heure tardive, lui montra une petite chambrette de passage et lui apporta un bol de riz parfumé et un broc d'eau. À la paix et au confort, tant physique que mental, qu'il ressentit, Vîgot réalisa qu'il venait de faire un choix décisif et que ce choix était bon.

*

Dès l'aube, il fut réveillé par des chants et des tintements de clochettes. Il se leva, joyeux, et rejoignit le petit groupe de moines qui saluaient ainsi le lever du jour.

Quelques heures plus tard, il avait fait sa toilette dans une auge de pierre qui captait l'eau glaciale de la montagne, dégusté une collation et parcouru plusieurs lieues dans la montagne pour admirer les environs et se situer dans ce nouveau contexte.

De retour à l'ermitage, il s'assit sur le muret d'une petite terrasse et attendit patiemment que le supérieur ait le temps de le recevoir. L'hiver s'annonçait et une activité fébrile répondait à la nécessité d'accumuler les réserves de bois, de nourriture et d'huile lampante qui permettent à la petite communauté de tenir jusqu'au printemps.

Lorsque le soleil atteignit le zénith, l'activité se calma un peu et un jeune novice vint le prier de bien vouloir partager le repas d'Atisha Rimpoché.

Après les salutations d'usage, et sur l'invitation de son hôte, Vîgot s'assit sur une natte, à portée d'une table basse où attendaient deux bols. Un moinillon apporta une marmite de grès, la posa au coin de la table, les salua en joignant les mains et sortit silencieusement sur ses pieds nus.

Le Tulku remplit les bols de soupe claire, répéta ses voeux de bienvenue et demanda à Vîgot ce qui leur valait son inestimable visite.

Tout en aspirant délicatement de petites cuillerées de bouillons, brillantes des sucs d'un morceau de brebis de haute graisse perdu parmi les légumes de montagne, Vîgot lui raconta les faits saillants de son voyage. Il raconta Drukpa, Malé, Petros, Lama Nakoni, Javeed, Geert et Célia, puis son retour à Sathrap et son effondrement face à l'énorme fossé entre ses pensées et la réalité.

Il prit bien soin de ne rien lui cacher du séjour trop court avec Malé, ni de ses propres débordements poétiques lors des longs monologues qu'il avait pris pour des communications avec l'esprit chamanique de Malé, ni de ses pulsions d'ivrogne pour Petros. Il jugea nécessaire de lui parler aussi de ses conseils à Ali dans la prison de Bharuch, et des questions de son ami Javeed sur la barbarie des viols de razzia. Ces discussions l'avaient laissé insatisfait. Quand il y pensait, il trouvait sa pédagogie trop froide, trop magistrale, trop évaporée, comme s'il avait voulu, en fuyant dans l'intellect, éviter le risque d'apparaître, trop évidemment, incompris.

Le Tulku l'écouta attentivement puis resta longtemps silencieux, la lippe inférieure à peine gonflée, perdu dans un sourire calme mais un peu triste.

Puis, il sembla chasser un doute de la main, regarda Vîgot dans les yeux et lui dit:

- Bien que nous ne soyons pas des membres de la secte des *shaktas*, nous avons un très grand respect pour la personnalité de la déesse Shakti. À entendre vos confidences, il vous sera peut-être parfois difficile de l'accepter, mais nous donnons, ici à Taktsang, une prééminence au rôle de l'énergie féminine dans le monde.

Comme l'ont dit et écrit tant de sages, en tant d'époques, c'est la fusion totale des deux entités, masculine et féminine, fusion physique, mentale et spirituelle, qui permet l'accès à l'énergie, à la conscience et à la sérénité. La représentation en deux entités distinctes de Shiva et de Parvati qui semble au non-initié être simplement une scène de sexe n'est en fait que la représentation de la fusion des principes masculin et féminin, qui seuls donnent accès à la conscience et à l'énergie.

L'apanage du Tantrisme et de son système philosophique est d'avoir si magnifiquement mis en exergue le rôle primordial de Mâyà, la magicienne. Elle est notre imaginaire, elle est à la fois celle qui crée le décorum du monde manifeste et celle qui met en scène tous les personnages et tous les rôles. Le Tantrika parvenu à l'illumination ne rejette pas Mâyà, au contraire, il s'en extasie et s'en émerveille tant il reconnaît combien est difficile, et indispensable pour nous, humains, ce qu'elle accomplit. Son œuvre est immense, sa magie est sans égal et infiniment prodigieuse.

Ceci dit, il sera encore plus important, avant que vous ne commenciez éventuellement une retraite parmi nous, que vous compreniez que le sexe, dans la nature, joue un rôle infiniment plus large que ses manifestations ordinaires: nos attractions, nos accouplements, nos trahisons, nos jalousies et même que les formes plus subtiles d'interaction entre nous-mêmes et nos inspirations poétiques ou religieuses qui relèvent si souvent, comme vous en avez fait l'expérience, de la frustration, du vide parfois, et, toujours, du caractère bancal de notre sexualité.

- Je pense que je devine ou, du moins, que j'accepte ce risque.

- Quoi qu'il en soit, Vîgot, je vous donnerai plusieurs jours de réflexion avant de vous demander si vous confirmez votre désir de vivre cette retraite qui, n'en doutez pas, pourrait signifier plusieurs saisons d'étude et de discipline.

Vîgot acquiesça d'un petit mouvement de la tête.

Le Tulku réfléchit un long moment, s'assit plus confortablement et continua, d'une voix calme, douce, presque pédagogique:

- Vous le savez, Vîgot, mais il est utile de souvent nous le remettre en mémoire, le sexe, comme la nourriture, est un besoin fondamental qui peut, pour toujours, rester l'occasion d'une simple satisfaction animale. Mais, tout comme la faim engendre indifféremment des goinfres et des gourmets, le sexe peut faire de nous des singes égoïstes, lubriques, épuisés et déçus ou, au contraire, des sages, ré-unis, rayonnants d'énergie et de joie de vivre, à jamais.

Le sexe n'est pas une technique, c'est une manière d'être. À ce titre, puisque c'est la pulsion la plus fondamentale de la vie, c'est aussi la plus fondamentale des philosophies.

On ne l'apprend pas comme on apprend à lire ou à écrire, ni comme on apprend les règles de la mathématique. Cette pratique ne relève pas d'une quelconque relation rationnelle de cause à effet que nous puissions reproduire à volonté, c'est plutôt une manière d'être. Si on peut l'apprendre, c'est comme on apprend à nager: un jour c'est soudain évidemment naturel. Comme s'il fallait surtout se *défaire* de ce qui nous avait perverti, au point de nous désapprendre comment nager.

Après une courte réflexion, probablement plus de politesse que de doute, Vîgot demanda:

- Tulku, je pense comprendre ce que vous évoquez, mais par quoi commencerons-nous?

Atisha sourit:

- J'avais bien vu que tu es impatient, mais je n'ai aucune raison de te retenir. Tu apprendras par la pratique et, s'il t'arrive de tenter inutilement de brûler les étapes, je te crois assez sage pour le réaliser toi-même. Tu peux commencer dès demain si tu le désires, même si l'automne n'est pas la saison idéale.

- Que dois-je faire?

- Tu ne *devras* jamais rien faire, car il s'agit ici de sentir la vie en toi et de l'accompagner dans tous ses mouvements. Je te propose de te promener dans la montagne, de visiter nos vallées, de parcourir nos escarpements, en regardant la nature autour de toi.

Quand tu te promèneras, souviens-toi de cette bipolarité que nous avons évoquée. Identifie chaque mouvement de création et chaque réceptacle fécondable que le paysage te montre à voir et cherche son répondant dans ton esprit, dans ton corps, dans ton imagination, dans tes incarnations intérieures de l'Eau et du Feu, du Lac et du Vent.

Mais surtout, cherche ensuite à identifier ces éléments en l'Autre, telle que tu l'imagines, idéalement. Car nous ne sommes pas différents mais seulement polarisés différemment, et nous pouvons à tout instant réveiller nos propres pouvoirs de féconder ou de construire.

Va, à ton pas, à ton rythme, mais garde ce regard dans tout ce que tu verras.

Vîgot, conscient de la prégnance du message, ne voulut rien ajouter. Respectueux, il avala sa salive, se leva sans hâte, joignit les mains, salua le Tulku, lentement mais sans emphase, et se retira de deux pas de côté.

*

Il se promena ainsi pendant tout l'automne. Chaque soir, il venait voir le Tulku qui l'interrogeait et lui faisait décrire les paysages qui l'avaient inspiré. Atisha Rimpoché l'écoutait avec attention. Il s'attachait surtout à évaluer dans quelle mesure Vîgot acceptait de voir la réalité de la nature plutôt que de projeter ses désirs et les symboles que lui dictait son intellect.

Souvent, Vîgot devait retenir quelque dénégation spontanée, puis fermer les yeux et admettre, silencieusement, qu'il avait encore mis trop du sien dans son regard.

Alors Atisha souriait et disait simplement, doucement comme s'il voulait le consoler:

- Contemple, Vîgot, comtemple...

*

Au début du printemps, après une longue saison de promenades méditatives, Vîgot ne put manquer d'observer les changements de la nature: les petites pousses qui montraient leurs traits, vert tendre, dans l'humus à peine dégelé, les bourgeons suintants qui grossissaient comme à l'étroit dans leurs replis, l'activité soudain plus fébrile et plus imprévisible, plus dansante, des campagnols et autres petits animaux.

De retour au monastère, il demanda au Tulku:

- Ce qui m'impressionne dans cette observation des innombrables interpénétrations du Yang et du Ying dans la nature, c'est la *lenteur* de ces phénomènes. Vivons-nous donc à une autre échelle de temps que la nature?

Atisha sourit gentiment:

- Vîgot, tu connais la réponse: nous sommes parts de cette nature, comment pourrions-nous vivre à un autre rythme?

C'est Mâyà, la reine des illusions, qui nous fait croire, dans l'orgueil de nos pensées, que nous sommes différents!

Ah! malheureux homme qui croit qu'il peut réaliser ses rêves d'union érotique plus vite que la nature ne le permet! Ses unions ne seront qu'illusions.

- Mais alors, Maître, le couple humain n'a rien à voir avec cette union cosmique?

- Si, si, bien sûr, mais peut-être le vrai couple vient-il après la prise de conscience et non l'inverse?

- Mais, si je vous comprends bien, c'est donc que cette union cosmique est réellement le but de notre quête? Le sexe, que nous brodons inlassablement sur le canevas de nos jours, n'aurait pas pour but de peindre une large fresque érotique, mais plutôt de détendre la trame pour voir, comme à travers les fils, la vérité du monde?

- Bien sûr, bien sûr ...

*

Il faisait encore nuit. Les deux chandelles vacillaient calmement. Face à la fenêtre ouverte, ils semblaient attendre le jour. Atisha parlait lentement, très concentré:

- ... mais ... il ne faut rien exagérer... les deux peuvent coexister et, pour certains, c'est peut-être mieux ainsi... Le monde pourrait-il ne compter que des sages?

*

Un long moment plus tard, le Tulku semblait assoupi. La première lueur du jour se laissait à peine deviner, comme un improbable liseré de clarté derrière la ligne de crête des montagnes. Les oiseaux déjà s'éclaircissaient la voix: la nuit était finie.

Vîgot chuchota:

- Mais alors, chacun, dans le couple, cherche la vérité à travers sa propre expérience et ...

- Et ...?

Vîgot restait muet.

- Continue, mon ami...

- ... et ... il ne peut donc trouver que *SA* vérité?

- C'est cela même Vîgot.

Comme poussé par une révolte, par une urgence de tous ces sens, Vîgot demanda:

- Quand même, Maître, si des hommes et des femmes sont passés par cette expérience et en ressortent, chacun éclairé dans sa propre vérité, ne peuvent-ils pas aller ailleurs se recombiner harmonieusement?

- Explique-toi...

- Ne peuvent-ils pas identifier un autre qui leur soit particulièrement compatible et construire alors, avec cet autre, un couple de vérités semblables qui soit à la fois très proche de la nature des choses et très riche en énergie érotique?

Le Tulku éclata d'un rire si sonore qu'il stupéfia le chant matinal des merles.

- Ha, Vîgot, tu es incorrigible! Tu veux, encore et toujours, tout et son contraire. Cette idée est bien le plus grand, le plus féerique des temples imaginaires construits en l'honneur de Mâyà!

Bien sûr, dans ton imagination tu peux élaborer toutes ces merveilles, mais ne t'avise pas de vouloir les réaliser car tu oublierais Kâlî qui est là pour dissocier et réduire en poussière tous nos rêves, toutes nos perceptions de réalités imaginaires.

Dans le petit pré, devant l'ermitage, une bufflonne poussa son meuglement, impératif.

Le jour est là, Vîgot. Allons vaquer à nos tâches quotidiennes. Tu as tout compris, mais n'oublie jamais que la vie est un mouvement continu. Si tu veux figer un instant, pour en jouir encore, tu cesses de vivre.

*

Quelques jours plus tard, alors que le soir ne tombait que lentement, il lui dit:

- Voici venu le coeur du printemps, Vîgot, reprends tes promenades. Fonds-toi dans la nature, ressens toutes ses forces qui vont se faire de plus en plus impérieuses.

Pour nous, humains, le sexe commence par l'érotisme universel et culmine dans la réconciliation, la danse coulée entre le Ciel et la Terre, le Tonnerre et la Montagne.

Cette longue route comporte parfois des actes volontaires de reproduction, car nous sommes d'abord des animaux et il nous est permis d'offrir la vie. Mais l'important, évidemment, n'est pas là, mais dans ce que peuvent réaliser, ensemble, nos esprits et nos corps.

Nous ne sommes pas des mouchettes qui se chevauchent par inadvertance lorsque leurs chemins se croisent, ni des scarabées qui se retrouvent soudain à rouler à deux autour de la même boulette de bouse. Nous ne sommes pas non plus, espérons le, de ces petits lapins qui s'accouplent en quelques secondes, pour juste décharger le suc du printemps, entre deux repas de serpolet.

Le sexe, pour les humains, peut être cosmique. Il peut se vivre au rythme des saisons de l'an et des saisons de la vie.

C'est le Soleil et la Lune qui se regardent, qui se répondent, qui se frôlent parfois et qui, finalement, un jour d'éclipse, se trouvent et se fondent.

La plupart d'entre nous semblent oublier de réfléchir lorsqu'ils tombent sous la pression copulative de la nature.

Il est probablement regrettable que nous ne fassions aucun effort pour prendre conscience du sens cosmique de nos instincts.

Et pourtant..., nous utilisons nos têtes pour broder d'incroyables métaphores poétiques afin de chanter la beauté, le charme, la force des objets de nos amours! Mais il semble que nous nous arrêtions de penser dès que nous avons satisfait le jaillissement de nos instincts.

On devine aisément pourquoi les parents, les clergés religieux et les chefs politiques évitent d'encourager cet apprentissage: les fils, les ouailles et les citoyens sont beaucoup plus malléables et obéissants lorsqu'ils sont convaincus de l'importance des interdits et des tabous, justement dans un domaine où il est évident qu'ils vont les transgresser.

Mais la vraie question est "pourquoi n'allons-nous pas plus loin dans la réflexion et la prise de conscience des possibilités ouvertes par ces horizons d'une sexualité cosmique, alchimique, philosophique?"

Quand tu croiras avoir la réponse, tu viendras m'en parler, d'accord?

Vîgot sourit de ce nouveau défi et se retira respectueusement.

*

Pendant tout ce printemps, il multiplia les promenades. Il est vrai que la saison lui apportait plus d'exemples dignes d'attention, tant parmi les fleurs, les animaux, les couleurs des paysages, que dans les jeux des enfants et les manèges amoureux des adultes qui semblaient se réveiller, en effet, d'un long hiver.

Mais la froideur hivernale restait présente à son esprit et, plus que les pulsions vitales, c'étaient surtout les réflexions de leurs conversations qui nourrissaient encore son esprit.

Les agneaux n'étaient pas encore nés lorsqu'il revint vers Atisha pour lui proposer une réponse:

- Si nous ne poussons pas la réflexion sur le sexe jusqu'à sa dimension cosmique, ne serait-ce pas que toute la structure de la société s'en trouverait mise en question? Si nous prenions conscience de cette dimension possible de la sexualité, la Liberté suivrait immanquablement: qui pourrait imposer des devoirs et des contraintes à un individu ou à un couple qui aurait réconcilié en lui les puissances de l'Eau et du Feu? Ils auraient alors dépassé les scories de ces frustrations qui les poussaient vers les promesses de la religion, vers les rêves de conquêtes militaires ou le vain espoir des profits du travail.

Atisha sourit avec un grand contentement et lui demanda:

- Et pourquoi ne choisirions-nous pas cette Liberté, justement?

- Maître, vous me rappelez un ami Flamand que cette question obsédait. Peut-être l'instinct de survie veut-il que nous ne nous mettions pas aussi clairement au ban du consensus populaire et, donc, de la solidarité?

- Je pense que tu es sur la voie, mais je crois que cette libération reste possible si nous ne confondons pas asservissement et solidarité. À toi de forger, lentement, ta propre incarnation de cette possibilité.

Ce ne sont pas nos conversations qui pourraient t'y mener.

Le Tantra tisse les fils du corps avec ceux de l'esprit. Sa chaîne est tendue aux quatre coins du cosmos et ainsi sa toile pulse avec l'Univers. Il est donc vain de tenter de le décrire avec notre pauvre langage qui n'est que bégaiement de notre esprit à travers notre bouche cent fois contrainte.

Le Tantra se pratique, longuement, patiemment, au rythme des saisons. On ne l'apprend pas par des discours ou des leçons. Pas même par la dialectique paradoxale des questions et réponses échangées par un maître Zen et son disciple!

Va, Vîgot, et reviens, si tu le désires, lorsque les jours seront à leur plus long.

Vîgot obéit: il continua son ascèse avec une persévérance réellement monacale.

*

Quelques jours avant le solstice d'été, alors que les villageois préparaient la fête des fiançailles, il demanda à revoir le Tulku.

Après avoir échangé quelques politesses et écouté les commentaires de Vîgot sur ses progrès, Atisha lui dit:

- Désormais, je désignerai, de temps en temps, parmi nos moniales, celle qui recevra tes confidences, à ma place, chaque soir, dès ton retour de promenade. Tu prendras ton bain avec elle, tu partageras son repas en suivant rigoureusement le rituel qu'elle t'enseignera. Ensuite, tu lui raconteras ta journée, tu lui confieras tes ressentis, tu tenteras de reposer sur elle toutes tes admirations de la journée pour les éléments féminins de la nature et de réveiller en toi toutes les forces mâles qui y ont répondu.

Le lendemain, avec la même femme, vous ferez l'opposé: tu verras en toi les profondeurs féminines et en elle les dynamiques de force, de puissance, de fécondation des idées et des projets qui, en toi, n'attendent que cette étincelle pour se mettre en mouvement.

Inutile de te dire que tout cela doit, pour le moment, rester purement mental et verbal. Nous verrons ensemble, toi et moi, quand nous pourrons envisager de passer à un autre stade.

As-tu des questions?

Vîgot réfléchissait. Il était clair que quelque chose le surprenait. Il réfléchit longuement puis demanda:

- Je savais que ce moment arriverait, mais je reste un peu inconfortable: pourquoi faut-il pratiquer cette ascèse avec ces moniales que je vois comme des prostituées sacrées et non avec une élue de notre cœur?

Une fois encore Atisha ne put s'empêcher de sourire avec amitié:

- Réfléchis et trouve la réponse toi-même, tu me l'expliqueras le moment venu.

- Maître, je vous prie, humblement, de m'accepter avec mes faiblesses. Il me semble que je ne puis trouver la sérénité dans cette pratique. Devons-nous la remettre à un autre été, ou bien pouvez-vous, exceptionnellement, me donner une indication pour orienter mon travail?

- Ne sois pas trop modeste, mon ami, je sais que tu sauras bientôt. Mais voici un sujet de réflexion pour te préparer :

si vous formiez un couple électif, il y aurait nécessairement, en chacun, un effort pour se mettre en valeur au regard de l'autre. Cela fausserait dangereusement la spontanéité indispensable au sexe. Il est préférable d'avoir appris à "nager" dans le sexe avec une partenaire qui ne partage avec toi que le seul désir de vivre l'union dans sa dimension la plus charnelle.

La vie est d'abord un désir. Ne faut-il pas le connaître et le reconnaître avant de choisir avec qui le partager, quel que soit le style ultime de ce partage?

- Mais que faudra-t-il que nous fassions?

- Les femmes qui t'accompagneront sauront te guider car elles sont instruites, éclairées et praticiennes de ces choses.

Le but du tantrisme est de briser les illusions gérées par Mâyà.

Il s'agit d'une voie magique qui ne peut être ouverte que par la totale maîtrise de l'énergie, représentée par Shakti, l'épouse divine.

Ici, nous pensons que ce tantrisme se pratique à deux. Nous sommes convaincus que les peintures ou statues tantriques qui représentent un couple dans la posture où l'homme prend la femme assise sur ses genoux, en la regardant dans les yeux, ne sont pas seulement symboliques. Il faut que les corps se caressent pour que cette énergie se réveille.

Soudain, ils entendirent pouffer sur la petite terrasse. Le temps de se retourner, ils virent les toges safran de deux jeunes moinillons qui s'enfuyaient. Les adolescents avaient dû les épier et écouter leur conversation. Probablement, mi-émus, mi-amusés, n'avaient-ils pu retenir une exclamation de gêne.

*

Atisha, sans consulter Vîgot, avait choisi Gîta pour qu'elle soit sa première compagne tantrique.

Physiquement, elle surprit Vîgot par son caractère indien très marqué. Les yeux grand ouverts, en amandes, sombrement marqués de kool, elle évoquait immanquablement les sculptures érotiques de Khajurâho et il avait bien du mal à lui superposer l'image de Mâlé, la sauvageonne encore si vive dans son esprit, dont le type iranien lui semblait plus proche, beaucoup moins hiératique.

Très vite, il dut admettre que le choix d'Atisha n'avait rien de désinvolte. Pour lui, elle fut l'incarnation de Shakti.

Discrètement, en semblant le suivre plus que le guider, elle lui fit vivre toutes les expériences, en y incorporant progressivement des étonnements, des imprévus, des contradictions, toujours lentement pour laisser le temps à leurs corps, à leurs esprits et au cosmos de dire leur vérité à chaque instant.

Séduction, fuite, élan passionné, douce violence même, tout était occasion de conscience.

Presque sans en parler, ou alors si peu et si délicatement, elle lui montra non seulement les deux forces, mais aussi comment l'une est partie de l'autre et même où trouver l'une dans la partie autre de la première.

En quelques jours, ils abordèrent les choses sérieuses.

D'abord ils passèrent des heures à se contempler, plus nus que nus grâce aux voiles de mousseline, à la trouble lumière des chandelles et à la fumée enivrante des baguettes d'encens.

Se caresser mutuellement, mais du regard seulement.

Chercher à transmuer le désir exacerbé en une réelle empathie: voir le monde à travers les yeux et les émotions de l'autre.

Les premiers jours, elle lui demanda de simplement tenter de laisser tomber le septième voile, notre ultime défense, celui que nous gardons entre notre *moi* intime et tous les autres autour de nous, surtout lorsque nous avons été blessés dans une aventure malheureuse.

Après cette nuit de désir exacerbé, entrecoupé de repos, exténué et presque hypnotique, Gîta le prit par la main et l'emmena, dès l'aube, en une longue promenade, sans aucun autre but que d'apprendre à se connaître l'un l'autre.

Ensuite le jour vint où ils purent se caresser, mais sans toucher leurs seins ni leurs organes sexuels autrement qu'avec la tendre gentillesse avec laquelle on cajole un bébé. Lorsque cela mena Vîgot à une irrépressible érection et que Gîta aussi se sentit fondre, elle les mena vers deux bains d'eau chaude, qu'ils prirent séparément.

Le soir même, ils répétèrent le même rituel, mais cette fois en cherchant, mentalement, à ressentir leurs propres caresses comme si l'autre les leur adressait.

En tentant, ainsi, de transférer son propre centre de conscience des sensations à son partenaire, ils transformèrent la force du désir érotique en une sorte de lumière intérieure. Sans aucune pénétration, l'empathie leur devenait presque une télépathie.

*

Le jour suivant, après qu'ils se soient longuement promenés, Gîta se prépara à mener son amant tantrique vers une très paisible et très longue copulation entre deux corps qui n'avaient plus conscience de ce qui les séparait.

Elle alluma quelques bâtons d'encens et les disposa dans le sable des vasques de fleurs coupées.

Les chandelles brûlaient déjà, légèrement émues dans la brise du soir.

Vîgot en profita pour mettre sur la braise un morceau de riche encens birman: du bois noble, mort de vieillesse dans la forêt primaire, presque pétrifié, aux senteurs de musc et de bois précieux, ce fameux *oud* que les Arabes se disputent à prix d'or.

Ensuite il alla fermer doucement les volets.

Les deux moinillons adolescents s'étaient cachés sur la terrasse, dans une encoignure sombre dont ils pouvaient voir, à la lueur des chandelles, les amants, maquillés et presque nus.

Ils se regardèrent, un peu pantois, déçus peut-être, mais souriant aussi, un peu comme s'ils réalisaient l'ironie de la situation.

L'alchimie des corps ne se regarde ni ne s'explique. Comme toute alchimie, elle ne peut s'apprendre que par l'ascèse opérative, car l'esprit est dans la main, non dans la tête.

*

On ne sait pas exactement combien de saisons, combien d'années peut-être, Vîgot poursuivit cette retraite au petit monastère de Taktsang, en cheminement intime avec les compagnes tantriques qu'Atisha lui désigna.

Les élèves des élèves de Vîgot racontent encore qu'il y passa sept ans et y pratiqua le Tantra de la main gauche avec sept compagnes tantriques, mais ceci ressemble fort à une légende.

Ce qu'on sait, c'est qu'on a retrouvé quelques notes, qu'il a laissées derrière lui lorsqu'il a quitté la vallée.

Elles expriment une grande paix et montrent qu'il assumait avec sérénité les contraires qui nous construisent. Ainsi, ses quelques mots, griffonnés en népalais, en marge d'un manuscrit de la bibliothèque du monastère:

Tout est simple et vrai: je suis bien près de toi

et j'aime aussi la nuit de tes absences

avec ses frissons confiants

et la chaleur du soleil de tes retours.

Tout est simple et doux, et mes yeux

à te voir

sont pleins d'un vol de canards sauvages

Quand vient la nuit, tu es la rose ou la fleur de lotus.

Je suis la tige.

Tout est simple et beau.

Et, encore, sur une autre petite plage libre, au coin d'un texte ancien:

Compagne d'hier, d'aujourd'hui ou de demain,

nous pouvons enfin vivre ce couple, indescriptiblement mêlés, car nos ego sont si bien fondus

que nul n'a plus le pouvoir de nous empêcher de vivre,

ici et maintenant,

le Paradis.

- XV - DE L'INNOCUITÉ DE LA MORT.

La philosophie est une méditation de la mort.
Erasme (1466-1536)

C'est aux esclaves, non aux hommes libres, que l'on fait un cadeau pour les récompenser de s'être bien conduits.
Baruch Spinoza (1632-1677)

L'espoir est une vertu d'esclave.
Cioran (1911-1995)

Lorsque Vîgot quitte Taktsang, il part donc vers l'Ouest, pour atteindre les terres sous administration Tibétaine.

Pendant de nombreuses semaines, il franchit des cols et traverse des vallées, au delà du pays de Samtse, à la recherche du monastère perdu où Malé avait grandi.

Un jour d'automne, en fin d'après-midi, il franchit une crête et, soudain, il sait qu'il est arrivé.

La petite combe en cuvette est bien là, comme Malé l'avait décrite, avec, au fond, le grand étang et, sur la terrasse qui domine l'étang, le monastère et la lamaserie.

La saison est déjà bien avancée et le jardin potager n'a pas la luxuriance qu'il avait imaginée.

Il fait froid dehors et c'est avec satisfaction qu'il accepte la chambrette qu'on lui propose.

Le lendemain, il rencontre le Tulku qui lui fait savoir qu'il est arrivé au monastère de Sanzu. Vîgot est un peu désarçonné, mais ne le laisse pas voir. Il sait que Sanzu, *"la rivière des trois traversées"*, est, dans la tradition bouddhiste, la limite entre le monde des vivants et les enfers peuplés des âmes mortes. Il explique au Tulku, en quelques mots sobres, qu'il cherche une retraite pour l'hiver, qu'il n'est pas très vaillant et doit soigner une vieille blessure, mais qu'il a une longue pratique d'enseignant et se mettra bien volontiers au service des élèves, jeunes ou moins jeunes.

Le principal l'interroge brièvement sur son école de pensée. Leur groupe de moines appartient au courant des bonnets jaunes. Dans cette région très proche du Bhutan, ils s'intéressent, bien sûr, aux traditions anciennes, et même à certaines pratiques directement héritées de la religion bön ou du chamanisme, mais ils tiennent avant tout à respecter le grand Lama et à ne pas se faire suspecter de tendances séparatistes.

Il est vite rassuré d'entendre Vîgot lui expliquer son intérêt et son expérience sur la voie du Vajranaya.

Vîgot préfère ne pas insister sur ses liens étroits avec Drukpa Kunley et son école des bonnets rouges.

D'ailleurs il se sent très paisible et ne voit son futur enseignement que comme un encadrement peu directif des recherches de ses élèves.

Il leur racontera des histoires, comme elles viendront à sa mémoire, au hasard de l'inspiration du jour.

Il ne veut plus convaincre personne de la richesse de l'anarchie.

Il essayera seulement de faire discrètement comprendre à chacun, lorsque l'occasion s'en présentera, que leur liberté de conscience et de pensée est toujours plus grande qu'ils ne peuvent l'imaginer.

Et qu'elle est, en quelque sorte, partie intégrante de notre condition humaine, et un moteur de progrès.

Le Lama accepte avec enthousiasme de lui confier des classes et des méditations guidées. Il fait quérir les deux maîtres principaux et leur présente leur nouveau collègue, en insistant pour qu'ils prennent tout le temps nécessaire à faire connaissance afin que leur équipe s'enrichisse de leurs expériences mutuelles et qu'ils puissent se partager l'enseignement de façon aussi harmonieuse que possible.

*

Ce soir-là, après le repas, les trois hommes se retrouvent sur la terrasse, autour d'un brasero et parlent de choses anodines.

Les deux Tibétains lui demandent ce qui lui a fait choisir leur petit monastère parmi tant d'autres.

Vîgot leur confie sans hésitation la vérité. Il leur explique sa rencontre fortuite avec Malé.

A sa grande surprise, les deux maîtres d'école bouddhiste en sont tout excités: ils se souviennent très bien de Malé!

Ils étaient tous deux étudiants à l'époque et tous l'appréciaient et l'aimaient pour son sourire, ses attentions et sa joie de vivre.

Lorsqu'elle disparut, si soudainement, ils pensèrent immédiatement qu'elle était partie tout droit au pays des esprits.

- Venez, venez, Vîgot! Prenons des chandelles et venez voir l'autel des offrandes à Bouddha! Vous serez surpris...

En effet, dans la grande salle de méditation, une petite statue de jeune femme, aux longs cheveux, est disposée juste en dessous du Bouddha, sur le côté gauche. C'est un des leurs, parti depuis dans un autre monastère, qui avait voulu sculpter cette statue après la disparition de Malé.

Depuis lors, petit à petit, un culte s'était installé: mi-sérieux, mi-ironiques, certains élèves y posèrent des offrandes de riz, et de fleurs. Ensuite, on y vit fumer quelques baguettes d'encens et bientôt cela devint, en quelque sorte, l'autel où chacun posait les offrandes qui représentaient, à ses yeux, "la part des esprits chamaniques".

Aujourd'hui, Vîgot peut voir une épaisse fumée d'encens et une quantité de fruits et de fleurs. La statuette, comme celle d'une divinité, est couverte de fines feuilles d'or et d'huile.

Dans la pénombre, la fumée de l'encens et le tremblement des flammes de chandelles, Vîgot est ému: il croit réellement reconnaître la ressemblance entre ce visage et les traits de Malé.

Lorsqu'ils décidèrent qu'il était temps de se coucher, c'est avec un très étrange sentiment de réconciliation et de paix que Vîgot s'endormit.

*

Pendant tout l'hiver, il donna ses cours aux élèves, jeunes et vieux, écoliers ou moines réguliers. Il s'entendait parfaitement bien avec ses collègues et avec tous ses élèves.

Il prit l'habitude, tous les soirs avant d'aller dormir, de venir s'apaiser dans la grande salle de méditation, face à la statue de Bouddha et à celle qu'il fallait bien appeler de son nom: Malé.

Malé la chamane, Malé son amour manqué, Malé son grand malentendu.

Il ne parlait ni à l'un ni à l'autre. Il n'avait jamais beaucoup prié, mais, là, il ne cherchait ni réconfort ni leurre de communication. Il désirait simplement confirmer sa paix intérieure en se rappelant, une fois encore, la beauté des choses, même dans la vanité des idées bizarres que peuvent nourrir les humains.

Et chaque soir, à la fin de sa méditation, un grand sourire lui fendait la face comme le joyeux croissant de lune, un peu couché, qu'on observe sous les tropiques. Et il pensait au rire de Rabelais.

*

Aux premiers jours du printemps, tous participèrent à un grand nettoyage du monastère: toutes les pièces furent ouvertes, aérées, vidées de leurs nattes et paillasses, balayées, lavées à grandes eaux.

Tous y laissèrent une bonne suée et plusieurs prirent froid dans les courants d'airs.

Vîgot se retrouva quelques jours plus tard avec une forte fièvre et des quintes de toux à fendre l'âme. Sa blessure, qu'il avait presque oubliée, se rouvrit et il pouvait sentir l'œdème, dans sa poitrine, de plus en plus gênant.

Comme le voulait la coutume, on lui installa son matelas sur un châlit dans un coin de la grande salle de méditation, de façon à ce que chacun puisse prendre soin de lui et qu'il ne fût jamais laissé seul.

Il se sentait faible, mais appréciait de pouvoir interrompre ses leçons et passer quelques jours à juste laisser aller ses pensées au gré du plaisir des idées ou des souvenirs.

Enfin, il se retrouve sur le toit de la terre et un nouveau printemps s'éveille! Hier il a vu des petits moineaux se disputer bruyamment pour deux miettes de galette sur la terrasse. Et un couple de tisserins jaunes à masque noir s'est mis à reconstruire son nid dans l'arbre, devant le porche.

Ce ciel, cet air, ces bruits, n'y a-t-il pas ici une transcendance d'une autre qualité que partout ailleurs de par le monde?

Un groupe de petits bonzes, très jeunes, viennent nettoyer les autels et pépient comme des oiseaux. Soudain ils réalisent que Vîgot se repose.

Ils se font signe de se taire et s'asseyent autour de lui, comme s'ils étaient en visite amicale.

Vîgot, surpris par le soudain silence, ouvre un œil.

Il voit un jeune moine et spontanément lui dit:

- Le chant du merle. Écoute le chant du merle, juste avant l'aube, c'est la musique des dieux.

Le moinillon lui répond gentiment, avec respect:

- Oui, Maître, le chant du merle, juste avant l'aube, c'est la musique des dieux.

Enhardi, il se lance et pose la question qui lui brûle les lèvres:

- Lama, est-il mieux de chercher la Vérité ou d'attendre qu'elle vous saisisse à la gorge?

Mais lui ne l'entend pas. Tout à sa réflexion, et conscient qu'il n'a plus vraiment le loisir de pérorer, il se repose en lui-même sa question:

Ici, près du ciel, sommes-nous plus proches d'une transcendance vraie? Ce que je ressens, ici, est-ce le reflet d'un Autre?

Et, du plus profond de ses tripes, il répond, à voix haute:

- NON !

Et lorsque les petits bonzes, effrayés, lui demandent alors:

- Etes-vous mort, maître?

Il n'entend pas non plus cette dernière question de ses jeunes disciples, mais répond à sa dernière interrogation intime, urgente maintenant:

Même ici, sur le toit du monde, la transcendance n'est donc que le mot que j'utilise pour dire que, au-delà de cette limite, je ne comprends plus?

Et il répond, d'une voix claire, avec une force paisible:

- OUI !

Puis, il pense encore, mais sans rien dire:

- Que restera-t-il de nous? Peut-être le reflet lointain d'une foi en l'homme, comme la petite lumière d'une étoile, anonyme mais capable, avec toutes les autres qui partagent cette foi, d'éclairer la nuit de la barbarie?

Et mes petits élèves, vont-ils emporter en eux quelque chose de moi? ... et de Malé?

Il entrouvre les yeux et tourne son regard vers elle. Sa statuette semble osciller un peu, une feuille d'or, sûrement, dans le courant d'air froid... Ou alors lui fait-elle un clin d'œil?

Un sourire intérieur, invisible des autres, lui détend les tempes et les sourcils.

- Oui, un peu, un tout petit peu ... comme le souvenir d'un sourire...

Et il s'endormit pour ne plus se réveiller.

*

Il avait demandé que son corps soit exposé aux vautours afin, comme les Parsi, de témoigner de sa foi en un simple retour aux éléments de la nature.

Le Lama avait accepté cette entorse à la tradition, mais un soudain retour du gel avait envoyé tous les vautours dans la vallée. Le spectacle d'un corps qui attend dans le gel leur sembla manquer de dignité et les moines, unanimes, décidèrent que le bûcher usuel s'imposait, sur la terrasse de pierre qu'ils avaient construite à cet usage, en aval de l'étang, juste au départ du ruisseau de trop plein.

*

Le lendemain, une grande fête, toute de couleurs, d'oriflammes, de musique et de ripailles autour du bûcher, marqua donc l'incinération de Naljorpa Vigotzé, qui s'était voulu le neveu de Rabelais.

En fin de journée, ses cendres furent réunies dans une coupe en bambou laqué qu'un moinillon vint poser sur la margelle pour laisser le sort décider de la direction qu'elles prendraient.

Alors que le soleil rougeoie déjà, un homme grand passe, à lourdes enjambées, près du bûcher. Sur ses épaules, un peu voûtées, il porte un fusil de chasse. Sur ses talons, un grand drogkhyi le suit fidèlement sans que rien puisse le distraire: le chemin sera long jusqu'à la maison.

FIN

(...)
*Or l'Occident a sans doute reçu du Bouddhisme
(le concept de) la personne mais sans (celui du) non-soi.
A un moment, vers le IIIè siècle avant notre ère, lors de
la grande synthèse gréco-bouddhiste entre les
Himalayas et la Méditerranée d'où sortiront le stoïcisme
et le mahayana, quand les grecs règnent deux siècles sur
des peuples bouddhistes et qu'une partie des Indes a sa
capitale sur la Méditerranée (Antioche), la personne
franchit l'Indus, mais le non-soi s'y noie au passage.
Trois siècles plus tard, quand le christianisme à
Créateur hérite de cette personne, il méprise l'auto-
création et n'en relève que l'individu.
De là ce que nous sommes et ce dont nous souffrons,
notre meilleur et notre pire, la liberté et l'égoïsme.
Et aussi la suggestion qu'amputer les premiers des
seconds
est un cercle (vicieux) dont une quadrature est
un non-soi bouddhique.*

Serge-Christophe Kolm

EPILOGUE

Il n'est pas impossible qu'un certain Vîgot, aidé ou non d'un damné Flamand voyageur, ait pris conscience, dès le XVIe siècle, de cette étonnante concomitance entre les deux esprits libres, provocateurs et activement réformateurs, que furent Drukpa Kunley dans les Himalayas et François Rabelais en doulce France, mais ce n'est pas avéré.

S'il en a eu vent, ce qui n'est pas prouvé, Carl G. Jung aurait probablement parlé de synchronicité.

Bien sûr, depuis Érasme, il y eut en Occident quelques autres esprits libres plus ou moins déclarés suivant les risques liés aux époques.

Spinoza, pressenti par Célia, en fut probablement un des plus clairs. S'ils furent peu suivis, ce n'est peut-être pas seulement parce que les pouvoirs politiques et religieux étaient très sourcilleux face aux éveils de la liberté, mais surtout que l'intérêt de la liberté de penser n'était pas évident dans un monde où chacun était surtout préoccupé de sa survie quotidienne et de la satisfaction de ses besoins élémentaires.

Il semble que, au début du XXe siècle, la perspective générale ait commencé à changer. L'éveil de la psychologie ouvrait une époque caractérisée par un intérêt nouveau pour la conscience de soi et, en général, la compréhension des causes et des processus de nos comportements. Certains penseurs ont alors pu, consciemment ou non, intégrer à leur pensée des influences orientales. Ainsi, la philosophe Simone Weil (1909-1943), dans une de ses intuitions géniales, trouvait l'occasion de souligner que

> *"La civilisation européenne est une combinaison de l'esprit d'Orient avec son contraire, combinaison dans laquelle l'esprit d'Orient doit entrer dans une proportion assez considérable. Cette proportion est loin d'être réalisée aujourd'hui. Nous avons besoin d'une injection d'esprit oriental."*

En 1972, les membres du "Club de Rome" sortaient leur premier rapport dans lequel ils s'interrogeaient sur les limites de la "croissance" conçue, par la plupart des économistes occidentaux, comme une augmentation constante, d'année en année, de la production, de la consommation et des échanges financiers. Le rapport fit un peu scandale, puis l'opinion s'en désintéressa et le second rapport ("Stratégie pour demain") fut à peine remarqué.

En 1980, Henri Laborit, brillant médecin et chercheur, collabore avec Alain Resnais pour faire apprécier, dans le film "Mon Oncle d'Amérique", les découvertes récentes des neurosciences. Dans sa dernière phrase, il résume parfaitement:

> *"Tant qu'on n'aura pas diffusé très largement à travers les hommes de cette planète la façon dont fonctionne leur cerveau, la façon dont ils l'utilisent, et tant que l'on n'aura pas dit que jusqu'ici cela a toujours été pour dominer l'autre, il y a peu de chance qu'il y ait quoi que ce soit qui change."*

Avait-il lu Drukpa Kunley? (voir la citation, avec son portrait présumé, page 9).

En 1982, Serge-Christophe Kolm, dans un livre-phare ("Le bonheur-liberté, Bouddhisme profond et modernité."), malheureusement épuisé, attirait notre attention sur la richesse du Bouddhisme analytique, qu'il considère comme l'essence même du Bouddhisme, et sur le peu de cas qu'en firent, en Occident, le logos grec et toute notre tradition culturelle et philosophique. Il l'explique et regrette le manque de métissage entre ces deux approches de la vie et de la sagesse. Il nous fait comprendre comment l'idée d'individu nous fut transmise, mais sans son complément indispensable, celle de l'insubstantialité de l'ego.

Enfin, en 2009, François Jullien, philosophe de la Grèce antique et sinologue cultivé, nous rappelle, dans le premier de ses *"Chantiers"*, auquel il donne pour titre *"Les transformations silencieuses"*, que nos sémantiques forgent les concepts de base de notre pensée et que ceux-ci modifient non seulement notre conscience du monde mais aussi nos principes d'action.

Aidés par ce que nous ont appris les approches très rigoureuses de la Chine et de sa culture par Simon Leys, nous pouvons comprendre, à la lecture de Jullien, que c'est le langage même des Chinois qui leur a permis de garder la conscience de la mutabilité fondamentale de la Nature qu'Héraclite nous avait déjà bien enseignée. Alors que nos "définitions" des concepts et des êtres nous permettaient de développer les sciences (un peu comme poser a, b, x, y, est réducteur, mais nous permet de résoudre une équation algébrique), ce fut au prix d'une ignorance des lois globales de la nature, et d'un désastreux avantage accordé au but sur la navigation, à l'Avoir aux dépens de l'Être.

Aujourd'hui s'ouvre une fenêtre d'opportunité de toute première importance pour relancer cette synthèse. Après plusieurs crises financières et une prise de conscience progressive des contraintes de notre environnement, c'est-à-dire de la Nature du monde et donc de la nôtre, une réflexion commence à propos des carences de notre humanisme occidental dominant et surtout de ses excès: matérialisme, cupidité, individualisme forcené, tant d'*avoir* et si peu d'*être*...

N'est-il pas étonnant que les politiques se sentent si démunis pour concevoir un nouvel humanisme de société? Sont-ils incultes ou totalement dépourvus de créativité? Ou alors, est-ce l'arbre de leur village qui leur cache le monde?

Dans un apport, cette fois du Sud au Nord, Sotigui Kouyaté, griot, sportif et acteur Burkinabé, nous a peut-être indiqué une voie de progrès: le voyage, la rencontre.

> *"Autrefois, nos Anciens se sont réunis pour décider quelle était la pire chose qui soit.*
> *Ce n'était pas la maladie, la misère, ou la mort.*
> *C'était l'ignorance de celui qui n'est jamais sorti de son village."*

SYNOPTIQUE DES ÉVÈNEMENTS.

Parmi les premiers lecteurs de cette histoire, plusieurs se sont étonnés d'un éveil de la *"pensée libre"* dans l'Orient du XVIe siècle. Le petit synoptique de la page suivante rappellent des révolutions populaires, des grandes tolérances religieuses diverses menant à des syncrétismes qui restent uniques dans l'Histoire, tout cela en pleine *Renaissance* en Europe... il y a bien de quoi nous faire réfléchir ...

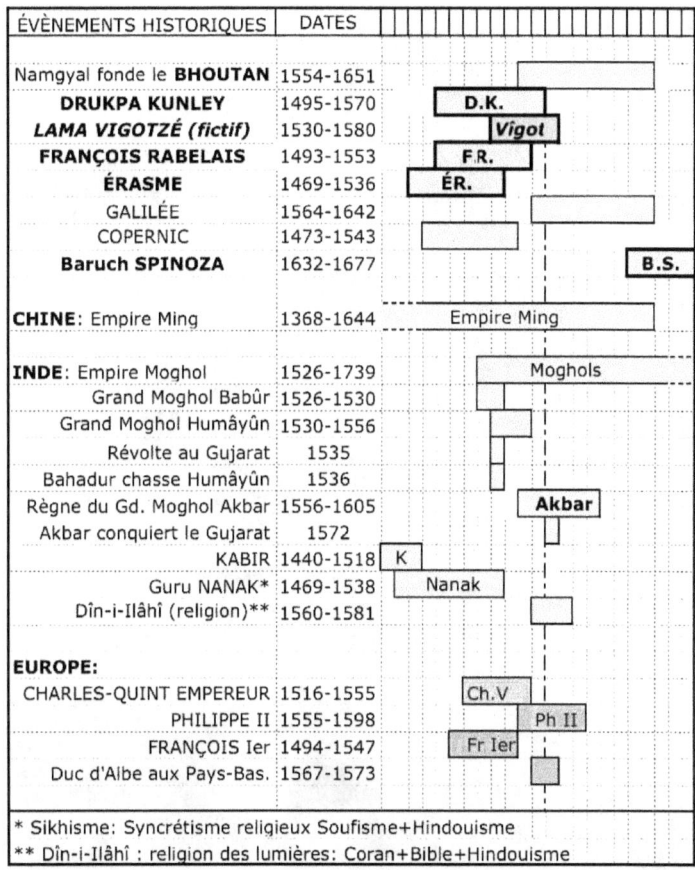

ÉVÈNEMENTS HISTORIQUES	DATES
Namgyal fonde le **BHOUTAN**	1554-1651
DRUKPA KUNLEY	1495-1570
LAMA VIGOTZÉ (fictif)	1530-1580
FRANÇOIS RABELAIS	1493-1553
ÉRASME	1469-1536
GALILÉE	1564-1642
COPERNIC	1473-1543
Baruch SPINOZA	1632-1677
CHINE: Empire Ming	1368-1644
INDE: Empire Moghol	1526-1739
Grand Moghol Babûr	1526-1530
Grand Moghol Humâyûn	1530-1556
Révolte au Gujarat	1535
Bahadur chasse Humâyûn	1536
Règne du Gd. Moghol Akbar	1556-1605
Akbar conquiert le Gujarat	1572
KABIR	1440-1518
Guru NANAK*	1469-1538
Dîn-i-Ilâhî (religion)**	1560-1581
EUROPE:	
CHARLES-QUINT EMPEREUR	1516-1555
PHILIPPE II	1555-1598
FRANÇOIS Ier	1494-1547
Duc d'Albe aux Pays-Bas.	1567-1573

* Sikhisme: Syncrétisme religieux Soufisme+Hindouisme
** Dîn-i-Ilâhî : religion des lumières: Coran+Bible+Hindouisme

PETITE BIBLIOGRAPHIE ALÉATOIRE

Pour ceux qui aimeraient gratter un peu plus, voici quelques lectures, vaguement classées par thème, avec, parfois, un petit commentaire.

Comme le rappelle, avec pertinence, Simon Leys dans l'introduction de son livre de citations *"Les idées des autres"* (voir ci-dessous):

> *"Un florilège (...) ne peut tirer son unité interne que de la personnalité et des goûts du compilateur lui-même, dont il présente une sorte de miroir".*

Il semblerait logique qu'il en soit de même pour une petite bibliographie: les livres dont nous nous rappelons, au point d'en conseiller la lecture à d'autres, nous ont nécessairement influencés et leurs auteurs méritent donc plus que notre gratitude.

Tout en respectant le caractère spontané de cette bibliographie, nous avons voulu simplifier le travail du lecteur en classant ces lectures en quelques grandes catégories, nécessairement subjectives :

1. - Bouddisme
2. - Chamanisme
3. - Chine et Taoïsme
4. - Christianisme
5. - Désert (à propos du -)
6. - Islamisme & Soufisme
7. - Judaïsme
8. - Libre Pensée

9. - Philosophes présocratiques
10.- Rabelais (à propos de François -)
11.- et aussi… (Humanisme, ésotérisme, alchimie, tantrisme, sémantique, psychologie, philosophie,...)

1 - BOUDDHISME:

Kolm, Serge-Christophe, *Le Bonheur-liberté. Bouddhisme profond et modernité.* Paris, Presses Universitaires de France ("Libre Echange"), 1982.

Il est d'abord ingénieur des Ponts et Chaussées et je pense que c'est important pour comprendre à la fois sa méthode et sa curiosité. Spécialisé en sciences sociales et en développement économique, il s'est intéressé de près aux philosophies orientales et spécialement au bouddhisme. Il a rencontré, lors de séjours en Asie, des maîtres spirituels avec lesquels il a approfondi ses connaissances. Dans 'Le Bonheur Liberté, Bouddhisme profond et Modernité' paru en 1982 aux PUF, il attirait notre attention sur la richesse du Bouddhisme analytique, qu'il considère comme l'essence même du Bouddhisme, et sur le peu de cas qu'en firent, en Occident, le logos grec et toute notre tradition culturelle et philosophique. Il l'explique et regrette le manque de métissage entre ces deux approches de la vie et de la sagesse. Il nous fait comprendre comment l'idée d'individu nous fut transmise par nos contacts avec l'Orient, mais sans son complément indispensable, celle de l'insubstantialité de l'ego. Tout est là.

Le Fou Divin – Drukpa Kunley yogi tantrique tibétain du XVIè siècle. Geshey Chaplin. Traduction de Dominique Dussaussoy. Paris, Albin Michel ("Spiritualités vivantes")

The Divine Madman - The Sublime Life and Songs of Drukpa Kunley. Translated by Keith Dowman and Sonam Paljor. Pilgrims Publishing - Varanasi & Kathmandu.

En français et en anglais, l'histoire de Drukpa Kunley, accompagnée de ses chansons pédagogiques, est stupéfiante.

À l'époque de François Rabelais, ce moine du Bhoutan parcourt son pays pour provoquer, se moquer des sages, chanter, boire, forniquer et prendre chacun à contre-pied pour l'emmener de la discipline routinière à la vérité libertaire et à la philosophie vécue.

Levenson, Claude B., *Le Bouddhisme,* Paris, PUF ("Que sais-je?"), 2007.

Varenne, Jean-Michel, *Le Bouddhisme Tibétain*, Paris, M.A. Editions ("Orient Secret"), 1984, London, Rider & Co Ltd., 1978.

On entend souvent mépriser le succès des philosophies orientales en Occident en évoquant un engouement romantique, une religiosité superficielle. Il faut avoir lu Alan Watts pour comprendre que des Américains de la côte Ouest ont saisi, pratiqué et expliqué le Zen et le Tao, avec une rigueur de philosophe et la vérité du vécu, bien avant qu'un Bouddhisme parfois un peu simpliste devienne une mode populaire en Europe.

2.- CHAMANISME :

Andrews, Lynn, *Medecine woman,* Penguin Books USA, 1981.

C'est évidemment romancé, mais Lynn Andrews connaît très bien son sujet et, pour ceux qui cherchent à apprendre quelque chose sur le chamanisme et son sens profond, ceci est une très honnête et très touchante introduction.

Comès, Didier, *La Belette,* Bruxelles, Casterman (BD), 1983.

Didier Comès est né et a grandi dans les sombres forêts d'Ardenne, à la limite entre la Belgique et l'Allemagne. Personne, mieux que lui, n'est arrivé à illustrer la profondeur des traditions païennes qui continuent à habiter nos campagnes, et surtout à montrer combien elles préservent des réserves de sagesse dont j'estime qu'elles nous sont aujourd'hui bien nécessaires.

Eliade, Mircéa, *Le chamanisme et les techniques archaïques de l'extase,* Paris, Payot, ("Bibliothèque scientifique"), 1950.

Eliade, Mircéa, *Forgerons et alchimistes,* Paris, Flammarion, « Champs », 1977.

Mircéa Eliade et Joseph Campbell, grands spécialistes des mythes originels et de l'Histoire des religions, m'ont beaucoup influencé. Leurs mises en perspective m'ont fait comprendre pourquoi les légendes qui faisaient partie de mon éducation entraient en contradiction avec les leçons de mon vécu.

Harner, Michael, *Chamane.* Paris, Albin Michel ("Expérience intérieure"), 2000 (réédition).

Grâce au livre de Michael Harner, j'ai pu passer à la pratique. Plus que la philosophie, le livre explique les méthodes chamaniques et permet à tout lecteur de pratiquer les battements de tambour, les danses extatiques, les transes inspirées et, surtout, les voyages initiatiques dans les grottes orphiques.

3. - CHINE ET TAOÏSME:

Bach, Richard, Illusions: *The Aventures of a Reluctant Messiah,* London, Paperback,1977.

Si Allan Watts (voir ci-après) est le penseur, commentateur et philosophe Américain qui nous a donné une lecture sérieuse du Bouddhisme Zen, dégagée de sa gangue trop proche de la mode "New Age", Richard Bach est, je pense, le romancier, le conteur, qui nous a le mieux fait sentir, vivre même, ce qu'est le Tao. Sa préface du "Reluctant Messiah" est, à mon goût, la plus belle parabole Taoïste en sémantique "occidentale".

Confucius, *Entretiens,* Paris, Seuil (Spiritualité et Religion), 2004.

J'ai longtemps eu une certaine réticence à propos de Confucius, le trouvant trop autoritaire, trop militaire et pas assez philosophiquement "Taoïste" à mon goût de jeune homme. En fait, après de nombreuses années de réflexion sur la base du Yi-King (Livre des Transformations), je pense que le Taoïsme pur peut être considéré comme un idéal, avec ses dimensions utopiques et symboliques, qu'il est bon de compléter du réalisme imposé par le fait que l'humain est une espèce sociale dont la survie est liée à l'organisation, et donc que les approches politiques sont éminemment respectables. Lisons donc Confucius, même s'il n'est pas très enthousiasmant, il est fort raisonnable.

Jullien, François, *Les transformations silencieuses*. Paris, Grasset, 2009.

Depuis Umberto Eco, nous savons l'intérêt de la sémiologie et l'importance de la sémantique. Nos mots formatent nos pensées.

Dans le contexte des échanges entre l'Orient et l'Occident, François Jullien occupe une merveilleuse place de passeur: il est à la fois philosophe de l'Antiquité grecque et orientaliste. Dans ce "chantier" de réflexion, il attire notre attention sur l'impact des types d'écritures sur la structure de nos concepts et donc sur notre manière de vivre. D'un côté le logos grec qui se doit de définir et fixer avant d'initier une dialectique, de l'autre les idéogrammes chinois qui tournent autour des sujets de manière symbolique et laissent libre cours à leur diversité et à leur constante évolution. En Grèce antique et, par héritage, chez nous, l'essence, l'identité et leurs conséquences: l'ego et la responsabilité; en Orient, profondément ancré dans la culture, la constante transformation et donc l'Être labile, le flux, l'accompagnement innocent de la Nature.

En ce XXIe siècle, nous n'aiderons pas à réintroduire en Occident la dose d'Orient indispensable dont nous parlait Simone Weil si nous n'apprenons pas, avec François Jullien, à réconcilier ces deux façons de voir l'humanité.

Ryckmans, Pierre (Simon Leys), *Essais sur la Chine,* Paris, Robert Laffont, "Bouquins", 1998. Réunit : Les habits neufs du Président Mao, Ombres chinoises, Introduction à Lu Xun, La Mauvaise Herbe, Images brisées, La forêt en feu, L'humeur, l'honneur, l'horreur.

Ryckmans, Pierre (Simon Leys), ***L'Ange et le Cachalot***. Paris, Seuil 1998, Points-Essais 2002. Compilation d'articles sur la littérature, la Chine et le problème de la traduction, écrits entre 1990 et 1997.

Dans toutes nos approches de l'Orient, aussi sincères soient-elles, nous serons toujours des ilotes ne fut-ce que par l'influence de l'eurocentrisme de nos études et de notre contexte culturel. Simon Leys (je le reconnais mieux sous son pseudonyme de romancier, humaniste et poète, que sous son "badge" académique) nous apporte sa rigueur et sa profonde connaissance de la langue, de l'histoire, des textes anciens et des faits quotidiens de la Chine. Nous n'atteindrons pas sa rigueur, mais, du moins, la fréquentation de ses œuvres nous force à douter de nos hypothèses, de nos projections, de nos sentimentalismes exotiques. Dans ce sens, il nous apporte le respect pour "l'autre" culture qui est le présupposé indispensable au dialogue.

Ryckmans, Pierre (Simon Leys), *Traduction et commentaire de Shitao - Les propos sur la peinture du Moine Citrouille-Amère.* Paris, Plon, 2007.

Malgré l'inestimable modestie de l'auteur, il nous est impossible de ne pas souligner l'exceptionnelle richesse de cet ouvrage : non seulement Shitao lui-même se révèle un profond philosophe chinois du 17ème siècle, capable, sous prétexte d'un traité de peinture, de nous servir, aussi brève que profonde, une synthèse du Taoïsme, du Bouddhisme et du Confucianisme, mais Pierre Ryckmans brille par son don de nous en expliquer les nuances avec sa rigueur de traducteur, d'exégète, mais surtout de grand admirateur et praticien de cette sagesse orientale.

YI KING, *Le livre des transformations.* Richard Wilhem, Paris, Médicis, 1973.

Après vingt-cinq ans de pratique, je reste attaché à cette traduction et interprétation du Yi King. Wilhem présente une lecture intelligemment adaptée à notre sémantique et à nos concepts occidentaux tout en gardant, je pense, le cœur de l'esprit du Yi King.

Par rapport à d'autres versions, je vois une nuance qui me semble importante. Tout comme l'Astrologie Humaniste ne devrait jamais, à mon avis, aborder d'approche prédictive, je considère que le Yi King ne devrait pas, sauf dans ses formes dégénérées, être considéré comme un oracle, mais seulement comme une méditation aléatoire sur les grands principes de la philosophie ancienne de la Chine.

YI JING, *Le Livre de la versatilité*. ERANOS, version française par Imelda et Pierre Gaudissart. Encre, 2003.

Cette autre traduction et présentation du Yi King est fort intéressante par son effort de prendre en compte la sémantique chinoise. Comme l'explique, d'autre part, François Jullien (voir plus haut), cette sémantique est fortement influencée par l'écriture chinoise, faite d'idéogrammes. D'âges en âges, ces idéogrammes symboliques ont pu devenir métaphoriques voire poétiques. Un peu comme dans la kabbale judaïque, ces "lettres" ouvrent ainsi le champ de toutes les interprétations justifiées par les racines communes aux sens polysémiques des idéogrammes de bases qui soutiennent les jugements du Yi King. C'est le mérite du Yi King d'Eranos d'ouvrir ces possibilités en donnant, pour chaque mot (idéogramme) chinois tous les sens possibles, directs et dérivés. La méthode est instructive: elle nous montre la distance entre les sémantiques chinoise et européenne et, donc, entre les concepts qui sous-tendent les pensées chinoise et grecque.

4. - CHRISTIANISME:

Erasme, Eloge de la Folie, Paris, Actes Sud ("Babel"), 2001.
Titre trop célèbre pour être suffisament lu...

Erasme, Œuvres choisies, Paris, Livre de Poche, 1991.
Plus dense et plus riche par sa diversité. A lire!

Weil, Simone, *Intuitions pré-chrétiennes*, Paris, Vieux-Colombier,1951.

Weil, Simone, *La Pesanteur et la Grâce*, Paris, Plon, 1947.

Je conseille à tous ceux qui pensent que la spiritualité sera toujours une part intégrante de l'Humanisme, de lire et relire les réflexions de Simone Weill car on rencontre rarement, chez la même personne, autant de rigueur intellectuelle jointe à une telle foi dans l'importance de la transcendance, et à une priorité absolue reconnue à la condition humaine.

5. - A PROPOS DU DÉSERT:

Le Clézio, J.M.G., *Désert*, Paris, Gallimard, ("Le Chemin"), 1980.

Le désert dans ses dimensions d'incarnation de l'humain dans ce que la terre lui offre de plus dur: épreuves, solitude, solidarité, survie jusqu'à l'anéantissement.

Thinès, Georges, *Le désert d'alun.* Bruxelles, Jacques Antoine, 1986.

Le désert dans toute ses dimensions poétique et d'épreuve initiatique, par un grand professeur Belge de psychologie qui n'a pas oublié ses racines surréalistes et fantastiques.

6. - ISLAM & SOUFISME:

Djalâl-ud-Dîn Rûmî, *Le livre du dedans*, Paris, Albin Michel ("Spiritualités vivantes"), 1997.

On n'ose plus présenter Rûmî, "Mevlana" ("notre Maître") comme le nomme les Turcs et presque tous les Soufis du monde. Dans ses poèmes et ses textes inspirés, il atteint une telle synthèse entre l'amour, le mysticisme, l'érotisme et la spiritualité que nous pouvons le considérer comme un précurseur des grands visionnaires modernes, comme Carl G. Jung.

Kabîr, *Au cabaret de l'amour,* Paris, Gallimard-Unesco ("Connaissance de l'Orient"), 2006.

Kabîr, tisserand né à Bénarès, vers 1440, fut éduqué comme un musulman dans un pays profondément hindou. Apôtre du syncrétisme religieux, il voulut cependant "...se garder du Coran autant que des Védas". Il nous reste aujourd'hui comme "un homme qui répudie à la fois le syncrétisme banal et les arcanes de l'ésotérisme, et qui, prophète (...) de l'Unité, à ce titre doit toucher l'agnostique aussi bien que le croyant" (citations extraites du catalogue des livres de la FNAC).

Pratt, Hugo, *Corto Maltese – La maison dorée de Samarkand*, Bruxelles, Casterman (BD), 1986.

[Wikipédia: De l'œuvre de Pratt on peut retenir quelques mots-clé, indissociables de sa vie : voyages, aventure, érudition, ésotérisme, mystère, poésie, mélancolie... On a dit de son dessin qu'il était « intelligent ». Son sens des contrastes entre le noir et le blanc et ses talents de conteur ont fait de lui un des plus grands maîtres du « neuvième art »]

Comme Joseph Campbell (voir plus bas), mais en libre-penseur athée, il a parcouru le monde et a raconté pour nous "Les Masques de l'Homme" (et non de Dieu). Grand amoureux de l'humanité et de tous ses délires, il était sans illusion sur notre nature querelleuse, pinailleuse et songe-malice !

7. - JUDAÏSME :

Finkelstein, Israël, *La Bible dévoilée*, Paris, Gallimard ("Folio Histoire"), 2004

A l'époque de l'invraisemblable scandale intellectuel et politique d'un apartheid communautariste mené, comment le comprendre, par des victimes, directes ou indirectes, de la Shoah, il fallait au Docteur Finkelstein un courage tout particulier pour prouver, par ses recherches archéologiques, que les textes fondateurs de l'Etat d'Israël et de ses prétentions territoriales, non seulement sont bien plus récents que ne les prétendent nombre de Juifs orthodoxes, mais furent créés de toutes pièces dans un but purement politique que le drame de la déportation à Babylone transforma facilement en un mythe religieux et identitaire: celui du judaïsme.

Lancaster, Brian L., *L'essence de la Kabbale*, Paris, Pocket ("Spiritualité"), 2009.

Pour la passion de l'ésotérisme...

Pratt, Hugo, *Corto Maltese – Fable de Venise*, Bruxelles, Casterman (BD), 1981.

Pour le rôle important des Juifs de Venise dans cette recherche ésotérique...

8. - LIBRE PENSÉE:

Gombrowicz, Witold, *Journal*. Paris, Gallimard (Folio), 1995.

Plus que dans ses romans, je trouve que c'est dans son Journal que Gombrowicz se montre libre-penseur: au cours de ses voyages il note ses réactions à chaud, il ne cherche pas à distinguer le bien du mal, il souligne seulement la bêtise partout où il la voit, et il laisse entrevoir, parfois, comme pour en tester la pertinence, ce qui pourrait être une alternative plus intelligente, plus sage, ou plus tolérante.

Gombrowicz Witold, *Cours de philosophie en six heures un quart*, Paris, Payot, "Petite Bibliothèque", 1995.

... et quand, peu avant sa mort, il souffre dans son corps et que Dominique de Roux lui demande de lui expliquer l'arbre généalogique de la philosophie, car il sait que c'est le seul sujet qui passionne son esprit au point de lui faire oublier la souffrance, Gombrowicz brosse un tableau surprenant. De chaque "grand" philosophe, il ne garde que ce qui construit la liberté de l'individu. Il va jusqu'à admirer la pensée contraire à la sienne, pour autant qu'il soit convaincu qu'elle est sincère et authentiquement "libre". Et dans toute l'histoire de la philosophie il retrouve, inlassablement, sa propre sincérité: sa conviction de l'importance, pour comprendre la condition humaine, d'y distinguer toutes les preuves d'immaturité et la constante importance de notre travail très personnel de mise en forme.

Dans cette édition, la préface de Francesco M. Cataluccio, sur 'La philosophie de Gombrowicz' est extêmement éclairante.

Michaux, Henri, *Poteaux d'angle*, Paris, Gallimard "Poésie", 1981.

Quand quelqu'un réfléchit sérieusement et posément à ce qu'il voit, ce qu'il ressent, ce qu'il désire, ce qu'il pense, ses carnets sont intéressants. S'il est très instruit, s'il connaît intimement sa langue, s'il est un peu poète, ses phrases nous touchent par leur justesse et leur beauté. Si sa belgitude est fantastique, s'il est prêt à tous les voyages sur le fil du rasoir, si sa phrase surgit finalement d'une longue fermentation, alors c'est Henri Michaux, c'est Bruegel, c'est Jérôme Bosch: on n'est pas sûr de comprendre, mais on reste sidéré. Là, devant nous, c'est l'abîme insondable, c'est Dieu, c'est Lucifer, c'est la Vie.

Onfray, Michel, ***Traité d'Athéologie***, Paris, Grasset, 2005.

Ce livre, parmi d'autres de cet auteur, parce que, lui aussi, s'étonne que, trois siècles après "Les Lumières", nous soyons encore aussi soumis à la tradition cléricale.

Soyons brefs, car il le mérite: Michel Onfray est un Philosophe Libertaire.

Libertaire, car il n'a de cesse de nous rappeler les hédonistes, les anarchistes, les libre-penseurs qui ont construit les progrès de notre civilisation, et de se battre pour défendre nos libertés fondamentales contre la "pensée unique" qui nous envahit.

Philosophe, certainement, car, contrairement à tous ceux qui ne sont que "professeurs d'histoire de la philosophie" ou les autres qui se battent, en public, contre leurs propres phantasmes, Onfray est un philosophe de la vie humaine quotidienne: je pense, je réfléchis, j'essaye de vivre mes convictions... et, puisque j'essaye d'aimer la sagesse, je quitte le système dominé par les avides de pouvoir pour discuter de toutes ces idées avec les hommes et les femmes rencontrés sur "le forum" (Université Populaire et gratuite de Caen).

http://pagesperso-orange.fr/michel.onfray/UPcaen.htm

Spinoza, Baruch, *Traité théologico-politique,* Paris, Flammarion, 2001.

Spinoza, Baruch, *Éthique,* Paris, Flammarion, 1993.

À peine adolescent, j'ai découvert Spinoza dans la bibliothèque de mon père, à l'étage supérieur, avec les livres volontairement difficiles à atteindre. J'ai toujours été séduit par la clarté de sa liberté de penser, par son évidence. J'ai toujours été surpris que le XVIIe siècle ait produit, et permis surtout, Baruch Spinoza. Comment avons-nous pu subir la main mise d'un clergé obscurantiste sur la culture et l'éducation au XXe siècle, trois cents ans après?

Spinoza est réellement le plus grand précurseur de la libre-pensée. Même aujourd'hui, pour beaucoup il serait moderne, parmi les philosophes libertaires. Et pourtant ses réflexions n'ont rien d'une révolte typique d'un quelconque jeunisme, rien d'un anticléricalisme primaire, juste l'évidence de la liberté de l'être humain, de la nécessité de simplement remplacer le mot vague et effarant de "Dieu" par celui, quotidien, de "Nature".

Je pense que, s'il ne fallait garder qu'un seul livre pour que notre XXIe siècle s'en inspire afin de réveiller la marche de l'humanisme, ce pourrait être l'Éthique.

9. - PHILOSOPHES PRÉSOCRATIQUES:

Penseurs Grecs avant Socrate, de Thalès de Milet à Prodicos. Traduction, introduction et notes par Jean Voilquin. Paris, GF Flammarion, 1964.

L'origine de la plupart de nos concepts philosophiques, mais aussi d'une bonne partie de notre sémantique, et donc de notre façon de structurer nos pensées. C'est aussi un reflet d'un certain "monde global" car leur époque était celle d'un échange concret entre la Méditerranée et l'Orient. Mais c'est surtout, une réponse toute prête à beaucoup des questions que nous nous posons aujourd'hui sur... l'individualisme, la sagesse, le plaisir, la santé, la politique!

Et si les orientaux avaient raison de voir le monde comme un phénomène cyclique et non comme un progrès continu?

De Sousa Pinto, Jérôme - 2010 - Stoïcisme & Politique - essai sur la désobéissance politique - Tours - Éditions Grammata - http://grammata.pagesperso-orange.fr/ (épuisé) - Réédition 2012 - Éditions de La Hutte - Collection Essais

De Sousa nous montre que si les Stoïciens de la Grèce antique n'ont pas produit de doctrine politique c'est qu'ils avaient compris qu'aucune structure politique ne peut rendre l'homme meilleur, or le but de tout humanisme devrait être de permettre le développement des individus dans la liberté et la dignité.

10. - A PROPOS DE FRANÇOIS RABELAIS:

Bon, François.

C'est le premier qu'il faut citer, aujourd'hui, si l'on s'intéresse à Rabelais.

Ecrivain, animateur d'ateliers d'écriture, mais surtout, en ce siècle informatique, promoteur de l'écriture et de la publication sur Internet.

et plus particulièrement, à propos de "notre bon François Rabelais":

publie.net _ **Rabelais** | *La plus grande folie du monde*

et:

publie.net _ **Rabelais** | *Le Tiers Livre*

Il est impossible de tout évoquer et de faire ici l'apologie du travail de François Bon, on ne peut que dire: allez sur ses sites, explorez, jouissez et multipliez!

Les Bibliothèques Virtuelles Humanistes

FOnds Rabelais et ses Sources En ligne. (FORSE)

http://www.bvh.univ-tours.fr/Rabelais/rabelais.asp

11. - HUMANISME, ÉSOTÉRISME, ALCHIMIE, TANTRISME, SÉMANTIQUE, PSYCHOLOGIE, PHILOSOPHIE,...:

Campbell, Joseph, *The Masks of God: Primitive Mythology,* New York, Viking Press, 1960.

Je cherchais simplement un ouvrage qui m'apprenne des légendes irlandaises. Et je découvris, grâce à un cadeau, Joseph Campbell qui dépassa de si loin l'histoire des religions! Avec sa rigueur d'universitaire américain, mais surtout avec sa découverte des mythes amérindiens et son goût pour la pensée personnelle, il entreprit un réel métissage culturel entre les mythes, contes et légendes d'Amérique, d'Asie et d'Europe, grâce à sa connaissance du Sanskrit, du Français, de l'Allemand et du Japonais. Jungien, mais avec des réserves, il pensa en termes d'archétypes et montra que les croyances locales étaient toutes des "Masques" des mêmes "dieux". Cette évidence m'aida toujours à appliquer à mes observations une anthropologie du commun plutôt qu'une étude des différences.

Campbell, Joseph, *The Masks of God: Vol.2 Oriental Mythology, Vol.3 Occidental Mythology.* New York, Paperback 1991.

Daniélou, Alain, *Shiva et Dionysos, La religion de la Nature et de l'Eros,* Paris, Fayard ("Documents spirituels"), 1979.

Encore un bel exemple de pensée libre. Musicologue, frère de Jean qui devint cardinal de l'église catholique, il choisit de vivre surtout en Inde. Son travail fut entièrement personnel, loin des scientifiques et des écoles. Il apprit le hindi et le sanskrit et recueillit longuement les enseignements des pandits de Bénarès. Il y apprit, de l'intérieur et avec la sémantique et le langage qui y correspondent, l'esprit de l'hindouisme shivaïte et, en général, de la philosophie intégrée dans la tradition hindouiste. Comme il ne s'inscrit pas dans la sémantique et les schémas intellectuels des indianistes occidentaux, il est une référence pour toute recherche de métissage culturel qui respecte "les autres cultures".

Eliade, Mircea, *Histoire des croyances et des idées religieuses*, t. 1, 2 et 3, Paris, Payot, "Bibliothèque historique", 1989.

Eliade, Mircea, *Le Yoga, Immortalité et Liberté*, Paris, Payot, "Bibliothèque historique", 1998.

Evola, Julius, *La Tradition Hermétique, Les symboles et la doctrine, L'Art Royal hermétique*, Paris, Éditions Traditionnelles, 2000

Je dois à la vérité d'avouer qu'il m'arrive de trouver Evola un peu fantasque, parfois un peu verbeux; mais peut-être est-ce juste de la "gentillesse" italienne? Quoi qu'il en soit il fait, de droit, partie de notre ésotérisme occidental le plus récent (1898-

1974). Son intérêt pour les traditions orientales est des plus sincères.

Ci-après, un extrait de Wikipédia qui dit parfaitement ce que j'espère garder de Julius Evola:

" Dans L'uomo come potenza (L'Homme comme puissance) apparaît une conception du « moi » inspirée du tantrisme :

le « moi » s'identifie au monde perçu, et inversement, pour se fondre dans l'Unité. L'attachement au monde sensible constitue le « voile de Maya », déjà mentionné par Schopenhauer, qu'il faut enlever pour s'unir au Soi."

Faivre, Antoine, *Accès de l'ésotérisme occidental,* 2 vol., Paris, Gallimard ("Bibliothèque des Sciences Humaines"), 1986 et1996.

Quand j'ai découvert Antoine Faivre et ce livre, je fus violemment en colère contre les censures et les silences qui m'avaient laissé ignorer les merveilles de l'ésotérisme de notre propre culture. J'avais lu bien des livres passionnants sur l'hermétisme, mais toujours avec le doute qui nous accompagne dans la découverte des "livres maudits". Et soudain, voilà que l'histoire de l'ésotérisme occidental trouve place au cœur de l'histoire des religions, à la Sorbonne, et que l'Europe entière en fait le sujet d'études sérieuses et rend à l'ésotérisme sa place dans la liberté de penser et son rôle dans les progrès de l'humanisme. Merci Monsieur Faivre, merci à la **nrf** *de Gallimard.*

Faivre, Antoine, L'ésotérisme, Paris, Presses Universitaires, "Que sais-je ?", 2003.

Une petite introduction claire et qui encourage à continuer à lire sur ce sujet, et surtout cet auteur.

Hutin, Serge, *L'Alchimie,* Paris, Presses Universitaires de France, ("Que sais-je?"), 1951.

Hutin, Serge, *L'amour magique, Révélations sur le Tantrisme,* Paris, Albin Michel, 1971.

A la fin de sa carrière, Serge Hutin, s'est investi dans l'occultisme. Certains le lui reprochent. Peut-être, était-ce, au contraire, sa plus grande honnêteté: se brûler lui-même dans "L'oeuvre au noir" (ou "au rouge"?) qu'il avait si bien tenté de décrire dans ses essais sur l'Alchimie. Quoi qu'il en soit, ses révélations sur le Tantrisme et l'amour magique méritent sans aucun doute notre lecture et nos méditations.

Jung, Carl G., *Essai d'exploration de l'inconscient*, Paris, Gallimard ("Folio Essais"), 1988

Commenter serait d'une prétention impertinente. On ne peut rien dire. Seulement lire et relire, et méditer.

Jung, Carl G. ("conçu et réalisé par –"), ***L'Homme et ses symboles,*** Paris, Robert Laffont, 1992.

Une très belle explication de la démarche et de l'esprit de Carl Jung, sous sa propre direction.

Avec des illustrations qui permettent de mieux comprendre les dimensions oniriques, chamaniques, voire spirituelles, qui soutiennent ses raisonnements.

Laborit, Henri, *Eloge de la fuite*, Paris, Gallimard ("Folio Essais"), 1985.

Médecin et découvreur génial, si libre et intellectuellement honnête qu'il fut méprisé et rejeté par beaucoup de ce que ces métiers comptaient, à Paris, de mandarins, Henri Laborit nous laisse, du XXe siècle, une lecture profonde et visionnaire qui nous montre ce que peut être, aujourd'hui, un esprit libre.

Dans ce livre de commande (Gallimard en imposait les thèmes), Henri Laborit atteint, paradoxalement, sa plus pure vulgarisation: dans tous les chapitres, nous l'entendons s'opposer à une éducation de conditionnement de l'individu qui ne serait qu'un nivellement de tous au niveau d'esclaves, voire de robots.

Laborit, Henri, *La nouvelle grille*, Paris, Gallimard ("Folio Essais") 1999.

Laborit, Henri, *Biologie et Structure*, Paris, Gallimard ("Folio Essais") 1999.

Leys, Simon, *Les idées des autres*, Paris, Plon, 2005

Quelle joie d'entrer un tant soit peu dans l'intimité de Simon Leys par son choix de citations...

Londres, Albert, *Terre d'ébène* (1929), Le serpent à plumes, 'Motifs', 1994

[Wikipédia: "Albert Londres : un homme curieux et rétif qui observe le monde et transmet ses impressions comme par devoir. Tous ses reportages interrogent les marges du monde, les zones d'ombre, les périphéries pourtant si centrales. Il dialogue avec les petits, les médiocres, les infâmes. Il investit le quotidien, peint des portraits et des tableaux. Albert Londres lutte au travers de ses écrits contre les injustices, les absurdités et les incohérences du pouvoir. Il lutte contre le silence en questionnant et en informant."]

Voyageur clairvoyant, il semble pessimiste, mais, en fait, il vit par son enthousiasme à découvrir les mille facettes des humains écrasés et à comprendre et dénoncer leur commun dénominateur. Lorsqu'un journaliste ne se contente pas de penser librement, lorsqu'il considère que son métier n'est pas de flatter les puissants, mais de dire ce qu'il a vu et entendu lorsqu'il se penchait sur le sort des petits, des exploités, des victimes d'injustices flagrantes, alors, comme Albert Londres en Afrique et au bagne de Guyane, il nous apprend que le libre-penseur peut changer le monde, à condition de passer à la libre parole et au libre écrit.

Quignard, Pascal, *Petits traités* - Paris, Maeght Editeur , 1990.

Écrivain très cultivé, il exprime si bien ses perceptions et ses désirs, qu'il nous fait toucher à la métaphysique, surtout quand ses inspirations tournent autour des musiques chinoises et du XVIIe siècle français, des écritures existentielles, et de la littérature pour elle-même. Mais le principal n'est-il pas d'y trouver la richesse d'une pensée totalement libertaire, voire libre?

Tamba, Irène, *La Sémantique,* Paris, Presses Universitaires de France, ("Que sais-je?"),1988.

Wirth, Oswald, *Les mystères de l'Art Royal, le rituel de l'adepte*, Paris, Dervy, 1998.

Longtemps considéré, par les zélateurs de la "pensée unique", comme un original un peu fumeux, Oswald est peut-être le plus honnête et le plus clair des commentateurs de l'Alchimie et des recherches philosophiques des Francs-Maçons. Textes compréhensibles et directement utilisables, ils ouvrent à chacun la possibilité de pratiquer, et donc d'apprendre, plusieurs formes de cet "Art Royal". Ceci est spécialement vrai pour les chapitres sur "la dame", approche occidentale très fidèle de l'effacement de l'ego par le Tantra du sexe.

L'AUTEUR

Dès son premier contact avec l'Afrique équatoriale, en 1970, Louis Boël, alors jeune ingénieur agronome du développement en pays tropicaux, a vite réalisé que si nous désirons comprendre (un peu) une autre culture, nous devons l'approcher sur la pointe des pieds, avec un respect et un étonnement admiratif, comme lorsque, enfants, nous découvrions pour la première fois des paysages inconnus : la mer, le désert, la montagne, les polders, le marécage, la forêt vierge, le bocage.

La seule manière d'apprendre l'Autre et de tenter de comprendre sa culture, c'est travailler avec lui afin de participer à l'œuvre de cette culture.

Au long de quarante ans de projets, de travail en équipes interculturelles et d'études, dans plus de soixante pays, il a ainsi accumulé notes et observations. Il en a tiré un grand respect de l'anthropologie et quelques principes qui, imperceptiblement, l'ont amené à voir dans la diversité culturelle une opportunité de réflexion et de ressourcement pour notre humanisme.

Il soutient la promotion de tous les métissages culturels qui ouvrent l'humanité à plus de liberté, plus de dignité, plus de créativité, et il prône un changement radical des valeurs de notre société.

On peut lui écrire à l'adresse email: editionsclaudiocandido@gmail.com
"à l'attention de Louis Boël".

CRÉDITS ILLUSTRATIONS

- Image de Rabelais, jeune:

http://olga.bluteau.free.fr/citations.htm#RABE

- Image de Drukpa:

photo de l'auteur (Couverture du livre *The Divine Madman - The Sublime Life and Songs of Drukpa Kunley,* Translated by Keith Dowman. Pilgrims Publishing, Vanarasi & Kathmandu).

- Les autres illustrations sont de l'Auteur

DU MÊME AUTEUR:

SORTIR de la CRISE par le HAUT, 2012 - Éditions de La Hutte, Collection Essais.

Les PORTES des 4 VENTS, 2013 - eBook - Éditions numériques Claudio Candido. Collection *"Itinéraires Nomades".*

C'EST L'AUTRE qui fait NOTRE LIBERTÉ - Carnets Nomades 2004-2013 - Notes, Réflexions, Philosophie du quotidien - Éditions numériques Claudio Candido. Collection "Métamorphose Sociétale".

*

Les *ÉDITIONS CLAUDIO CANDIDO* sont une société coopérative d'édition numérique, informelle et libertaire, dans l'esprit de la philosophie que Thierry CROUZET développe dans son livre *L'Alternative Nomade* et que nous partageons, et dans la continuité de ses travaux pour encourager une édition libre, caractérisée par une structure horizontale hétérarchique, afin de remettre l'auteur et ses lecteurs au coeur de l'Écriture et les sortir du carcan commercial.

On y trouve des essais sur la "*Métamorphose Sociétale*": ouvrages sur les aspects sociaux, économiques et politiques des changements de paradigmes en cours, ainsi que la collection *"Itinéraires Nomades"* qui regroupera, sous des approches romanesques, poétiques, théâtrales, artistiques ou biographiques, des ouvrages sur "l'épanouissement" personnel en quête de dignité humaine par la liberté.

Tout acheteur de ce livre au prix proposé sur les plateformes internet de vente, acquiert de facto le droit de devenir membre effectif de cette coopérative, à condition de le demander par email à

l'adresse: editionsclaudiocandido@gmail.com

TABLE DES MATIÈRES

Le Neveu de Rabelais 3
P R O L O G U E 5
FRANÇOIS RABELAIS 7
DRUKPA KUNLEY 9
- I - Drukpa Kunley, moine errant de la "Folle Sagesse" 11
- II -   Malé, la sauvageonne un peu chamane 29
- III - L'amour. La mort. La fuite. 49
- IV- Souvenirs de Ménandre, Nâgaséna et Empédocle 79
- V - Vîgot et Petros enseignent. De la dignité. 109
- VI - La fÊte du printemps. Fin d'une amitié. 141
- VII - Parler aux dieux. "Il n'est pas de devoir" 155
- VIII - Tantra des mots. baptême du désert. 163
La Marche de Lama Vigotzé 183
- IX - Vîgot en prison. Politique et religion 185
- X - L'évasion. De la violence. 211

- XI - Le Flamand. Ombres d'Erasme et de Rabelais.. 225

- XII - Soif de Gitane: vision d'un Marrane à naître... 243

- XIII - Le malentendu. 255

- XIV - Le Tantra du sexe. Ego et illusions. . 283

- XV - De l'innocuité de la mort...................... 309

E P I L O G U E... 319

Synoptique des évènements. 323

Petite bibliographie aléatoire 327

Crédits Illustrations... 354

Du même Auteur:.. 355

Imprimé en numérique chez Amazon (Kindle PP)

Imprimé sur papier (POD) chez CreateSpace

Pour tout renseignement, prix et aide à la commande :

editionsclaudiocandido@gmail.com

www.ingramcontent.com/pod-product-compliance
Lightning Source LLC
Chambersburg PA
CBHW071650160426
43195CB00012B/1413